浙江省哲学社会科学重点研究基地（浙江师范大学江南文化研究中心）课题成果

浙江师范大学出版基金资助（Publishing Foundation of Zhejiang Normal University）

晚清今文经学
与孔学义理的阐释

鲍有为·著

复旦大学出版社

图书在版编目(CIP)数据

晚清今文经学与孔学义理的阐释/鲍有为著. —上海:复旦大学出版社, 2022.12
ISBN 978-7-309-16379-7

Ⅰ.①晚… Ⅱ.①鲍… Ⅲ.①经学-研究-中国-清后期②孔丘(前551-前479)-哲学思想-研究 Ⅳ.①Z126.275.2②B222.25

中国版本图书馆 CIP 数据核字(2022)第 153873 号

晚清今文经学与孔学义理的阐释
鲍有为 著
责任编辑/王汝娟

复旦大学出版社有限公司出版发行
上海市国权路 579 号 邮编:200433
网址:fupnet@ fudanpress.com http://www.fudanpress.com
门市零售:86-21-65102580 团体订购:86-21-65104505
出版部电话:86-21-65642845
江苏凤凰数码印务有限公司

开本 890×1240 1/32 印张 8.75 字数 219 千
2022 年 12 月第 1 版
2022 年 12 月第 1 版第 1 次印刷

ISBN 978-7-309-16379-7/Z·116
定价:68.00 元

目　录

绪　论

一、晚清①今文经学研究的反思

当代有关清代今文经学的研究十分丰富，但究其核心，多未脱离清末民国的学术史叙事框架。彼时有关今文经学的学术史考察，尤以章太炎、梁启超、钱穆为代表。章太炎在《訄书·清儒》等文中都有对今文经学的解读。章太炎认为今文经学派内部有着一定的差异，并指出一些研究今文经的学者，诸如陈乔枞、陈立等人，与刘逢禄、宋翔凤等不同，又判定龚自珍、魏源非今文经学派。② 由于章太炎较为倾向古文经学，那么他对今文经学的梳理就会伴随着古文经学的视角，由此也就导致他重视陈立、凌曙等人，而不喜刘逢禄、宋翔凤等人的公羊学。同样，龚、魏二人更与其衡量标准相差甚远。章太炎曾在与李源澄书信中谈论治公羊学当分清家法师说，即是从学术角度衡量公羊学，而不喜偏向经术的大义微言。③ 这种看法与他对早期经史之学的理解有着很大关系。章太炎受章学诚之影响，主六经皆史，

---

① 本书所言"晚清"是指 1800 年至 1912 年，此依据费正清编《剑桥中国晚清史》，中国社会科学出版社，2006 年。
② 刘师培 1907 年《论孔子无改制之事》亦区分凌曙、陈立与刘逢禄、宋翔凤、魏源、龚自珍之区别(《刘师培史学论著选集》，上海古籍出版社，2006 年，第 318 页)。另外，此文中刘师培指出康有为等人始提出孔子改制之说，与之前公羊学不同。其云："自变法之说盛行，主斯说者乃取公羊家改制之说，以古况今，又欲实行其保教之说，乃以儒教为孔子所创，六经为孔子所作，其有不言创教改制者，则目为伪经。"(《刘师培史学论著选集》，第 319 页)
③ 马勇整理：《章太炎全集·书信集》，上海人民出版社，2017 年，第 1226 页。

以史学化角度理解五经,因而经所承载的圣人微言大义,是他所不屑讨论的。① 无论是章太炎早年的《春秋》学著述,还是晚年转以平和态度理解儒家,他对经学及经学史的理解,都始终偏向古文经学,倾向于史学化的阐释。但章太炎有关今文经学的梳理,使我们意识到今文经学学派中不同人物学术的复杂性,即在笼统的学术史叙述中掩藏着具体层面的特殊性。当代学者针对刘逢禄、宋翔凤、康有为等人的个案研究,已经可见个人经学诠释的复杂性。

梁启超早年推崇康有为今文经学,之后脱离此种认识,但他在清学史梳理中,对康有为学术位置的认定,实际上间接凸显了康有为在清季学术史中的独特地位。他在《清代学术概论》中认为康有为今文经学不在治经,意在借经术以文饰其政论。后在《中国近三百年学术史》中,把龚自珍、魏源、戴望归为刘逢禄公羊学一派,贬抑廖平而抬高康有为,以体现"今文学运动以公羊为中心,开出晚清思想界之革命,所关尤重"。② 这种论述实则钳制了梁启超对清代今文经学的客观论述,同时也通过自我建构的学术史谱系,在一定程度上误导了后来的清学史研究,今文经学方面更是如此。③ 当然,梁启超也看到了今文经学学派内部的差异,他总结为一以治经为主,一以经世为主,前者为陈立等人,后者有魏源、龚自珍、康有为等人。可见,在晚清今文经学学派的理解上,梁启超与章太炎具有一定的共识。但从梁启超有关康有为的论述中,可以看出他更倾向于经世致用的今文经学,此为清末民初诸多学人所言说的今文经学。另外,梁启超在今文经学的梳理中,指出清代今文经学与乾嘉汉学的对立性④,这种论断实

① 章太炎从古文经学角度出发,建立他的六经皆史论,此史不再是章学诚三代官学背景下的史,而是现代国家建构下的本国历史。由此他对《春秋》为史的论述,也就自然瓦解圣人微言大义的存在,圣人乃述而不作,无所谓深意存在,而汉人所推崇的《春秋》义也被他解读为旧史之凡例。
② 梁启超:《中国近三百年学术史》,中华书局,2020年,第323—324页。
③ 参见蔡长林:《常州庄氏学术新论》,台湾大学博士学位论文,2000年。
④ 梁启超:《中国近三百年学术史》,第44—45页。

际上忽视了清代今文经学复杂的演变历史,以后人之见误解了今文经学与乾嘉汉学的关系。

我们通读二人有关清代学术史的论著可以看出,章太炎、梁启超在今文经学派的梳理中,实际上是在乾嘉汉学的主导框架下,梳理了清代的学术史,因此这种涉及学术史的叙事问题,非常容易导致学术史谱系的线性化,而忽略不同时期学术思想的差异性与多样性。

钱穆在所作的《中国近三百年学术史》序文中指出清代学术与宋学的关系,认为清学本质上是宋学的延续,在延续中发生了诸多变化。可见钱穆实际上间接批评了学术史中的汉学化叙事,转而上溯乾嘉汉学之前的宋学,扩大学术研究的视野,以指出宋学才是清代学术的核心精髓。因此在钱穆梳理的清学史中,可以看出他对理学者的重视,聚焦清代学者义理之学的阐释,而对今文经学的评判也必然掺杂浓烈的宋学意味。他说:"常州之学,起于庄氏,立于刘、宋,而变于龚、魏。然言夫常州学之精神,则必以龚氏为眉目。何者? 常州言学,既主微言大义,而通于天道、人事,则其归必转而趋于论政,否则何治乎《春秋》? 何贵乎《公羊》? 亦何异于章句训诂之考索? 故以言夫常州学之精神,其极必趋于轻古经而重时政,则定庵其眉目也。"①钱穆认为所谓常州今文经学派,前、后时期有着巨大的差异。他所认可的今文经学派实际上是章太炎所批评的龚自珍、魏源,而钱穆也瞧不上刘逢禄、宋翔凤等人。然而,钱穆的理解也有一定的问题,他认为提到常州学派,就应该与谈论微言大义的经世之学有关,而乾嘉汉学式的经学研究则算不得常州学派。钱穆的分析忽视了刘逢禄等人与汉学的复杂关系。所以,钱穆的理解并非完美,而且他对宋学的关注,实际上有与章太炎、梁启超相抗衡之意。

章、梁、钱三人对清代今文经学的梳理,实际上都缺少细致的个

---

① 钱穆:《中国近三百年学术史》,九州出版社,2011年,第585页。

案研究,陷入了学术派别的纠缠中。固然,学派划分有利于学术史、思想史等方面的把握,但亦会误导阅读者以固有框架去分析相关的学术问题。因此我们在借鉴前人经验的同时,必须时刻警醒这种主观叙事的陷阱。

汉学家艾尔曼明确反对梁启超等人的线性化叙述,认为上述有关学术史的固化理解源自西学的影响下,学者有关清代学术史的重构,所谓的重构本质上乖离了清代今文经学的历史真相。所以艾尔曼从社会史的角度,直接由庄存与、刘逢禄等人的时代入手,分析社会政治等因素在今文经学兴起中的作用,探讨常州今文经学与汉学间的关系。艾尔曼意图抛弃清季以来康、梁等学者的现代性叙述框架,但实际上并未能如其所愿。首先,他对清代今文经学这个概念实际上就有着误解,而且明显受到康、梁的影响。如果了解汉代经学的话,我们就会知晓今文经学这个概念,实际上隐含着一个言说的对象即古文经学。如果从汉代经学的视角来看,今文经学与古文经学的对立,实际上要到西汉末年以刘歆为代表性人物,这种问题才显现出来,至东汉则成为一种经学现象。而且在当时,多称今文学与古文学,这点钱穆已经指出。① 因此,依据艾尔曼的理解,他显然在说今文经学的复兴,这种复兴是以庄存与、刘逢禄为源头。然而这种研究思路,必然也无法脱离他所批评的线性叙事。所以首先应该搞清楚的便是庄存与、刘逢禄等人的公羊学研究,不能等同于清季康、梁所言说的今文经学。因为今文经学实际上包含了诸多内容,而且今文经学的提出正意味着一个明确的、对立的言说对象。另外,我们需要思考庄存与、刘逢禄的公羊学如果可以纳入清代今文经学的演变史中,是否是正确的。刘逢禄之后的魏源,大肆宣扬西汉今文经学,以批评东汉古文经学,乃至对清代汉学考据不屑一顾,是否与清季所谓的今

---

① 参见钱穆:《刘向歆父子年谱》,《两汉经学今古文平议》,商务印书馆,2005 年。

文经学有着切实的关联,而刘逢禄的公羊学或许并非今文经学框架下的公羊学,而只是汉学考据下的公羊学,这些问题都值得我们深思。而且庄存与在清代今文经学谱系中的出现,实际上与刘逢禄等常州学人有着很大关系。庄述祖、刘逢禄、庄绶甲等不遗余力的宣扬,加之魏源、龚自珍、谭献等人的吹捧,实际上才为后来常州今文学谱系的设定奠定基础。因此,艾尔曼对常州今文经学的解读,自初始所预设的研究框架,就有着一定的问题,而且他明确把龚自珍、魏源剔出研究的视野,也是值得商榷的。艾尔曼没有意识到他所言说的今文经学乃至所谓的复兴,实际上与此二人有着很大的关系。

　　有关章太炎、梁启超、钱穆三人的学术史叙述,我们可由晚清学者的著述中找到一些源头。这也从一定程度上证明艾尔曼所说的现代化叙事并非全与西方有关,传统中国本身所具有的学术史认知,也会导致这种线性化的理解出现。比如李慈铭,此人不喜公羊学,对刘逢禄、戴望等人亦不乏批评之辞。他尝言:"乾嘉间诸儒多尚公羊之学,以西汉特重公羊,首立经学博士,而何氏作注又在东汉,遂谓《公羊》最存古义,何注又最有师法。自武进庄氏方耕、曲阜孔氏㧑轩皆专精其业,著有成书,凌氏与武进刘申甫起而和之。盖自两汉以来,言公羊者莫之先也。"[1]由此可知李慈铭对清代公羊学有了一定的学术史梳理,由早期的庄存与、孔广森,到后来的凌曙、刘逢禄,他虽未明确称之为常州公羊学派或今文经学派,但他却隐约指出了清代公羊学的兴起,与乾嘉汉学有着密切的关联。他还说:"自常州庄氏说经,恃其高识雄力,好为荒渺之论,自托于西京微言大义,而不知实为南宋余唾。"[2]

---

[1] 李慈铭:《越缦堂读书记》"公羊礼疏"条,上海书店出版社,2000年,第104页。

[2] 李慈铭:《越缦堂读书记》"炳烛编"条,第742页。按李氏之论已指出常州庄氏之学与宋学的关联即在对经学义理的关注。今文经学尤其是公羊学对微言大义与义理的探寻与宋学重义理有相似之处,但实质当然是不同的。二者所言之语境差异甚大,一为汉学语境,一为理学语境。只是在汉学语境中,上溯西汉,重董仲舒等义理之方式解经,而不局限于东汉贾、马、郑之古文经学。所以魏源批评汉学时,实际上即专门针对学者拘守东汉古文经学的现象。

清末民初的叶德辉也曾论及清代公羊学的系谱,他说:

> 顾当极盛之时,已伏就衰之理。其时若刘申受之于《公羊》,陈恭甫之于《尚书大传》,凌晓楼之于《春秋繁露》,宋于庭之于《论语》,渐为西京之学。魏默深、龚定庵、戴子高继之,毅然破乾嘉之门面,自成一军。今日恢刘、宋之统者,湘绮楼也;振高邮之绪者,俞曲园也。东塾似接亭林之传,而实非亭林之正脉。亭林之世无汉宋,则有意兼通汉宋者,不得谓之师法亭林。东塾之学本出仪征,何以微变其旨?盖由乾嘉诸儒晚年亦浸宋学故也。戴东原之《原善》,孙渊如之《先天卦位辨》,仪征之《释心》《释性》,皆明避宋学之途,暗夺宋学之席。……有汉学之攘宋,必有西汉之攘夺东汉,吾恐异日必更有以战国诸子之学攘西汉者矣。①

此文中叶氏亦说出清代汉学与宋学间的关联。由叶氏的这段讨论,可知钱穆以及余英时等人有关清学与宋学的讨论,实则肇端于清人。至于叶德辉对公羊学派人物的划分,也是依据晚清的真实学术状况。如魏源、龚自珍已言及庄存与、刘逢禄治公羊学,而之后戴望更是受刘逢禄、宋翔凤公羊学之影响。戴望友人赵之谦在《汉学师承续记钞撮本》中列有庄述祖、刘逢禄、宋翔凤、戴望等人,他认为诸人治学皆属汉学。只不过庄存与之后治公羊学者多高扬西汉今文经学,故而在汉学中尤为特殊。所以赵之谦言:"国朝汉学自康熙后,凡分四大宗:元和惠氏,休宁戴氏,嘉定钱氏,武进庄氏。庄氏直接西京,创通大义。其学至微,继起者少。戴氏学派最广,王氏、段氏传。王氏学,

---

① 叶德辉:《郋园论学书札·与戴宣翘校官书》,《叶德辉文集》,华东师范大学出版社,2010年,第236—237页。

绩溪胡氏继之。段氏学,长洲陈氏继之,皆体原戴氏。"①赵氏的这种认识实际上与魏源、戴望等人的思考有很大关系。他们都把常州庄氏归为公羊学的奠基人,之后学者的理解无不沿此思路,从而由汉学内部所孕育而独立成为代表西汉今文经学的公羊学。这种理解在清季以降的学术史叙述中成为常态。只不过"创通大义"的公羊学,随着清季社会政治的变化,加之康有为的鼓吹,成为政治革命的工具,而刘逢禄、戴望乃至陈立、俞樾等人所理解的公羊学,都与康有为的公羊学有了很大的不同。

倾向今文经学的皮锡瑞,在《经学历史》中把清学描述为复盛与复古的历程,由此推导出清末今文经学乃西汉今文经学之复兴,而复兴西汉今文经学即是复兴孔子之学。由此思路,我们在理解清代的经学时,应当意识到皮锡瑞对清学的梳理有很大问题。即首先清人之学与汉人之学不同,清之经学与汉之经学不同,清人所谓的今文经学与汉之西汉经学也是不同的。因此,如果按照皮锡瑞的理解,就会遮蔽清代经学的演变历史,同时清代今文经学的历史亦会混乱不清。魏源当年大声呼吁抛弃琐碎考据之汉学,上溯西汉经学,实际上已经宣告清代今文经学与清之汉学的对立,而汉学被认为是东汉古文经学的延续,由此晚清学人眼中今文经学与古文经学两大观念的角逐也就必然出现。比如刘逢禄即推崇西汉董仲舒之学。对于推崇今文经学的士人来说,董仲舒正是西汉今文经学的代表。这种今古文经学的对立观念,在清末尤其清晰明显。清季这种今古学对立观念的明确,与廖平、康有为等人亦有很大关系。他们二人在刘逢禄、魏源等前辈学人基础上,证实了古文经学不可与今文经学匹敌,今文经学乃孔学真传,古文经学为汉人歪曲捏造,并无价值可言。所以皮锡瑞

---

① 赵之谦:《汉学师承续记钞撮本》,《赵之谦集》第 3 册,浙江古籍出版社,2015 年,第679 页。

延续魏源的理解,认为乾嘉汉学复兴东汉之学,嘉道以来复兴西汉之学,由此"鲁一变至道也",而晚清强烈的尊孔之论亦必然随之而来。这种影响在民国依然存在。皮锡瑞曾批评叶德辉关于公羊学的解读,叶德辉反驳说《公羊传》与公羊学并不同,便已从历史角度道出了学术演变中的差异。如果依照康有为、皮锡瑞等人并不客观的经学史梳理,他们在清季大谈今文经学,正是顺应学术大势,而非有意造作。由此可见,如要研究清代今文经学势必要搞清楚清代的今文经学,作为一个经学概念,其演变的历史,其具体的内涵,以及概念产生的原因,方可能较为客观地研究清代经学及其相关学术思想。由上述可知,我们不赞同以今文经学的复兴诸如此类的标题来衡量晚清的今文经学。这些实际上还是清季学人经学观念、思想的一种影响与延续,本质上便是一种误读,在前人误读的基础上继续误读,那么由此研究中所建构的今文经学与历史中的清代今文经学会产生一定程度的背离。

梁启超曾指出清代公羊学的两种倾向,即学术性与政治性。他说龚自珍、魏源虽言经学,"而其精神与正统派之为经学而治经学者则既有以异",二人"喜以经术作政论"。[①] 梁启超认为龚、魏之谈公羊与刘逢禄专经研究不可相提并论,原因在于龚、魏好政论。当然,这种理解也并不绝对,在康有为之前,公羊学乃至今文经学的研究中本就蕴含经世的影子。只不过彼时社会环境与康有为以西学附会公羊学的时代有着本质的不同。因此,如果我们还接续梁启超的认识去理解公羊学,实际上在学术层面不会什么实质性进展。但当下学界依然有学者坚定地从政治性角度去衡量清代的公羊学历史,以之作为是非评判之标准,夹杂强烈的主观偏见,同时又忽视了清代今文经学复杂的演变历史。实际上从学术层面来看,今人无法也没必要去

---

① 梁启超:《清代学术概论》,上海古籍出版社,1998年,第77页。

评判清人谁的公羊学成就高于谁或低于谁,我们更应该尽量客观地去还原和阐释清代历史中的今文经学,而不是简单粗暴地去评判是非对错。清人有关公羊学及今文经学的理解有着一定的差异,这种差异与他们的知识体系以及自我喜好有很大关联。无论是厌恶公羊学还是支持公羊学者,都有着自我清晰的认知。因此我们所要关注的应该是去阐释清代公羊学的诸多历史问题,比如除了从庄存与、刘逢禄所谓的常州学派去理解公羊学的发展,我们更应该以整体的思维,从清代学术史、思想史的演变中,去深入理解公羊学、今文经学的真实面貌。如此,就不会拘泥于所谓的学派中的某几个人。

清季今文经学与刘逢禄、宋翔凤时期经学有着巨大的差异。康有为的今文经学是具有现代性意义的概念,而康氏之前的今文经学则是传统意义上的清代经学概念,但又与汉代的今文经学有着实质的不同。比如汉代博士制度的消亡,经学师说家法的不复存在。清人始初所理解的今文经学是建立在训诂考据方法上的今文经学,其理解经学的思路便是戴震所言由小学而明义理。也就是说此时的今文经学无非是以今文经学指代不同的典籍,多与学术研究有关,并未较多措意于社会政治意涵的讨论。而之后戴望等人的公羊学则进入了试图回归汉代以经决狱的政治儒学中来,这种现象在刘逢禄的著述中已经有了基本体现。这种关键性转变的发生则与龚自珍、魏源有关,龚、魏的以经论证倾向,实质上在晚清今文经学的转变中,为康有为孔教论的产生奠定了基础。① 这种基础即是所谓的政治基础。龚、魏注重公羊学的理论运用,而康有为则借助今文经学的素王改制论,宣扬社会政治制度的改革,这依旧是龚、魏以来的政治化公羊学。其中廖平则是康有为改制论的一个重要催生者,康有为从廖平那里

---

① 蒙文通认为康有为也只是龚、魏之学。参见《经学抉原》,《蒙文通全集》第 1 册,巴蜀书社,2015 年,第 366 页。

吸收经学今古文理论,以及尊孔论,从而偏执的打压古文经学,以建构一个今文经学独存的圣人之学的世界,这个世界中圣人不再是一个可以人人皆可为圣人的形象,而是具有神秘性质的谶纬文献中的圣人形象。

清季以来许多学者从汉学角度去衡量清代公羊学,往往对孔广森、陈立评价较高,而对刘逢禄、戴望等却持批评态度。这种认识一定程度上源于对康有为公羊学的排斥。康有为以今文经学的姿态,对古文经学加以排诋,斥为伪造,这使得延续和推崇乾嘉汉学的清末学人实在无法容忍。而且康有为对公羊学的解读完全背离了传统的纲常伦理,诸多不利因素自然影响一些学者对晚清今文经学的判断。刘师培曾论清代公羊学:

> 自近儒孔广森治公羊,始以公羊之说证《孟子》。然于王鲁新周之说,则深斥其非。若凌曙、陈立之书,亦仅由公羊考古礼,以证殷周礼制之殊,未尝有穿凿之说也。自常州庄氏治公羊,始倡大义微言之说。盖斯时考订之学盛行,儒者欲脱其范围,又欲标汉学之帜以自高,见公羊家之学说,最易于蹈虚。且谶纬诸书多与公羊相出入,而董、何之说具有全书,其持论甚高,其著书又甚易,故刘、宋之徒均传庄氏之说,舍古文而治今文,舍训诂而求义例,并推公羊之义,以证《论语》及《中庸》。而魏源、龚自珍袭其绪余,咸以公羊学自矜,强群经以就公羊,择术至淆,凌杂无序。凡群经略与公羊相类者,无不旁通而曲畅之。即绝不相类者,亦必锻炼而傅合之。①

此论中刘师培对乾嘉汉学与庄氏公羊学加以区别,凸显二者的不同。

---

① 刘师培:《论孔子无改制之事》,《仪征刘申叔遗书》第10册,广陵书社,2014年,第4279页。

但这种观点的得出,是站在古文经学的立场,故而与清末反对康有为今文经学有着很大关联,所以他们不愿把公羊学兴起与清代汉学联系在一起。

当代一些学者从学术史、思想史等角度的研究,也有利于反思今文经学的研究问题。如陆宝千《清代思想史》说到公羊之学,"亦为汉学,而无训诂之琐碎。亦言义理,而无理学之空疏。适中清儒厌钻故纸而不忍遽弃故纸,菲薄宋儒而又思求义理之心情"。① 陆氏说出了公羊学与汉学,以及公羊学本身所具有的义理内涵,虽然缺乏细致的论证,却提醒我们注意清代公羊学演变中的两个重要内容:一是公羊学与汉学的关联,一是公羊学对微言大义的诠释。朱维铮曾说:"假如没有浙江人龚自珍、湖南人魏源,那么无论刘逢禄、宋翔凤怎样表彰公羊学,常州学派也只会止于汉学的异端,因为他们沿用考据的方法反对考据的取向,在汉学家看来也无非属于同室操戈,正如当年郑玄反对何休一样。"② 从陆宝千、朱维铮观点中,我们亦可看出公羊学与乾嘉汉学的必然联系,只是二人未曾对此问题有详细的论证。

日本学者岛田虔次认为"考证学唤醒了讲微言大义之学的公羊学"。③ 余英时从内在理路的视角,分析乾嘉汉学与宋学的关系。④ 日本学者伊东贵之在宋明理学的视角下,指出清代考证学与理学之间不可分割的关联,并认定考证学的出现,正是朱子学在清代社会的普遍化,进而促使朱子学由天理人欲的关注转向社会礼教实践的讨论。由此,考证学本质上淡化了以朱子为首的理学,从而推动清代学术的知识化倾向,即由知识考据以呈现礼教主义的论调。⑤ 基于此思

---

① 陆宝千:《清代思想史》,华东师范大学出版社,2009年,第223页。
② 朱维铮:《求索真文明:晚清学术史论》,上海古籍出版社,1996年,第8页。
③ 岛田虔次:《中国思想史研究》,上海古籍出版社,2009年,第357页。
④ 余英时:《清代思想史的一个新解释》,《论戴震与章学诚:清代中期学术思想史研究》,生活·读书·新知三联书店,2000年。
⑤ 参见伊东贵之:《中国近世思想的典范》,台湾大学出版中心,2015年。

路,他便指出研究公羊学,当注重从考证学内部加以分析。^① 伊东贵之的观点,正是基于对朱子理学在明清时代的演变史,进而理解清代学术思想的连续性与非连续性。他的思路提醒我们,对清代公羊学乃至今文经学的理解,不应仅仅局限于常州学派或者之前学术研究的固定视野下,而是应当放在清代学术、思想的整体视野下,去探究相关问题的实质。

台湾学者蔡长林指出常州之学中庄述祖对刘逢禄的影响,并强调所谓学术史中的今文经学,有着很大的漏洞。这种漏洞在于忽略学术思想的复杂性,而过度地以线性叙事的模式来总结清代的今文经学,尤其是常州公羊学派。他指出庄存与并无今文经学之立场,^②且庄述祖也并非如刘逢禄那般偏袒今文经。此论即表明了清代公羊学历史的复杂性。他又指出常州学术之转折在庄述祖,刘逢禄、宋翔凤皆受其影响,十分有见地。又说梁启超在以康、梁为中心的今文经学的认知基础上,形成所谓的清代今文经学派,这种学术史梳理一开始即远离了清代今文经学真实的演变历史。^③

列文森曾说:"充满敌意的古文经学家的一个基本观点,就是试图否认十八世纪的今文经学是汉学。"^④然而古文经学家的批评,实际上并未能理解廖、康等提倡今文经学的意图。所以清季以来,诸如曹元弼^⑤、叶德辉、章太炎、刘师培等,站在古文经学的角度去批评今文经学,都在有意强调孔广森、凌曙、陈立等公羊学的学术价值,而贬低刘逢禄、宋翔凤、魏源、康有为的公羊学。这种学术史叙事让我们在

---

① 伊东贵之:《中国近世思想的典范》,第 111 页。朱维铮在其《史学史三题》中亦说今文经学为清代汉学的内部异端,并说今文经学"没有刘逢禄便不成学派,没有龚自珍便不成气候"(《朱维铮史学史论集》,复旦大学出版社,2015 年,第 12 页)。
② 参见曾亦、郭向东:《庄存与:清公羊学之滥觞》,《春秋公羊学史》,华东师范大学出版社,2017 年。
③ 蔡长林:《论常州学派研究之新方向》,《中国文哲研究集刊》第 21 期,第 346 页。
④ 列文森:《儒教中国及其现代命运》,中国社会科学出版社,2000 年,第 73 页。
⑤ 曹元弼:《述学》,《复礼堂文集》卷一,民国六年(1917)刻本,第 15b 页。

把握公羊学演变历史时,也较易产生错乱与谬误。

总之,我们在理解清代今文经学时,不能局限于晚清学人不断建构的学派认知,这种以常州学派为首的清代今文经学的学术系谱,实际上局限了今文经学的丰富内涵,不能反映在清代学术中的真实面貌。这种固有的学术体系的认知,更多是清季民国学人自我思想的呈现,无法客观全面地把握清代的今文经学。所以,如果我们当下理解清代以公羊学为核心的今文经学,必须跳脱出这种固有框架下的研究。应当综合考量今文经学的诸多问题,不可仅仅局限于对个别代表人物的简单呈现,而是要一方面从宏观视角把握今文经学在清代历史中的地位,一方面从微观视角考察今文经学的相关问题。比如清代今文经学的观念史梳理,今文经学与乾嘉汉学的内在关联,今文经学者如何理解经之义理? 这些解读与清代整体学术环境的关联如何? 清代今文经学与民国学术思想之间的关系如何? 诸多相关问题我们都应该试着做出回答,以从不同角度、不同层面解读清代的今文经学,或许对于理解清代历史中的今文经学有所裨益。

二、晚清今文经学的展开与 孔学义理的阐释

古代中国的士人深受传统经学思想的浸染,他们常常借助于经学文本的诠释,来表达自己对现实问题的反思。晚清时期的士人,面对不断出现的社会危机,这种方式的反思变得愈加浓烈。传统经学的存在,所宣扬的乃是以儒家为主的传统思想,这种思想主张寻求孔子所言的一贯之道,而不是具体问题的逐个击破。因此,这种带有儒家理想主义的经世论调,随着晚清时局的演变,呈现出了纷繁复杂的思想世界。通观此时士人的著述,可知儒家思想深刻影响着士人的精神世界,由此他们在回应现实问题时,很自然地从经学中追寻解决的方法。

清代汉学考据的兴盛,并未阻碍士人思考这种一贯之道,也未曾脱离圣人信仰的束缚。因此,面对社会问题,唯有采取古代士大夫的固有思维,由"复古"以求当下的解救之道。而经学文本的探寻,意在指向与五经有密切关联的人物——孔子。这位被古代士大夫崇拜的圣人,不仅是士人效法的典范,其深邃的思想更是传统读书人理解人生与世事的依据。晚清之际的士人急迫地想要借由圣人思想的揣摩中,找到那个可以拯救社会危机的一贯之道。于是这个既模糊又具体,而却又难以同一的"道",被晚清士人从不同角度加以深究,希冀理解圣人之学的真谛,而作为记载思想的著述,都无法避开对圣人之学之本质的讨论。这种文本式的呈现,便是所谓的义理,而又由于嘉道以来今文经学的不断影响,一些士人便喜以"微言大义"来指称经学文本中的圣人义理①。因此从思想史角度来看,晚清士人的经世活动,离不开对经学义理的阐释,而这种经学文本的诠释活动,又以今文经学的影响最为典型。此时对孔学义理的寻求,无法摆脱今文经学思想、观念的影响,而同时这些士人作为具有主体意识的个体,理解的差异自然无法一致,由此在解读圣人的"微言大义"时,便呈现了不同的面貌。研究这些不同士人的经学诠释,正可有助于我们了解晚清士大夫的精神世界,呈现他们在晚清动荡历史中的诸多面相。

(一) 经学的复古与圣人之道的解读

清代初期顾炎武提出"理学即经学"的口号②,道出了对五经之学的回归。这种回归不仅是学术性的,更是对社会问题的映照③。他们

---

① 此义理主要围绕以孔子为核心的五经,以及两汉与五经有关的传记、经说,进行相关的文本诠释,文中统称之为孔学义理。
② 顾炎武:《与施愚山书》,《顾亭林诗文集》卷三,中华书局,1983 年,第 58 页。
③ 顾炎武:《与人书三》,《顾亭林诗文集》卷四,第 91 页。

意识到晚明心学对社会现实所产生的巨大流弊,进而总结出空谈义理与经世之志的差距,主张在学术研究中关注与人有密切关联的知识,希望借此来改变社会中的核心问题。所以顾炎武提出今日之问题在人心风俗,由此提出圣人之学在博学、知耻,不在无谓之空谈。①当然顾炎武对早期经学的研究,意在经世致用,焦点不在如何更好地诠释五经,但社会问题促使顾氏等清初士人有意寻求更加久远的学术传统。这种由心学回溯到秦汉经学的学术现象,促使之后的学者更加集中于对早期经学的学术研究。在这种诠释经学文本的过程中,对圣人之学的理解逐渐摆脱理学的藩篱,从而产生一种由早期的经学文本来重新解读圣人之学的观念。于是乾嘉时期的钱大昕、戴震等人提倡由小学通训诂,继而明义理的学术理念。②由此,针对圣人之学的理解,训诂考据成为了重要一环,由此解读文本呈现支离琐碎的现象,这便成为晚清士人批评清汉学的一个重要原由。乾嘉汉学的广泛影响,导致义理之学的式微,由此经学研究缺失了对圣人之学的体悟与揣摩,圣人之学的经世功能被士人忽视。

然而我们不可否认,乾嘉学人对汉代经学的研究,实则推进了时人对秦汉经学的深入了解。他们通过解读不同的经学文本,加深了有关汉代今古文经学、师法家法的理解,而两汉经学的相关差异,也逐渐有了清晰的认识,由对东汉古文经学的重视,转移到对今古文经学的全面研究。在汉代作为官学的今文经学,实则在西汉学术中占据重要地位。乾嘉以降,一些士人也进而对今文经学有了深入研究(诸如陈寿祺、陈乔枞父子的三家《诗》研究,刘逢禄的公羊学研究,凌曙的《春秋繁露》研究,等等),对经学的理解有了重新认识,这种认识

---

① 顾炎武:《与友人论学书》,《顾亭林诗文集》卷三,第40页。又卷四《与人书九》,第93页。
② 钱大昕:《经籍纂诂序》,《潜研堂文集》卷二十四,《潜研堂集》,上海古籍出版社,1989年,第392—393页。戴震:《题惠定宇先生授经图》,《东原文集》卷十一,黄山书社,2008年,第85页。

表现为：对西汉今文经学经世性质的理解，以及对西汉释经学方法的理解。前者使得士人在面对社会问题时有了可资借鉴的经学依据，后者则让他们意识到对经义实质的理解存在着另一种更有效的途径。所以，刘逢禄在其著述中对孔学谱系的建立①，便在言说如何追寻圣人之学的真实面貌，其中并非仅有训诂考据的途径，还可以借助学术源流的确立，以深入解读经学背后的深邃义理。由此，对西汉今文经学的关注，不只是乾嘉汉学的延伸，更是在这种深入研究中，加深了对经义的理解，这种理解促使士人在秦汉经学的基础上去探究圣人之学的核心与本质。故而原本借由理学所理解的圣人之道，逐渐被秦汉经学所替代，致使乾嘉汉学者所苦苦追寻的义理之学，随着今文经学的复苏，似乎变得脉络清晰。

但是这种义理之学，随着社会现状的变化，不再是对心性之学的关注，而是借助西汉今文经学的重新解读。其中圣人之学的政治功能被不断放大，对时下个体与社会问题的关注成为了理解圣人之学的一个重要视角。因此，在这种明确目的性的驱使下，探究圣人之学的真谛，从而解决当下社会危机，成为了嘉道之后士人的共识。这种学术与政治的纠缠，致使汉代原本兼具神秘与神圣性质的经学，被晚清士人再次加以利用，而经学文本中"微言大义"的解释成为了探究圣人思想的关键。

(二) 今文经学与义理的阐释

今文经学本是指汉代与古文经学不同的经学概念，主宰着汉代的官学，其中尤以公羊学最具代表性。西汉董仲舒传授公羊之学，并在《春秋繁露》中呈现解读《春秋》微言大义的理念。至东汉，公羊学与谶纬结合，圣人之学趋向神秘化，诸多经说荒诞不经，故而公羊之学

---

① 刘逢禄：《春秋公羊经何氏释例》，上海古籍出版社，2013年，第3—4页。

被冠以"非常异义可怪之论"①。汉末,何休继承师说,确立解读《公羊传》的核心纲领——三科九旨。随着清人对今文经学研究的深入,此纲领也被重新加以解读,刘逢禄曾说"无三科九旨则无《公羊》,无《公羊》则无《春秋》,尚奚微言之与有?"②可见三科九旨在他心中是理解《春秋》微言大义的密钥。刘逢禄认为三科九旨不仅是理解何休公羊学的关键,更是由此上溯西汉董仲舒,进而理解圣人之学而不可或缺的环节。因此他对汉代公羊学谱系的梳理,所体现的核心便是以三科九旨为核心的董、何之学,由此贯通孔子的微言大义。

然而公羊学本身解释《春秋》经的主观、随意,导致清代学人在把握其中的真实经义时,出现了诸多不确定性。首先《公羊传》本身释经的问题,何休解读《公羊传》的问题,董仲舒阐释《春秋》的诸多问题,都提示了刘逢禄所言说的谱系的可商榷性。因此如何更有效更准确地理解这种经学文本中的义理,成了棘手的问题。对此,与刘逢禄同时代的宋翔凤曾明确解释圣人之学的微言大义:"经者常也,恒久而不已,终古而不变,谓之曰常。故圣人之言曰微言,传记所述曰大义。微者至微,无不入也。大者至大,无不包也。原其体类,皆号为经,是则……《公羊》《穀梁》《左氏》无非《春秋》也,《仪礼》经传虽出于一涂,而其恉意所周遍,可以尽法制之变,浃人事之纪。要而论之,微言之存非一事可该,大义所著非一端足竟。"③可见他对"微言""大义"有所区分,但同时又皆为经之恒常之道的具体体现。因此,宋翔凤在《论语说义》中通过论述微言大义与礼的关联,把圣人一贯之道加以具象化。宋翔凤认为孔子之时"列国人心风俗将思有所变易,圣人遂因乎世运而斟酌损益以成《春秋》去文从质之礼,所谓因其势而

① 刁小龙整理:《春秋公羊传注疏》,上海古籍出版社,2014年,第3页。
② 刘逢禄:《刘礼部集》,《续修四库全书》第1501册,上海古籍出版社,2002年,第58页。
③ 宋翔凤:《朴学斋文录》卷二《经问自序》,《清代诗文集汇编》第513册,上海古籍出版社,2010年,第342页。

利导之,复修教化以崇起之者,如此而已".①可见宋氏由公羊学来解释《论语》,正说明圣人之学的核心在礼,而对礼的深入理解,也正是士人要知晓的"微言大义"。他说孔子损益三代之礼,目的便在设教维世,所以"必知礼之本,则能通文质之变,以救世运"。②他如此推崇孔子的微言大义,即因孔子所言,施之于今,可致太平。所以他说:"凡传其语言而著于竹帛者,皆圣人之教。孔子修六艺,多闻阙疑,无不知而作,故其礼义科指可世世通行。"③宋氏眼中,孔子的"微言大义"并非遥不可及,而是具有明确的治世取向。换言之,汉人所乐言的圣人为后世制法的观念,在晚清今文经学的复兴过程中,被士人再次提及,以论证圣人一贯之道的永恒性。

之后师承宋翔凤公羊学的戴望,继承了刘逢禄、宋翔凤的公羊学思想,间接承认了公羊学、《论语》与圣人之学的贯通性④,同时戴氏还借助颜元、李塨之学,诠释圣人之学在道德践履,不在玄虚空谈。而宋翔凤所认可的以礼治世的理念被戴氏所沿袭,作为怀有经世志向的士人,宋、戴与龚自珍、魏源一样皆意在彰显圣人之道在当下时代中的伦理与政治功能。龚、魏二人推崇庄、刘公羊学,便是聚焦在公羊学的经世性,这也正是刘、宋、戴不断努力阐释经学之目的所在。

只是龚、魏放大了公羊学的经世层面,因此魏源才能说出"鲁一变至道也"⑤,此道便蕴含了圣人之学为后世变法改制的政治功能。而这也彰显了清代道问学的整体学术环境下,解读圣人之学的政治化倾向。由此所谓的微言大义不再混沌玄虚,而呈现明确社会指向性的解读。就连主张汉宋调和的陈澧,也在这种影响下,言说微言大义可

---

① 宋翔凤:《论语说义》卷二,光绪十四年(1888)南菁书院刻《皇清经解续编》本,第5a页。
② 宋翔凤:《论语说义》卷二,第4b页。
③ 宋翔凤:《论语说义》卷七,第2b页。
④ 戴望:《谪麐堂遗集》,宣统三年(1911)《风雨楼丛书》本,第1b—2a页。又可参见《谭献日记》中对戴望之学的评价(谭献:《谭献日记》卷一,中华书局,2013年,第26页)。
⑤ 魏源:《刘礼部集序》,刘逢禄《刘礼部集》,第2页。

由考据而得。① 而章太炎的老师俞樾，可谓是陈澧此论的验证者，他在针对《王制》的研究中，竟然发现《王制》与《春秋》的关系，由此确定了孔子素王之论。② 如此便间接论证了孔子微言大义与礼的密切性。

可见对圣人之学的探究，与清代以礼代理③的思潮不谋而合，而这种礼学倾向的阐释，即是对微言大义的解读。由此，圣人"微言大义"不再局限于今文经学，而成为了晚清士人的普遍性关切。

(三) 孔学义理的分歧

清季西学不断涌入，打破了传统中国士人的思想局限，传统中国的核心伦理思想受到冲击，此时对传统的解读有了对抗西学的意味。一些士人对圣人微言大义的提倡也随之趋于激烈，经学从原有士人对圣人之道的诠释中，转移为应对当下社会秩序的危机，自主维护本国传统文化精神。解读角度的转变，预示经学义理的诠释变成了一种具有现代性意义的解读。江瑔在其民国初年的《经学讲义》中把六经之道归为政治、哲理二部分，言"《春秋》推见以致隐，即政治学也；大《易》由隐而之显，即哲学也。政治所以措施天下之大，哲理所以宣究心性之微"④，"学者治经，当思圣人何以立经，经之义安在……不过假事以寓意，借器以明道，为之宣泄其微言大义，施于当世，以拨乱世反于正，而臻于大同之治。此经学之用也"。⑤ 江氏此言即道出圣人之学的经世取向，此经世一关乎哲理，即与个体德性完善有关；一关乎政治，即与国家治理有关。而个体与国家相辅相成，则可见他眼中

---

① 陈澧《东塾遗稿》："微言大义，必从读书考古而得。《学思录》说微言大义，恐启后来不读书、不考据之弊，不可不慎。必须句句说微言大义，句句读书考据，勿使稍堕一偏也。"转引自钱穆《中国近三百年学术史》，第 679 页。
② 俞樾：《曲园杂纂》卷五《王制说》，《春在堂全书》，凤凰出版社，2010 年，第 41 页。
③ 参见张寿安：《十八世纪礼学考证的思想活力——礼教论争与礼秩重省》，北京大学出版社，2005 年。
④ 江瑔：《经学讲义》，华东师范大学出版社，2014 年，第 74—75 页。
⑤ 江瑔：《经学讲义》，第 75 页。

的圣人微言大义一分为二而又合而为一,都是无法独立存在的。

然而细究起来,清季士人对传统经学微言大义的理解有了实质性的分裂。概括来讲,呈现两种趋向。一是微言大义由经学考据式的深入探究,转向对传统社会伦理的维护,此乃应对西学带来的冲击。二是由微言大义的不确定性,借助公羊学素王改制等观念,重新确立新的社会秩序。前者以苏舆、张之洞等人为代表,后者以康有为、梁启超为代表。前者多被称为保守派,后者则呼为维新派,两派对圣人之学的理解不同,同时应对西方的理念也不同。前者希望在西方冲击下,坚守本国传统文化,而后者则希望改变本国现状以积极应对西方的冲击。所以我们看到汇聚苏舆、叶德辉等人著作的《翼教丛编》对康梁维新派的批评,原因即在于此。

具体来说,清季士人有关圣人微言大义理解上的差异,多源于自我做出何等选择,以应对社会危机。例如康有为昌言尊孔改制,便意欲借助孔学来改造社会。① 即使进入民国,其依旧主张共和之要在物质与道德,而不在政治。② 可见其尊孔之意图。清季士人批评康有为歪曲孔学,却未知康氏意在借助孔子这面旗帜,重塑人心风俗,重整道德秩序,而非传统思想的沿袭。在清季保守传统的士人来看,康有为正是破坏传统伦理观念的罪人。他们意识到康有为的孔学具有西方式的宗教意味,与传统中国士人的理解有很大不同。③ 因此晚清尊古士大夫口中的圣人微言大义,与康有为等鼓吹今文经学的微言大义有本质的不同。虽然皆注重对人心道德的重整,但各自的思想体系与终极目的都有所差异,故而尊古者谩骂康氏之学也就不足为奇。

---

① 梁启超:《清代学术概论》,上海古籍出版社,1998 年,第 79 页。
② 康有为:《中国学会报题词》,《康有为全集》第 10 集,中国人民大学出版社,2007 年,第 16 页。
③ 参见苏舆编:《翼教丛编》,上海书店出版社,2002 年。

作为封疆大吏的张之洞，便以《劝学篇》作为回应，指出传统社会伦理的存在价值不可更改，此伦理简言之即"三纲五常"。传统伦理的根基在以孔子为首的儒家典籍中，故而矛盾的根本依旧落实在对孔子及其五经的解读中。所以保守派士人曹元弼专门提出"六经之义归于《孝经》"，有意避开《春秋》，提出以《孝经》为核心的"爱敬"理论。他在《原道》中说："幸而孔子删述六经于前，以仁万世。六经存则三纲五常存，而人心之爱敬可得而用。人心之爱敬用，则愚者可使明，弱者可使强，散者可使聚。"①可见这种认识依旧延续传统士人之理念，即改变社会的核心在治理人心风俗。同时，曹氏有意借助《孝经》突出圣人之学的伦理学意义，即要在坚守三纲五常的基础上，贯彻圣人之学的真谛。可见，曹氏眼中的圣人微言大义，在维护传统伦理时，变得狭隘化。

与曹氏同一阵营的保守派人士在疲于维护三纲五常的同时，也就针对康、梁等人的孔教论作出了回应。康有为借由提倡孔教以达到改变社会群体的面貌，从而根本上解决社会之危机。基于此认识，对孔子的理解，便有意宣扬孔子思想中的改革性质，故而突出公羊学中素王、改制观念。然而我们知道素王、改制皆为汉代出现的观念，且在汉代谶纬中被夸张而神秘化。康有为在此神秘化的基础上，突出孔子思想的独尊地位，以及其在后世的政治功能。所以，孔子作《春秋》被赋予了新的意味，而孔子的微言大义则被康有为独断似的加以阐释。他在《春秋笔削大义微言考》中阐释孔子的微言大义，使得原本具有神圣性的孔子之学，成了可以随意揣摩的言论。梁启超后来曾评价康有为"所谓义理者，又非言心言性，乃在古人创法立制之精意。于是汉学宋学，皆所吐弃，为学界别辟一新殖民地"。②此即指出康有

---

① 曹元弼：《原道》，《复礼堂文集》卷一，第8b页。
② 梁启超：《清代学术概论》，第79页。

为心中的微言大义已经无关乎学术,而聚焦于现实社会政治。可见清季的二派之争,抛开政治因素,其所突显的学术现象即在于如何理解以经学为核心的孔学。

另外需要言及的是在对传统的重新包装中,一些学人试图打破这种清代今文经学所带来的影响。故而朱一新在与康有为的书信中,言说康氏以《春秋》微言大义凌驾其他经书之上,昌言素王改制新奇之论,实为穿凿附会,不切当世之用。① 朱一新认为圣人义理的探求才是首要的,这种义理的解读需要借助宋之理学。所以朱一新认为康有为所谓的改制论忽视了对义理的关注,必然导致根基不稳,弊端丛生。② 而擅长经学的刘师培则深入今文经学的内部,指出诸多观念的荒谬,由此为民国时代经学的重估奠定了基础。③ 民国一部分学人坚守张之洞等清末保守派士人的认识,主张圣人微言大义在道德伦理。但更重要的是随着民国社会的演变,知识分子对经学义理的阐释具有明确的现代性,与传统语境下的经学早已发生质的不同。而随着疑古思潮的兴起,康有为所阐释的今文经学被学人逐渐抛弃,学术思想的重新梳理,导致圣人身份的祛魅,由此传统经学所谓的微言大义被民国诸多学人所排斥。

余　论

章士钊《辛亥革命回忆录》:"刘秀凭仗谶纬,恢复大汉,近今公羊家颂言三统,悬想太平,凡此都是革命糇粮,可得长养革命体质。"④此言清末士人皆言思想与革命,故而思想难以脱离革命,而经学之研究

---

① 朱一新:《答康长孺书》,《朱一新全集》,上海人民出版社,2018年,第1096—1104页。
② 朱一新:《复长孺第四书》,《朱一新全集》,第1115页。
③ 刘师培:《论孔子无改制之事》,《刘师培史学论著选集》,第281—321页。
④ 杨国强:《晚清的士人与世相》,生活·读书·新知三联书店,2017年,第399页。

亦是如此。因此公羊学成了革命的知识工具,一面影响对国家的思考,①一方面影响对孔学的理解。清末士人大谈今文经学,不乏对孔学义理的阐释。辛亥革命后,传统帝制已被推翻,但士人的革命情怀并未消退。现代国家的建立,随之而来的是传统信仰、伦理的瓦解,由此士人对儒家传统的理解亦发生变化,而对今文经学的理解亦有了巨大变化。今文经学一方面在民国知识人手中成了理性学术研究的文献依据,而另一方面则成为他们理解时代的知识工具。

例如张尔田,身处清末民国之际,他在中西文化碰撞中,依旧难掩对本国文化的依恋。他接续康有为的"尊孔",但并未走入康氏的极端世界。他为寻求解决国家之根本问题,从传统经史之学中,得出治国之根本在道德教化,而其实现之根本在尊孔教,即以孔子之思想来重整传统断裂的社会秩序。他受康有为今文经学的影响,借助今文经学与清代史学理论,重新阐释与完善孔学的思想体系,以彰显早期中国的儒学传统与道德伦理,进而由复古而求得今日社会问题的解决。在张尔田的思想中,作为儒家核心人物的孔子,其思想之重点在教化,而非革命。这也无可厚非,他与王国维等人,可谓是清季遗民,与清季革命者追求并不相同。然而张尔田对孔学的思考,实则言说了民国知识人一直在探求的社会问题,即在传统帝国推翻后,面对民国时代的社会混乱,他们依旧需要解答自己对现实的困惑,找寻救赎自我、救赎国人的道路。所以传统并未在民国完全断裂,而传统学术思想的现代化诠释正成为了民国学人不断努力的方向。

因此,从经学史的角度来看,许多学者在理解传统经学的时候,便在西化的学科制度下,抽离出经学,突显其特有的价值。李源澄在《经学通论》中便曾说经学非文学非史学非哲学,有其独立存在的必要(蒙文通亦是如此)。而章太炎在理解孔子的学术时,亦不忘孔子

① 参见杨国强:《20世纪初年知识人的志士化与近代化》,见《晚清的士人与世相》。

在本国历史文化中的独特地位。① 加之传统科举的废弃,经学亦随之成为学术研究的文献资料。然而历经传统熏染的民国知识人,依旧难以完全脱离传统的知识信仰,故而他们在解读经学文献时,晚清以来的今文经学在他们身上不乏影响。张尔田算是其中一位,他对今古文经学的弥缝,便是在重新理解孔学的真谛,以为其尊孔奠基。而廖平对今文经学礼制的划分,对公羊学的重新解读,都在试图打破原有的经学束缚,去寻求孔学真谛。陈柱在其《公羊家哲学》中则试图重新解读公羊学的内涵,其中革命之理解尤为醒目。他在文中提出了对传统儒家革命论的重新解读,由公羊学的改制意义转化成了改朝换代的政治革命,本质即在延续清末以来对传统的反叛,对传统经学诠释的反叛。所以儒学到了蒙文通那里,现代性的政治意义更加突显。他在其师廖平的经学体系基础上,由汉经学深入先秦学术思想,试图厘清清人有关汉代经学、儒学的阐释。故而他对秦汉学术思想的理解,终究无法摆脱其师廖平的今文经学之影响。他在深入早期儒学的研究中,透露出了儒家思想的政治色彩,这种认识促使他关注早期儒家中的革命论。蒙文通的革命论一方面否定了清代今文经学中对董仲舒的推崇,同时也消解了清代庄存与、刘逢禄等人建立的公羊学传统。但蒙氏并未脱离对今文经学的关注,他从汉代的今文经学中找寻到了早期儒家的革命传统,在他看来汉人对此革命传统的言说相对隐晦,而这也正是汉儒所言圣人微言大义的真实面貌。而深入儒释的熊十力在其《原儒》中亦谈及他对儒家革命的认识,这种认识也未能脱离今文经学的影子。

可见,晚清以来的今文经学在民国时代的影响不可小觑,这里面蕴含着学人对传统儒家之学的重视,对现实社会的关切,在应对西化

---

① 章太炎《訄书》(重订本)云:"孔氏,古良史也。"《章太炎全集》,第133页。章太炎《答铁铮》云:"孔氏旧章,其当考者惟在历史。""孔氏之教本以历史为宗。……《春秋》而上则有六经,固孔氏历史之学也。"《章太炎全集·书信集上》,第255页。

的进程中,不断自觉反省本民族的文化遗产,从中找寻身为国人身份的价值所在。在民国社会政治的影响下,原本公羊学中的孔子素王改制的观念,一下子被注入了革命色彩,变成了儒学革命论的讨论。这种革命论把今文经学思想进一步狭隘化,突出经学背后的政治性色彩,弱化经学的伦理学功能,由此所谓清人不断寻求的儒家经学的微言大义,至此成了可以言说且易于理解的政治性观念。这种转变意味着经学微言大义的神秘性在缩减,但是这种具有宗教性意味的经学思想并未完全消失。正如学者所言,今文经学家的孔子素王革命论,一方面带有道德性,一方面带有政治性,道德性建立在孔子的受命论,而政治性建立在孔子的改制论,二者一体不可分离。而陆王心学的成圣论则在道德性上进一步促使人人皆可有成圣之心,有成圣之可能。① 如此素王革命论,在现代化语境下,成为了民主革命论的催化剂,但正如梁启超所言"革命只能产出革命,决不能产出改良政治"②,已言民主革命论的恶果,而自由民主的政治理念已经与此不相符合。可是,儒家素王革命论与清末以来倡导的自由民主论并不相同,也就导致民国以来的革命论依旧具有明显的今文经学的影子,这也是为何熊十力、蒙文通在其著述中昌言革命论乃是人民一律平等之论③,而非西方民主自由之论调的原因。熊十力、蒙文通等对今文经学的研究,已然跨越了传统经学的价值观,而赋予了现代性的认识。传统儒家思想结合西方民主思想,造就了现代民族国家下的儒家革命论。从此,传统的今文经学已经逝去不复返,代之的是内含传统儒家今文经学思想的现代革命论。

---

① 参见刘小枫:《儒家革命精神源流考》,上海三联书店,2000年。
② 梁启超:《革命相续之原理及其恶果》,《饮冰室文集》卷三十,《饮冰室合集》,中华书局,1989年,第57页。
③ 熊十力:《六经是孔子晚年定论》,《原儒》,上海古籍出版社,2019年。熊十力:《读经示要》,上海书店出版社,2009年,第49—51、342、372—373页。蒙文通:《儒家政治思想之发展》,《蒙文通全集》第1册,第56—80页。

　　由此可见,清季以降,传统经学的逐渐瓦解,并非意味着今文经学观念的彻底消失,其中某些观念正随着现代国家的建立,成为具有现代性的政治话语,这种传统的隐形活力,也正彰显了今文经学在传统断裂之后的活力。因此传统经学的价值与涵义并未伴随着传统中国的消亡而完全泯灭,而是借助社会的政治变动、西方思想的冲击,呈现出了迥异于传统的面貌。

第一章
清乾嘉时期士人的经学观与今文经学的兴起

　　乾嘉时期学者对经学的理解实际上存在不同的看法。比如汉学的代表戴震，他虽然主张解经以小学为基础，但终极目的在义理的阐释。他在晚年完成的《孟子字义疏证》，便是这种经学观念的呈现。大多数的学人，实际上都停留在经传的训诂考据层面，未能深入阐释经学中的微言大义。当然我们如果跳脱出乾嘉汉学的视野，会发现一些学者已然看到了当时学术的问题，主张汉、宋兼取。这种观念不偏袒一方，而是在前人理解上，形成自己的一套解经系统，程廷祚便是其中之代表。他认识到专守汉人经说的狭隘，也理解宋儒弱化训诂考据的原因，提倡宋儒对经传义理的阐释，也不排斥汉儒经说的学术价值。他主张五经的存在是为了理解圣人之道，以圣人作为躬行的典范，从而在现实生活中完善自我。① 可以说他对知识的理解与戴震有着共同之处，皆关注经学在现实社会中的价值与意义，而非局限于知识的累积与实证。当然，他没有戴震那般反感理学。可见若仔细考察，乾嘉时期学人对经学的理解有着一定的差异，这种差异与个人秉性、知识结构、经历有着一定关联。虽然他们对待学术的观念不同，但他们对五经的诠释，都在指向一个目的，即追寻圣人之学的真谛。比如清初顾炎武总结圣人之学为博学、知耻以取代晚明心学之虚

---

① 程廷祚：《汉宋儒者异同论》，《青溪文集》卷三，《青溪集》，黄山书社，2004年，第61—62页。

妄。乾嘉时期学者对五经传记的不断深入考索,可谓顾炎武博学之观念的践行与延伸。但是,乾嘉汉学考据论的盛行,实际上歪曲了顾炎武诠释经学的观念[①],由此导致了知耻层面的忽视。乾嘉汉学者多不擅长义理之挖掘,同时还不断以汉儒之学排斥宋明理学。在这种学术思想演变中,我们会发现彼时学者对汉儒之学的研究越来越深入,由此专经研究为当时一大现象,即一些学者一生专治一经。后来公羊学的代表人物刘逢禄专门研究何休公羊学,同时旁及《穀梁》《左传》,并在此基础上以公羊释《论语》。宋翔凤、戴望亦是如此,他们皆意欲以公羊学的标准来理解经学义理,可谓此专经研究的进一步深入。

学者研究公羊学之演变,必溯源于庄存与。不可否认,他们之间有一定的学术关联,但庄存与和刘逢禄的学术研究存在很大差异。刘逢禄之学中呈现出了明显的经学门户之见,这不是庄存与所具备的。庄存与并未持今古文门户,其解读《春秋》亦是三传兼用,且十分推崇《周礼》。[②] 然而刘逢禄所推崇的何休,实际上十分看不起《周礼》,认为是战国阴谋之书。[③]

庄存与生前著述很多,但在阮元主持的《皇清经解》中只收录《春秋正辞》。很明显,庄存与学术思想与阮元的汉学理念并不一致。阮元在《味经斋遗书序》中便含蓄地说出了这个问题,他说庄存与"不专为汉宋笺注之学,而独得先圣微言大义于语言文字之外,斯为昭代大儒"。[④] 而主张汉宋融通的李兆洛,说他"不分别汉宋,必融通圣奥,归诸至当"。[⑤] 李兆洛之论,正好说明在当时汉学鼎盛之际,汉宋纷争甚

---

① 参见牟润孙:《顾宁人学术之渊源》,《注史斋丛稿》(增订本),中华书局,2009 年。
② 曾亦、郭晓东《春秋公羊学史》云:"就严格之公羊家法而言,则庄氏多有未逮。不但未以何氏三科九旨为其论述之重心,至其诸多具体论说,或取《穀梁》义,或取《左氏》义,或取宋人义,甚至自立新说,不一而足。"(第 903 页)
③ 参见路新生:《经学的蜕变与史学的转轨》,上海古籍出版社,2006 年,第 121 页。
④ 参见艾尔曼著、赵刚译:《经学、政治和宗族:中华帝国晚期常州今文学派研究》,江苏人民出版社,1998 年,第 96 页。
⑤ 李兆洛:《养一斋文集》卷十四,《续修四库全书》第 1495 册,第 235 页。

嚣尘上,而庄存与却无此偏见。这也解释了阮元为何会说出"独得先圣微言大义于语言文字之外"。我们阅读阮元的著作便知,他对庄存与的著述必定不会推崇有加,阮元所看重的是以戴震为首的汉学家,即使谈义理也要由训诂考据而得。而庄存与这种治学,与汉学家批评的宋学在本质上是一致的。另外,庄存与对《春秋》的理解实际上正是宋学的路子,只不过在汉学成为主流时,成了学术中的边缘者,不被多数人看重。① 因此,如果要理解晚清的今文经学,实际上深入解读庄存与的意义并不大。

不可否认,刘逢禄公羊学与庄存与《春秋》学有一个共性,就是他们都看重《公羊传》,而汉代与《公羊传》有关的阐释著作即为董仲舒《春秋繁露》与何休的《春秋公羊传解诂》。如果说二人有关联的话,可以说庄存与对董、何的讨论,启发了刘逢禄对董仲舒、何休公羊学的兴趣。然而,我们从二人的著作来看,庄存与对《春秋》的理解,并未有家法师说的固有观念,也未曾区分今古文经学之优劣。他依旧延续宋明学者治《春秋》的方法,赵汸即是对他影响较大之人。因此,庄存与本身的《春秋》学研究并未有什么独特之处,无论是辞例的讨论,还是义理的阐发,都是在继续宋明学人的《春秋》学道路。然而,及至庄述祖,相关研究发生了质的变化。这种变化就是乾嘉汉学的广泛影响,即由文字之学进而通达义理之学的道路。②

所以说刘逢禄与庄氏家族间的学术关系,更多是由庄述祖来体现的。庄述祖曾言:"《春秋》之义以三传而明,而三传之中又以公羊家法为可说。其所以可得而说者,实以董仲舒综其大义,胡毋生析其条例,后进遵守,不失家法,至何邵公作《解诂》,悉括就绳墨,而后《春秋》非

---

① 杨向奎说庄存与以理学解读《春秋》,混淆汉宋,不分今古文。实际上杨氏的批评正好说反了。他以后人对今文经学理解去衡量庄存与的学术思想,势必颠倒历史。实则庄存与本人受理学影响较大,而并不在意汉学家的治学方法与思路。参见杨向奎:《清儒学案新编》第4卷,齐鲁书社,1994年,第4页。

② 参见艾尔曼著、赵刚译:《经学、政治和宗族:中华帝国晚期常州今文学派研究》,第134页。

常异义可怪之论皆得其正。凡学《春秋》者莫不知公羊家诚非《穀梁》所能及，况《左氏》本不传《春秋》者哉！"①庄述祖此论，即肯定董、何的公羊学谱系。他在《白虎通义考自序》中阐发西汉今文经学的正统性："汉中兴初，五经立学官者《易》施、孟、梁丘、京氏，《尚书》欧阳、大小夏侯，《诗》齐、鲁、韩，《礼》大、小戴，《春秋》严、颜，凡十四博士。《穀梁春秋》，甘露中曾立之。光武欲立《左氏》，诸儒廷争者累日，即得立而即废。建初中，选高才生受《左氏》《穀梁春秋》《古文尚书》《毛诗》，顾第以广异义，此功令也。《白虎通义》杂论经传，《易》则施、孟、梁丘经，《书》则伏生传及欧阳夏侯，大指相近，莫辨其为解故、为说义也。"②

庄述祖的以上论述，后来被刘逢禄继承。③ 庄、刘二人重视汉代经学师说家法，在此基础上梳理出公羊学的学术谱系，此谱系所折射的正是他们对经典的认知，也就是说他们认为可由董、何之学作为释经的依据，以解释孔子《春秋》的微言大义。这种思路，在清季被康有为发挥。④ 以至于刘师培在清末激烈批判康有为的今文经学时，就对这种董、何谱系以及简单区分今古文的偏见十分反感。⑤ 但无论偏见如何，其目的在于阐释《春秋》的义理，而所能运用的释经文献多是汉人的经说，由此对董、何的关注也就成为必然。庄述祖、刘逢禄的治学，十分明显地在运用乾嘉汉学的方法，比如条例、家法、师说等概念⑥，这些认知在乾嘉汉学者中十分普遍。这种普遍性的理解，根本上还是源自乾嘉汉学家对汉代经学的关注与探究，并非常州学人

---

① 庄述祖：《夏小正经传考释序三》，《珍艺宦文钞》卷五，《续修四库全书》第 1475 册，第 85 页。
② 庄述祖：《白虎通义考序》，《珍艺宦文钞》卷五，《续修四库全书》第 1475 册，第 89 页。
③ 参见刘逢禄《春秋公羊经何氏释例叙》，及《刘礼部集·诗古微序》《刘礼部集·跋杜礼部所藏汉石经后》。又可参见蔡长林《论常州学派研究之新方向》，《中国文哲研究集刊》第 21 期，第 346 页。
④ 康有为：《春秋董氏学》卷一，《康有为全集》第 2 集。
⑤ 参见刘师培《汉代古文学辨诬》，《仪征刘申叔遗书》第 10 册。
⑥ 张寿安《龚自珍学术思想研究》指出刘逢禄治经重师法、条例，且启后世"尊今文之有家法，斥古文之无师传"之端倪(文史哲出版社，1997 年，第 85 页)。

所独创。

由此可知,他们在解读经典时,训诂考据的方法成为主要手段,通过这种实证方式去解读经典中所蕴含的圣人义理。刘逢禄在庄述祖引领下,以汉学者的身份继续推进《春秋》义理的解读,必然无法摆脱这种思路、方法的影响。刘逢禄有关公羊学的深入研究,主要呈现为以下三个方面:一是通过文献梳理,以专经的研究,借助何休例法,理解《公羊传》,进而理解《春秋》;二是通过礼制的考察,凸显公羊学,而排诋左氏学与穀梁学;三是以公羊学来阐释《论语》,进而实现圣人义理之学的最大化。由此我们就会发现,刘逢禄一方面受家学影响,重视汉人之学;另一方面则在乾嘉汉学的影响下,以专经方式深入汉代的公羊学,并在揭示何休公羊学的历程中,一定程度上呈现了汉代经学的真实面貌。而东汉的今古文经学之争,也在刘逢禄的释经中被反复提及,得以在清代公羊学中复现,由此奠定了晚清今文经学的基调。简言之,这个基调便是以何休、董仲舒为解读公羊学的核心钥匙,进而上溯七十子乃至孔子的微言大义。虽然庄存与亦主张此微言大义的理解,但他是立足董仲舒,以宋学方法,取探索经之义理,很明显在方法、思路上都与乾嘉汉学者迥异。至于刘逢禄以及之后学者如何理解这个微言大义,则随着现实社会政治的变化,产生了不同的解读。

以庄存与为首的常州今文经学谱系的认知,在清末民初非常普遍,实际上并未能完整而清晰地勾勒清代公羊学的演变史。因此我们需要从更宏观的清代学术演变史中探讨何种因素刺激了公羊学的呈现。由前文可知,庄述祖、刘逢禄等人的公羊学有着深深的汉学烙印。[1]

---

[1] 艾尔曼曾提出应当注意考察今文经学与汉学的关系,但他并未从经学角度深入研究(《经学、政治和宗族:中华帝国晚期常州今文学派研究》,第138、140页)。又刘逢禄《刘礼部集》云:“皇清汉学昌明,通儒辈出。于是武进张氏治虞氏《易》,曲阜孔氏治《公羊春秋》,今文之学萌芽渐复。”(《续修四库全书》第1501册,第170页)江藩《汉学师承记》卷四亦记载刘逢禄,便知他在时人心目中实为汉学者。又钱穆《中国近三百年学术史》亦认为常州公羊学与惠栋之学,皆以家法观念一脉相承。又林毓生亦认为公羊学的兴起本是清代考证学的内部发展(参见朱学勤编《热烈与冷静》,上海文艺出版社,1998年,第143页)。

所以,我们要理解庄(庄述祖)、刘(刘逢禄)之学,以及之后公羊学、今文经学的演变,推动晚清今文经学的研究,也就必然要分析乾嘉汉学与庄、刘之学间的关联。当然这种关联涉及诸多方面,笔者无法进行全面的探讨。鉴于本书的核心在于探究今文经学的义理之学,也就是如何理解以庄、刘为首的学者在汉学影响下,去解读公羊学中蕴含的圣人义理。简言之,本章主要分析乾嘉汉学如何与具有微言大义的公羊学产生关联,以呈现乾嘉历史中的公羊学与当时学术思想间的内在关联。为此我们打算从以下几个方面来分析:首先,考察当时学者有关汉代师说家法的解读,以呈现他们对汉代经学的认知,而同时这种理解又如何影响学者阐释经传义理;其次,分析他们如何看待理学与汉学,以解释乾嘉时期的义理之学呈现何种状态;最后,分析学者对圣人之道的解读,以呈现乾嘉时期经学义理的内核。

一、乾嘉时期有关汉代经学师说家法的考察

文廷式曾谈及清代治经之家法,其中他总结了三种汉学家法,一是何休家法,一是郑玄家法,一是许慎家法。① 他认为刘逢禄公羊学与张惠言虞氏《易》都属于何休之家法。文廷式非常简明地指出清代乾嘉汉学影响下经学阐释的现象。那么,既然三种家法皆与汉代人有关,也就势必与所谓的乾嘉汉学有着千丝万缕的关系。虽然从本质上来说,乾嘉汉学与两汉之学有着差异,但在清代语境中,二者关联密切,都无法独立存在。汉学在乾嘉时期的盛行,惠栋功不可没。文廷式在此文中便说汉学始自惠栋,而惠栋的著述以及乾嘉学者对惠栋的推崇,都可证明此言不虚。

---

① 文廷式:《国朝经学家法论》,《文廷式集》卷二,中华书局,1993 年。

惠栋《九经古义·述首》云："汉人通经有家法,故有五经师。训诂之学,皆师所口授,其后乃著竹帛,所以汉经师之说立于学官,与经并行。五经出于屋壁,多古字古言,非经师不能辨。经之义存乎训,识字审音乃知其义,是故古训不可改也,经师不可废也。"①此文可见惠栋对汉代经学重家法师说十分看重,因为家法师说背后正是训诂经义的体现。所以不了解汉学的这些内容,也就无法进一步解读五经。惠栋这些观点应该受其父惠士奇的影响,惠士奇曾说:"经之义存乎训,识字审音,乃知其义,故古训不可改也。……康成三礼,何休公羊,多引汉法,以其去古未远,故借以为说。"②此可见惠士奇对汉代经学训诂、家法之看重。而他对何休公羊学的看待,正是后来乾嘉汉学家的看法。惠士奇对《公》《穀》二传的看法,也体现了日后公羊学的凸显有其本身的特质,他说《左传》重在史事之记载,而:"《公》《穀》二家即七十子之徒所传之大义也。"③可见惠栋本人对汉学家法条例的探究,以及《易》学义理层面的追求,都与其父密切相关。

惠栋对汉学的推崇,并非仅仅因为两汉之学的独特,更在于他们对经义真实性的考量。如钱大昕所说:"训诂必依汉儒,以其去古未远,家法相承,七十子之大义犹有存者,异于后人之不知而作也。"④臧庸说:"读书当先通诂训,始能治经,尊信两汉大儒说,如君师之命弗敢违。非信汉儒也,以三代下汉最近古,其说皆有所受,故欲求圣人之言,舍此无所归。"⑤二人治经之观点,与惠栋一致。他们对两汉经

---

① 卢见曾《雅雨堂文集》卷一《经义考序》:"六经至孔子而论定。孔子没,西河七十子之徒转相授受。延及两汉,具有家法。逮有宋明理学勃兴,诸儒各以己意说经,义理胜而家法转亡矣。"此序文后惠栋评语与此文基本一致,他说:"汉人传经有家法,当时各五经师。训诂之学,皆师所口授,其后乃著竹帛。故汉经师之说,立于学官。五经出于屋壁,多古字古言,非经师不能辨。经之义存乎训,识字审音,乃知其义。是以古训不可改也,经师不可废也。后人拨弃汉学,薄训诂而不为,即《尔雅》亦不尽信,其说也也,往往多凭私臆,经学由兹而晦。"(《雅雨堂文集》,《续修四库全书》第1423册,第449—450页)
② 江藩:《汉学师承记》卷二,中西书局,2012年,第25页。
③ 江藩:《汉学师承记》卷二,第25页。
④ 钱大昕:《臧玉琳经义杂识序》,《潜研堂文集》卷二十四,《潜研堂集》,第390页。
⑤ 臧庸:《与顾子明书》,《拜经堂文集》卷三,《续修四库全书》第1491册,第575页。

学理解具有一定程度的盲目崇信,这种认知的出现当与清初对宋明之学的批判有很大关系。以顾炎武等人为首倡导经学实证的倾向,随之到了乾嘉时代,对两汉经学的训诂考据研究成为学术潮流,他们纷纷借助汉人经说,以阐释经典背后的义理。

家法师说的研究,在当时学者中十分普遍,蒙文通曾说:"清世每惠、戴并称,惠言《易》宗虞,言《左氏》宗服,于《书》《礼》宗郑,能开家法之端者实惠氏。于虞《易》言消息,故通条例之学者亦始惠氏。虽后之通家法、明条例者或精于惠氏,而以惠、戴相较,则惠实为优。"①蒙文通认为二人作为乾嘉汉学的代表人物,都对经学家法条例有很深的研究。如惠栋有《易例》,研究汉《易》之条例。惠栋还曾写过文章,考察石经《公羊传》与何休所用《公羊传》文本所属的公羊学派。②之后的刘逢禄即十分推崇惠栋及金榜对条例的运用,其言:"大清之有天下百年,开献书之路,招文学之士,以表章六经。于是人耻向壁虚造,竞守汉师家法,若元和惠栋氏之于《易》,歙金榜氏之于《礼》,其善学者也。"③刘逢禄亦曾向张惠言问《易》。张惠言主张治《易》通条例,其说:"治《易》者如传《春秋》,一条之义,各以其例。"④这种研究实则体现他们对汉代经学家法师说的梳理,这种梳理有一定的学术史意义,但实质在于无论字词训诂,抑或经义的探究,都指向文本所承载的圣人微言大义。

惠栋再传弟子江藩著有《汉学师承记》,此书正是汉学者家法观念的一种体现。阮元评价此书:"读此可知汉世儒林家法之承授,国朝学者经师之渊源,大义微言,不乖不绝。"⑤江藩在此书卷一即指出

① 蒙文通:《廖季平先生与清代汉学》,《经学抉原》,《蒙文通全集》第1册,第286页。蒙文通认为研究汉人经学当通其家法,其《治学杂语》亦言及张惠言《易》学、庄存与公羊学都是通汉学家法的(《蒙文通全集》第6册,第7页)。
② 惠栋:《公羊古义》卷一,《九经古义》,《中华再造善本》影印清乾隆潮阳县署刻本。
③ 刘逢禄:《春秋公羊经何氏释例》,第4页。
④ 张惠言:《柯茗文编》,上海古籍出版社,2015年,第41页。
⑤ 江藩:《汉学师承记》,第3页。

汉代经学"各信师承,嗣守章句"。[①]

王鸣盛有关汉人家法的理解亦延续惠栋的看法,他认为"经文艰奥难通,若于古传注,凭己意择取融贯,犹未免于僭越,但当墨守汉人家法,定从一师而不敢佗袭"。[②] 他在《十七史商榷》中特置《师法》一节讨论汉代易学师法(家法),认为前汉多言师法,后汉多言家法,不改师法即为能修家法。[③] 在王鸣盛看来,唐以后废师法,才是真正意义上歪曲经典的义理。他们对家法师说的肯定,出于对后世经义解读的否定,这是其中不可忽视的原因。当然,他出于此动机而墨守汉人家法,也会导致过度泥古崇汉,而失去解释的合理性。[④] 他在分析《春秋》三传时,便认为汉人郑玄治经不专主一家,而是融通以求其是。但王鸣盛认为这种方法对于后世的治经学者来说并不可取,他认为汉人自有治经家法,后人治经应当各存诸家之说,不可随意自下结论。[⑤] 所以他在看待何休公羊学时,并不因为郑玄对何休的批判,即否定何休公羊学的价值,他说"休于《春秋》最深,其学为最精"。[⑥] 这种理解与庄述祖一样,都是强调家法师说之重要。[⑦] 顾广圻亦曾言:"汉人治经最重师法,古文今文其说各异,若混而一之,则辗轕不胜矣。"[⑧]钱穆《两汉博士家法考》认为:"有章句则有师法,凡当时所谓尊师法者,其实即守某家章句也。"[⑨]可见王鸣盛、顾广圻所言即是此意。

而与经学家法师说有关的另一个内容便是博士官的研究。段玉

---

① 江藩:《汉学师承记》,第5页。

② 王鸣盛:《十七史商榷》,上海书店出版社,2005年,第2页。

③ 王鸣盛认为家法谓守其一家之法,即师法也(参见《十七史商榷》,第190页)。

④ 王鸣盛:《十七史商榷》卷二十七,第191页。

⑤ 王鸣盛:《蛾术编》卷七,《嘉定王鸣盛全集》,中华书局,2010年,第158页。

⑥ 王鸣盛:《蛾术编》卷七,《嘉定王鸣盛全集》,第163页。

⑦ 原文见前文所引。庄述祖:《夏小正经传考释序三》,《珍艺宦文钞》卷五,《续修四库全书》第1475册,第85页。

⑧ 赵尔巽等:《清史稿》卷四八一《顾广圻传》,中华书局,1977年,第13192页。

⑨ 钱穆:《两汉博士家法考》,《两汉经学今古文平议》,商务印书馆,2005年,第237页。

裁《古文尚书撰异》云："凡纬书皆出于汉。《书》纬则皆袭《今文尚书》。凡汉人之于《尚书》,惟博士所习者是业。终汉之世,惟欧阳、夏侯得置博士,是以上自帝王、下及庶人,其所称引《尚书》未有外于是者。"①此即由博士官进而判定《尚书》经说之归属。乾嘉以来,有关西汉三家《诗》的梳理,亦沿此思路展开。

孙星衍《建立伏博士始末》云："汉代诸儒承秦绝学之后,传授经文经义去古不远,皆亲得七十子之传。若伏生、郑康成其功在经学绝续之际,较七十子为难。……伏生一人为唐虞三代微言道统之所寄。……道存乎经,统本于尧、舜、禹、汤、文、武、伏生,伏博士不传《尚书》,道何所存? 统何所述?"②此处孙星衍说出了两个问题,一是前文我们所说的汉儒经义真实性的问题。二是伏生所传《尚书》不仅传承圣人微言,而且正是道统的载体,此道统不再是宋儒所言,而是汉儒所言的道统。此可见孙星衍十分看重以伏生为首的西汉经师对《尚书》学的阐释与传播。据史书记载,伏生授《尚书》于欧阳生,欧阳生授兒宽,宽传授大小夏侯,大小夏侯宣帝时立为尚书博士。可知对伏生的推崇,正是对经学家法师说的重视,而家法师说代表的是经学阐释的正确性与合法性。李兆洛在《两汉五经博士考序》中不仅承认博士官的重要性,而且尤为推崇西汉经师:

其为博士者稽异同,辨然否,国有疑事,掌承问对。驰传巡省郡国,录冤狱,行风俗,举孝廉,岂朝廷众臣举不若抱残守缺、稿项黄馘之徒哉! ……是即人心之儇利,习尚之剿巧,转移乎气运而不能自反者也。而遂谓古圣之制作不逮后人,可乎? 不可乎? 学非四教,人非十哲,动辄诋汉儒以为未闻道,

① 段玉裁:《古文尚书撰异》卷一上,《续修四库全书》第46册,第4页。
② 孙星衍:《建立伏博士始末》卷上,《平津馆丛书》本。

其亦弗思尔矣。且夫汉学之可考见于今者，公羊氏而止矣。毛公之《诗》，节目不备。其余众家或掇拾于煨烬之中，章驳句脱，大义了不可知。今之所谓汉学者独奉一康成氏焉耳，而不知康成氏者，汉学之大贼也。西汉经师，大抵各为一说，不能相通。究其不相通，而各适于道也。此正圣人微言大义殊途同归之所存也。①

此文中李兆洛表露出他对郑玄经学的批评，转而偏袒以公羊学为首的西汉今文经学。李兆洛推崇西汉博士之学，正是对讲究师说家法的今文经学的推崇，所以他排诋郑玄，意在批判乾嘉汉学家的固陋。在他看来，汉学应是西汉专经之学，即张金吾所说的："古之人治一经，一经之中治一家，斤斤自守，盖所守若是之狭也。所守狭则所志专，所志专则所得日益深，所见日益精，而其著于竹帛者乃历久而愈亮。"②我们会发现后来的魏源便是在这种认知的基础上加以发挥，提出他所谓的今古文经学观。龚自珍《书古微叙》云："《书古微》何为而作也？所以发明西汉《尚书》今古文之微言大义，而辟东汉马、郑古文之凿空无师传也。"③魏源《两汉京师今古文家法考叙》云："今日复古之要，由诂训声音以进于东京典章制度，此齐一变至鲁也；由典章制度以进于西汉微言大义，贯经术、故事、文章于一，此鲁一变至道也。"④可知乾嘉时期有关博士官的研究，本质上即为梳理两汉家法师说，由此得出博士官主导两汉经学义理的权威解释。⑤而秦灭之后的西汉博士则显得尤为重要，不仅时代较东汉更接近圣人之时代，在经

---

① 张金吾：《两汉五经博士考》，《丛书集成初编》本。
② 张金吾：《公羊测义序》，《爱日精庐文稿》，凤凰出版社，2015年，第60页。
③ 魏源：《魏源集》，中华书局，1976年，第109页。
④ 魏源：《魏源集》，第152页。
⑤ 刘师培《汉代古文学辨诬》亦曾言及博士、家法之关系："东汉十四博士，一经有一经之家法，一家有一家之师说，各自成家，不可杂糅。非惟今文与古文不同，即同一今文，亦各成派别。派别由师承而分，此经术所由同源而异流也。"（《仪征刘申叔遗书》，第4234页）

义的可靠性上也出现了十分具有代表性的经师。

另外乾嘉士人对家法师说的分析,与训诂考据的观念息息相关。乾嘉汉学者主张借助经师诂训来理解五经文本,尤其是典章制度,那么家法师说的梳理,正有助于诂训的分类。钱大昕曾言:"汉儒传经,各有师承,文字训诂,多有互异者。即以《洪范》一篇言之……伏、郑所传,有古今文之别,要未必郑是而伏非也。"①又如孙星衍的《尚书今古文注疏》,在注释中把今文经说与古文经学作了详细的梳理。庄述祖对《公羊传》与《左传》的认知,以及《夏小正》与孔子之学的关系,都是通过文字音韵训诂之学而深入考察。他首先从家法角度认为《左传》不立学官,且《白虎通义》不载左氏之义,即贬低了《左传》的可信度。②又从文字角度分析《左传》文字经刘歆改窜。③ 刘逢禄、宋翔凤、康有为即延续此类观点。④

之后的陈乔枞对《尚书》今古文、三家《诗》的梳理与归类亦是借助汉学者的这种方法。此方法即为戴震所言:"由文字以通乎语言,由语言以通乎圣贤之心志。"⑤这方面钱穆已经说到,他在《汉学与宋学》中云:"清儒门户家法之见极深,初分汉宋,继分今古文。无论其为汉宋,或今古文,要皆为考据训诂上之工作。"⑥因此以汉人经学为主的训诂考据,所产生的一系列认识、观念等都会对当时的士人产生影响。无论反对,还是赞同,都无法脱离这种学术语境,庄述祖、刘逢禄亦是如此。

因此,面对这种无法阻挡的学术潮流,出现如姚鼐、章学诚等人

---

① 钱大昕:《潜研堂文集》卷五,第66页。
② 庄述祖:《白虎通义考序》,《珍艺宧文钞》卷五,《续修四库全书》第1475册,第89页。
③ 庄对今古文的梳理,可参见庄绶甲:《尚书考异叙目》,《尚书考异》卷首。转引自蔡长林《从文士到经生:考据学风潮下的常州学派》,中国文哲研究所,2011年,第197页。
④ 宋翔凤:《汉代今古文考》,《朴学斋文录》,卷三,第364页;《过庭录》卷九,中华书局,1986年,第151页。
⑤ 戴震:《古经解钩沉序》,《东原文集》卷十,黄山书社,2008年,第250页。
⑥ 钱穆:《中国学术思想史论丛》(五),《钱宾四先生全集》第22册,台湾联经出版事业股份有限公司,1998年,第578页。

激烈批评汉学的声音也不足为奇。在不同声音的缴绕中,亦可见针对此时家法师说观念的抨击。章学诚说"乃世之学者,喜言墨守。墨守固专家之习业,然以墨守为至诣,则害于道矣"①,此即针对乾隆时期学者固守汉学家法而言。刘逢禄即是强调经学家法之人,他在《公羊申墨守·原叙》中说"汉人治经,首辨家法","初为何氏《释例》,专明墨守之学"。② 因为家法的固守,必然会出现泥古倾向,这也是乾嘉一些汉学家不满惠栋之学的原因。所以后来主张通学的焦循,就对固守许慎、郑玄家法的治经理念十分不满,他说:"近之学者无端而立一考据之名,群起而趋之。所据者汉儒,而汉儒中所据者又惟郑、许。执一害道,莫此为甚。专执两君之言以废众家,或比许、郑而同之,自擅为考据之学,吾深恶之也。"③他在与友人孙星衍、刘台拱、程瑶田书信中,不断道出他对固守汉人之学,尤其是许慎、郑玄之学的不满,故而对考据之概念大加驳斥,认为这种认知狭隘了对经学的理解,失去了经义的个性化阐释。他主张阐释经学要体现释经者的性灵,而不是以乏味的训诂考据去固守汉人的理解,一味地固守便失去了经学承载的圣贤义理与现实社会的关联。焦循对汉学的反省,一定程度上指出乾嘉汉学的问题。另外,焦循的反省与姚鼐、章学诚等人的批评也有着一定的关联。他需要指出经学研究不在固守家法门户,不在机械地进行训诂考据,而在阐释经典的义理,这种体现圣人之道的经义不可脱离社会,于当下社会应具有一定的规范和指引,以体现经学的价值。④ 焦循的这种反思,实际上有助于当时学人反思经学的研究。在相关研究中不可固守东汉许、郑、贾、马之学,打破经学家法的狭隘性,由此势必要扩大经学的研究视野,由东汉进而上溯西汉。依

---

① 章学诚:《郑学斋记书后》,《文史通义新编新注》,浙江古籍出版社,2005 年,第 581 页。
② 刘逢禄:《春秋公羊经何氏释例》,第 292 页。
③ 焦循:《焦里堂家训》,《左盦题跋》收录,《仪征刘申叔遗书》,第 5664 页。
④ 参见焦循:《与孙渊如观察论考据著作书》,《焦循诗文集》卷十三,广陵书社,2009 年,第 246 页;《与刘端临教谕书》,第 248 页;《癸酉手札·复程易田》,第 684 页。

据此思路,西汉儒家之学的研究与探讨也就自然发生。刘逢禄说:"先汉之学,务乎大体,故董生所传,非章句训诂之学也。"①之后魏源、龚自珍推崇常州公羊学,都在此思路影响下,也就自然接受西汉之学优于东汉的观点。

晚于刘逢禄的陈乔枞,主治西汉今文经学,亦指出由东汉经学转而治西汉经学的演变路径,他说:"我朝崇儒重道……汉儒之经学遂隆于时。近儒如阎征士若璩之《古文尚书疏证》,惠征士栋之《古文尚书考》,王光禄鸣盛之《尚书后案》,江处士声之《尚书集注音疏》,证以叔重《说文》,辅以季长《传谊》,皆以郑学为宗,取伪孔之窜辞而辟之,黜其赝而存其真,古文《尚书》之学藉以不绝于一线。孙观察星衍《尚书今古文注疏》,段大令玉裁《古文尚书撰异》,间缉今文与古文异同,然于欧阳、大小夏侯专门之学,三家师说之异同者,又不暇致辞也。"②可见较之凌曙、陈立、陈乔枞专守汉学训诂考据,刘逢禄、宋翔凤等公羊学者亦注重经学义理的发挥。这种经学观念的变化,与焦循、阮元等学人有一定关系,他们主动扩大汉学范畴,不再局限于琐碎考据,主动转向对经传义理的贯通性阐释。刘逢禄明言"毛公详训诂而略微言,虞翻精象变而罕大义",即在面对许、郑为首的东汉之学,提出更为优越的西汉董仲舒之学,以之作为两汉经学中无法替代的高峰。③ 因此,汉学内部的反省与外部的批评,都在一定程度上促使学人对早期经典的理解进行反思,包括方法、观念的调整,以及经学内容与义理的选择与阐释。种种现象都表明,乾嘉汉学的演变影响了后来有关两汉经学研究的走向。之后,无论是独立于汉学之外的今文经学,还是汉学的延续,抑或是与汉学对立的理学,实际上都与此时的汉学有着无法分割的联系。

---

① 刘逢禄:《刘礼部集》,第62页。
② 陈乔枞:《今文尚书经说考·自序》,《续修四库全书》第49册,第1页。
③ 刘逢禄:《春秋公羊经何氏释例》,第292页。

二、训诂与义理：汉学与理学的博弈

前文我们已提到，作为汉学内部的今文经学，无法回避汉学的影响。而汉学除了训诂考据这种方法外，还有其更为重要的内容，即此方法所要达到的目的，也就是戴震所谓的义理。然而究竟义理为何，实际上涵盖甚广，理解也会有所不同（下节我们具体讨论此问题）。但是汉学义理的提出，实际上有一个必须面对的内容，即固有的理学。在乾嘉学者心目中，理学本就注重义理，而忽视考索，故而易流于虚空。乾嘉汉学重实证，本就隐含着对理学的不屑与敌对。

在清代，科举以理学取士，治理学者亦不乏其人。江藩标榜汉学，所作《宋学渊源记》虽有失偏颇，但亦可见清宋学之一隅。只是在乾嘉时代，汉学考据为一主流，倾向心性义理的程朱之学并非诸多学人兴趣之所在。当然，正如钱穆所说，清代汉学的兴起无法绕开宋学[①]，而且随着汉学的漫延，汉宋学的争论亦未曾停息。顾广圻为凌曙所作的《壤室读书图序》云："汉学者，正心诚意而读书者也；宋学者，正心诚意而往往不读书者也；俗学者，不正心诚意而尚读书者也。是故汉人未尝无俗学，宋人未尝无汉学。"[②]据此可知当时汉、宋学之争。顾氏意在维护汉学的地位，实则贬低宋学存在的价值，而有意抬高汉学，后来的陈澧等主张汉宋兼采者亦不乏此见。由此，推崇理学的姚鼐，十分看不起汉学家的这一套，在与友人书信中时时流露出对汉学的不满，尤其痛恨拒绝他拜师的戴震。对汉学不满的章学诚也在戴震死后，不时提起戴震，讨论其功过是非。可见作为汉学阵营的戴震，其影响力之大。然而汉学群体的庞杂，以及后来的演变，出现

---

① 钱穆论清代汉学之兴起：一以尊宋述朱起脚，一以反宋复古而来，一以争陆王程朱之旧案而来（《中国近三百年学术史》，第 346 页）。
② 桂文灿：《经学博采录》，广西师范大学出版社，2011 年，第 2 页。

了诸多问题。正如姚鼐所言："近世所重，祇考证、词章之事，无有精求义理者。言尚远之，而况行乎？"①作为桐城学派传人的他，从文士的角度批评琐碎的训诂考据忽视对经典义理的阐释，失去了经典本身的诸多价值。由此，有关汉学方法思路的反思自然出现。其中代表性的人物正是戴震。虽然戴震被时人推崇，但其训诂考据的成就并未阻挡其深层次的探求，他也不满足当时的汉学风气。戴震以汉学方法，试图瓦解理学的存在，重新建立自成系统的义理之学。他曾对义理、考据等有一个认知的变化，原本说考据、义理、词章为一，后来改成考据、词章以义理为本。② 由此转变可见他对经学的深度把握，并非仅仅局限于字词、典章制度的考证。

民国学者张尔田说："有考据学，有汉学。正音读，通训诂，考制度，辨名物，此考据学也。守师说、明家法，实事求是，以薪契夫先圣之微言，七十子之后学之大义，此汉学也。"③此文指出汉学意在寻求微言大义，即在证明与理学不同系统的汉学，本身也不乏丰富的义理内涵。不过他对考据的定义，实际上与汉学真实情况并不符合。考据实际上在乾嘉汉学中是十分重要的学术方法，而且一些推崇汉学的学者也对考据的概念有所讨论。比如焦循就认为汉学者重学不重思，缺乏统贯的思考，故而对经之义理的理解也就无法与宋儒相比。④焦循对汉学有着较为清晰的认识，他深受戴震之影响，主张治经当求其是，而不是如惠栋那样拘守汉人治经的门户。所以他对时人所乐道

---

① 姚鼐：《与陈硕士》，《明清十大家尺牍》，中华书局，1938 年，第 146 页。
② 戴震：《东原文集序》，第 1 页；《东原文集》卷七，第 247 页。
③ 参见王欣夫《蛾术轩箧存善本书录·甲辰稿》卷三《松崖读书记》载张尔田所写序文（《蛾术轩箧存善本书录》，上海古籍出版社，2002 年，第 1319 页）。按张尔田对汉学与考据的划分，实际上并非与汉学概念贴合。我们只能说这是张尔田的理解，这种理解源自他对清代学术的反思。他在汉学定义中抛弃区别考据与汉学，意在表明他对汉学微言大义的重视。
④ 焦循《与刘端临教谕书》云："盖古学未兴，道在存其学。古学大兴，道在求其通。前之弊患乎不学，后之学患乎不思。证之以实，而运之于虚，庶几学经之道也。"《焦循诗文集》卷十三，第 248 页。

的考据之学,非常反感。他批评袁枚对考据的认识①,也不满意治汉学者以考据自居。焦循一方面推崇王、段为当朝治经之表率,又不时表达他对戴震《孟子字义疏证》的推崇;另一方面则对理学不乏讥讽批驳,比如他对清初李中孚治经倾向明代心学,极尽揶揄。② 他不喜理学,又批评同时代一些学人治经琐碎无宗旨,所以他对所谓的"考据"概念十分排斥。种种反感、批评,实则与当时学术现象有很大关系。他在《易余籥录》卷十二中引刘歆之文③,证明汉人亦言义理,可看出他希望找出宋明理学中很多观念的源头,由此寻求乾嘉学者不断言说的"义理之学",而非宋明之理学。焦循的这种理解表明汉学者试图打破汉学训诂考据的狭隘认知,以扩大汉学的内涵,尤其是面对宋学家们的批评,考据成了提倡汉学的阻碍。因此,打破汉学考据的刻板印象,提出建立在真正汉学基础上的新义理之学,显得尤为必要。焦循在这个时期不是孤立的,比如前文所言及的凌廷堪,焦循的崇拜对象戴震,都是如此。从他们的观念中我们可以感知乾嘉经学的演变与理学有着密切联系。可以说乾嘉时期所言称的汉学,实际上隐含着对理学的反动。这种现象在戴震、焦循、凌廷堪的身上非常突出,他们借由先秦两汉典籍,以重新阐释理学家眼中重要观念的真正意义,由此确立乾嘉经学(汉学)的学术地位,重新塑造经典之义理。由此,圣人之道,不再是理学家口中遥不可及的天理,而是符合人情、伦理,学而可及的一贯之道。④

当然,在汉学鼎盛时代,经学的训诂考据实际上阻碍了经学义理与现实间的密切关联。戴震、章学诚便是明显的例子。在戴震写出《孟子字义疏证》等阐释义理的著述时,便引起翁方纲等人的批评。

---

① 焦循:《与孙渊如观察论考据著作书》,《焦循诗文集》卷十三。里面说到袁枚谈论考据文,收录于《问字堂集》卷二《答袁简斋前辈书》)。
② 焦循:《易余籥录》,《焦循诗文集》,第 820—821 页。
③ 焦循:《易余籥录》,《焦循诗文集》,第 822 页。
④ 焦循:《一以贯之解》,《焦循诗文集》,第 164 页。

这种批评在于戴震对理学的讨伐。在翁方纲看来,汉学与理学并不相同,戴震之学主在考据,而其论义理之学则驳斥宋儒,故而对其义理之学不以为然。① 即使是推动汉学发展的朱筠,虽然与姚鼐"执拒相诤",仍然不满戴震对朱子理学的批判②,而戴震则有意打破这种汉学的固有认识。章学诚提倡文史校雠之学,对于当时汉学有很大的不满:"必欲各分门户,交相讥议,则义理入于虚无,考证徒为糟粕,文章只为玩物。……惟自通人论之则不然,考证即实此义理,而文章乃所以达之之具。"③章学诚的批评,正与戴震的做法一致,都在证明汉学考证与义理的连贯,而非截然乖离。章学诚《朱陆篇书后》云:"凡戴君所学,深通训诂,究于名物制度而得其所以然,将以明道也。时人方贵博雅考订,见其训诂名物有合时好,以为戴之绝诣在此。及戴著《论性》《原善》诸篇,于天人理气,实有先发人所未发,时人则谓空说义理,可以无作。是固不知戴学者矣。"④章氏此论,不仅道出戴震之学与崇尚考据的汉学家们的不同,也指出戴震之学的旨趣在义理而非考据。这都可见当时学术风尚在考据而不在义理。而单纯的考据势必忽略乃至轻视经之义理的阐发,加之对宋学的抨击,心性义理之学鲜有问津者。正如戴震所言:"圣人之道在六经。汉儒得其制数,失其义理。宋儒得其义理,失其制数。"⑤此正可见时人治学之观念。然而也正因如此,缺失义理层面的经学复古运动,在驳斥理学体系的同时,又如何弥补这种缺失?戴震曾提出"由字以通其词,由词以通其道",⑥他

---

① 翁方纲《理说驳戴震作》云:"近日休宁戴震,一生毕力于名物象数之学,博且勤矣,实亦考订之一端耳。乃其人不甘以考订为事,而欲谈性道以立异于程朱。就其大要,则言理力诋宋儒,以谓理者是密察条析之谓,非性道统辈之谓,反目朱子'性即理也'之训谓入于释老真宰真空之说,竟敢刊入文集。说理字至一卷之多。"(《复初斋文集》卷七,《续修四库全书》第 1455 册,第 418 页)
② 钱林辑、王藻编:《文献征存录》卷八《金榜》,《清代传记丛刊》,明文书局,1985 年,第 441 页。
③ 章学诚:《与族孙汝楠论学书》,《文史通义新编新注》,第 800 页。
④ 叶瑛:《文史通义校注》,中华书局,1985 年,第 275 页。
⑤ 戴震:《与方希原书》,《东原文集》卷九,第 248 页。
⑥ 参见戴震:《与是仲明论学书》,《东原文集》卷九,第 240 页。

对道的关注,大概正是对义理之学的重视,他并未沉迷于繁琐考据,反而在具体文本阐释中践行他的这种治学方法。比如戴震在《孟子字义疏证》中考察理学的核心概念,并通过先秦两汉文献的考据,重新梳理这些概念的所谓"本义"。可见,戴震的义理观明显有着宋学的烙印,蕴含着对宋儒理学的反抗。戴震的弟子段玉裁曾清晰地指出,由六经文献的考核以求义理,非常符合圣人义理的实质。他说:"夫圣人之道在六经,不于六经求之,则无以得圣人所求之义理,以行于家国天下。……先生之治经,凡故训、声音、算数、天文、地理、制度、名物、人事之善恶是非,以及阴阳、气化、道德、性命,莫不究乎其实,盖由考核以通乎性与天道。……用则施政利民,舍则垂世立教而无弊。"①

这种认识在戴震之前的惠栋身上尤为明显,惠栋宗法汉人之学,故对汉《易》学研究尤深。其中不乏抨击理学范畴之言论,而其对《易》微言的解读,实际上正是晚清陈澧所言汉人不乏义理的思路。然而惠栋对汉代经学的尊崇,并未成为乾嘉汉学的主流,至于惠栋对经学政教功能的阐发更被士人所忽视。② 因此,从这个角度来看,戴震之学可谓是惠栋之学的延续。惠栋对《易》学义理的阐释,在之后张惠言等学者身上有着明显的体现。杨向奎认为惠栋《易》学是在古文经学基础上开今文经学之先河③,可谓深有洞见。

戴震通过《孟子字义疏证》一书,呈现汉学式的义理之学,以论证理学的荒谬。戴震的思想影响了之后学者对汉学的认识,如阮元、焦循、凌廷堪他们都转向对经学义理的探究。④ 这里面有一个重要的因

---

① 段玉裁:《戴东原集序》,《东原文集》,第 2 页。
② 焦循批评惠栋:"东吴惠氏为近代名儒,其《周易述》一书,循最不满之。大约其学拘于汉之经师,而不复穷究圣人之经。"《焦循致王引之书三通》,《高邮二王合集》第 5 册,上海古籍出版社,2019 年,第 2026 页。
③ 参见杨向奎:《清儒学案新编》第 3 卷,第 113—119 页。
④ 阮元曾作《曾子注释》,在与王引之信中即透露自己反对理学的意图,他说:"其中讲博学一贯等事,或可少挽禅悟之横流。"《阮元致王引之书八通》,《高邮二王合集》第 5 册,第 2015 页。

素便是汉学者(如戴震、钱大昕、阮元等)由训诂寻求义理的思路,他们重视训诂,但并没有忽视义理层面的探索,反而在走向汉学之义理的道路。譬如阮元即是一典型,他本身推崇汉学的治学模式,但在当时汉学的批评声音下,亦逐渐修正其治学理念。阮元与段玉裁都意识到,训诂考据使士人忽视自我德行的完善,失去了圣人之学的核心。于是阮元指出:"近人考证经史小学之书愈精,发明圣贤言行之书甚少,否则专以攻驳程朱为事。"①其对《论语》《孟子》《曾子》等文本的研究,都可看出阮元在接续戴震的方式,挖掘儒家文本的微言大义。阮元虽然看到义理的重要,但他并不抛弃训诂考据的方法。② 我们从他的《论语论仁论》《性命古训》可见他的治学方法。阮元通过训诂考据,对早期经典文本加以重新诠释,正体现了乾嘉汉学的演变。他们逐渐意识到汉学本身的弊端,自觉加以改变,从而促进新义理之学的产生。当然,这种义理之学依旧对应着宋儒理学,如果没有理学的存在,汉学者不会那么重视理学的那些概念。即使后来的陈澧在其《汉儒通义》中亦无法摆脱理学的影子。而且他所谓的汉宋调和论,不正是理学存在的很好证明吗? 因此可以说汉宋学的对立,不但未能消灭彼此,反而相互激发,汉学被逼迫改进,而理学者亦肯定汉学在某种程度上的有用。因此,汉学走向了考据加义理的道路,而对义理的重视,则助推了学者的进一步探究。尤其相较于对许、郑之东汉学,西汉董、刘等学术更为重义理的阐释,也更具备理论性。而作为公羊学的祖师爷,董仲舒更是成为晚清公羊学中的焦点人物。

由此可知,乾嘉汉学实质上推动了之后两汉经学研究由训诂考据向探究微言大义的转变。这种转变可说是汉学内部的必然,也同

---

① 阮元:《曾子十篇叙录》,张鉴等《阮元年谱》,中华书局,1995 年,第 19 页。
② 阮元《拟国史儒林传序》云:"圣人之道,譬若宫墙,文字训诂,其门径也。……学人求道太高,卑视章句,譬犹天际之翔,出于丰屋之上,高则高矣,户奥之间未窥也。或者但求名物,不论圣道,又若终年寝馈于门庑之间,无复知有堂室矣。"《揅经室集·一集》卷二,中华书局,1993 年。

时伴随着周遭宋学者的非议。在这种内外因素下，汉学不再是翁方纲所理解的汉学，而是转而寻求汉宋调和的汉学。所谓的调和，根基在汉学，而宋人理学只是论证汉学优越的工具，这种工具刺激了汉学义理的挖掘。焦循曾言："循读东原戴氏之书，最心服其《孟子字义疏证》，说者分别汉学宋学，以义理归之宋，宋之义理诚详于汉，然训诂明乃能识羲文周孔之义理。宋之义理，仍当以孔之义理衡之，未容以宋之义理，即定为孔子之义理也。"①焦循此文虽承认宋之义理，却认为孔子之义理才是理学义理的源头。所以追寻孔学义理，才是追根溯源，复古以求道。因此在这种思路下，如何理解孔学义理才是根本。方东树所谓的义理并非皆由训诂可得，在一定程度上指出乾嘉汉学的问题，指明义理之学的重要性。后来的公羊学不仅继承汉学的因素，更是借鉴理学对文本义理的掌控。而刘逢禄在公羊学的深入下，确认孔学义理需要由董何之学去寻求。魏源宣扬西汉今文经学，戴望对公羊、戴震之学的推崇，都在言说义理之学需由实证而得，而不是借由宋儒之学。因此公羊学以及西汉今文经学的探索即是这种汉学义理的推衍，其中义理不再是形而上的玄虚之论，而是关注典章制度、人伦日用，这即是魏源所言鲁一变至道也。②

　　然而我们要说的是，他们对义理的理解是有着差别的。鉴于专经的不同，每人依据一部经典，从而深入探寻圣人微言大义。微言大义本就预示着圣人义理的不确定性，这就导致势必出现异义可怪之论。我们仔细分析会发现，随着学人对宋学的厌恶，他们对经义的关注早已远离理学对天道、心性的讨论，转而趋向礼教层面的考察。所谓礼教，则源自儒家经典文本的阐释，通过礼教来移风易俗，以实现圣人之学在现实中的功效，从而论证圣人义理的神圣性与恒定性。

①　焦循：《寄朱休承学士书》，《焦循诗文集》卷十三，第236页。
②　有关戴震的解读可参见李纪祥：《继孟思维下的道统视域——戴东原与〈孟子字义疏证〉》，林庆彰、张寿安主编《乾嘉学者的义理学》下册，中国文哲研究所，2003年。

所以由考据而求义理,由义理而驳斥宋学,再由义理论证圣人之道,可见清代学者在复古的道路上,进入了汉人之学的世界。无论是素王改制,还是谶纬灾异,虽失去汉人的境遇,却在宋人天理之学的消亡下,重新拼凑了一幅理想的未来蓝图,成为士人不断追逐的动力。但随着国运衰败,西方侵入,这些学说都在清季渐趋消亡。在西学的冲击之下,传统遭遇巨大危机,经学知识随之发生畸变。康有为趁机借用汉代董仲舒公羊学,抛弃汉学的实证,转而欲立孔教名目而重新阐释圣人之经典。

三、圣人之道与经学义理

帛书《要篇》记载孔子之语,认为《周易》之核心在德义,而不是祝史之卜筮。后来的《礼记·郊特牲》也说礼在义,不在数。很明显二者都是儒家之论,即针对具体的技术、规则等,需要有一抽象化的范畴来统括具体的形式规范。这种理解在《论语》中孔子论述仁礼的语句中可见端倪。而作为继承孔门儒学的秦汉士人,当然也未脱离这种认识。汉人在理解儒家典籍时,也注重对概念的讨论,比如陆贾谈仁义,贾谊论秦之苛法,推崇孔子仁政。西汉后期五经研究兴盛,尚儒成为士人特色。而经典的解读由于政治的介入,导致如何判断哪种经义才是正确、合理的,成为一大问题。由此今古文之争便油然而生,正如《汉书·艺文志》所言,乃利禄使然。东汉左氏学、公羊学之争,以及各种经说的记载都可看出对礼的理解为核心分歧。所以清季廖平从礼制角度分析二学之别,即可见此层面的影响。但我们应当看到他们之间的差异,廖平是从礼制即具象层面理解汉之经学,由此忽略了孔学核心在礼义不在礼之制度。所以宋代理学家所探究的正是孔学抽象层面的讨论。清人多不喜理学,尚知识考据,他们希望由此而通义理,这很显然会丢失对孔学义理或抽象概念的辨析。然而清人之学在时代改变中也发生着变化,其变化之一便是对汉之经学的知识考据从内在层面催生了对经之义理的探究。

乾嘉汉学者喜欢说由训诂通义理,进而达至圣人之道,我们不禁疑问,他们究竟如何理解圣人之道?这是我们应该需要解答的。张灏在其《梁启超与中国思想的过渡》中说乾嘉时期学术内容不外乎考证、词章、义理,而嘉道以后经世观念的活跃,实际上促使了一些不同于乾嘉主流学术思想的出现。据此所言,可知社会问题改变了乾嘉汉学的走向。乾嘉时期对圣人之道的理解,过多集中于经传知识的探究,至于道德践履不是他们学术研究的焦点,而社会危机导致士人取向于经世,由此圣人之学在社会政治层面的功能被逐渐看重,并加以深入。因此,学者对经典义理层面的探讨取代训诂名物的考索,以呈现圣人之道的经世精髓。皮锡瑞曾言,道不变,法可变①,这点用在说明传统士人有关道的理解上非常合适。道依附于圣人,以圣人之学来呈现道,因此道乃是圣人政教合一之学的本质,他主宰了传统有关伦理、制度等方面的建构。由此可见,即使乾嘉汉学者说由考据以明道时,他们也是借助解读五经来理解圣人之义理,以使那个道具象化,从而被普遍接受。但具体来说,对道的阐释还是存在差异的,这种差异源于乾嘉时代对经学的理解不同。比如惠栋,他主张中和即道。而戴震则认为道不是一个形而上的概念,而是蕴含条理秩序的概念。章学诚则在其《原道》篇中提出六经皆史,由器以明道,在他看来道不可言说,只可由器以解读道,但器不是道。他眼中存在一恒常之道,但现实社会并非拘泥于道,也非拘泥于五经,而是需要实事求是,关注当下人伦日用,从而方可延续三代官学之精神。所以他说:"夫道备于六经,意蕴之匿于前者,章句训诂足以发明之。事变之出于后者,六经不能言,固贵约六经之旨而随

---

① 皮锡瑞:《皮锡瑞日记》,《皮锡瑞全集》第 10 册,中华书局,2015 年,第 883 页。

时撰述以究大道也。"①由此,他号召人们移向对器、对史的关注,这才是圣人之道的精髓,他提醒士人莫要沉迷于汉学考据,也不要迷恋宋学概念的纠缠,而是要关注人事,由人事而理解道,理解圣人之学的本质。

我们依然可从他们的不同解读中发现某种一致性。这种一致性源于道问学背景下的知识转向。正如余英时所说,王阳明时代讨论义理已经需要借助文献考证来确认,之后黄宗羲明言工夫即本体,便实际上打破了王阳明良知之学的内核,代之以闻见之知去唤醒良知。②而顾炎武实则在黄宗羲基础上变得更为激进,他不喜心学,更无意谈论工夫本体,只言经学即理学,他从方法论、知识论层面重估经典的意义,如此经之义必然不同于理学或心学之义理,他之义理乃具有丰富经世性质的实用之学。顾炎武曾说:"愚所谓圣人之道者如之何? 曰: 博学以文。曰: 行己有耻。自一身以至于天下国家,皆学之事也。自子臣弟友以至于出入往来、辞受取予之间,皆有耻之事也。"③此言圣人之学在约礼博文,即是此观念之体现。顾炎武对孔学的解读,十分关注实行层面的阐发。所以他说"文",定义十分广泛,涉及个体、社会诸多内容。而所谓的问学,也就不仅是经书的学习,而是"修己治人之实学"。④之后公羊学对于孔子微言大义的阐发,也并未脱离这种认识。不过晚清公羊学的阐释,核心不在揭示具体的典章制度,而在于凸显公羊学的重要观念,以之来作为引导、变革社会政治的准则。

---

① 叶瑛:《文史通义校注》,第 139 页。
② 参见余英时:《清代思想史的一个新解释》,《论戴震与章学诚: 清代中期学术思想史研究》,第 334—335 页。
③ 顾炎武:《与友人论学书》,《顾亭林诗文集》,第 40 页。
④ 栾保群等校点:《日知录集释》,浙江古籍出版社,2013 年,第 409 页。又顾炎武《日知录》卷七"博学于文"条云:"自身而至于家国天下,制之为度数,发之为音容,莫非文也。"(《日知录集释》,第 410 页)"予一以贯之"条云:"彼章句之士既不足以观其会通,而高明之君子又或语德性而遗问学,均失圣人之指矣。"(《日知录集释》,第 421 页)

汪晖认为："考文知音的目的在于为道德实践提供客观的条件，即把道德实践与礼、文的世界密切地关联起来，而不是仅仅从主体心性的角度谈论道德行为和道德判断。在这个意义上，经学考证的对象之物不是一件事实，而是道德的规范，但这个规范不是抽象的教条，而是依存于文与礼的世界。"①这种认识，正是所谓礼教主义的兴起与演变。礼这个具有伦理与道德内涵的概念，成为了清代士人理解圣人之道的核心。即章学诚所说的道要由器来体现，而礼这个复合性概念正好是圣人之道的具象化。所以五经义理的核心阐释，都离不开"礼"。

之后的清代学术，即顺沿顾炎武的思路而展开，乾嘉汉学则使此观念变得更加清晰。前文已说，训诂考据在乾嘉学者眼中并非仅仅是知识的实证，因为其背后蕴含着对现实社会伦理层面的诉求。这种诉求不是顾炎武时代驳斥心学，重整理学的语境，而是由汉唐经学上溯三代的复古运动。这种看似科学实证的知识研究，也蕴含着清代士人对经学与圣人的理想化预设。因此，对经学的研究一方面彰显着实证的倾向，乃至被胡适等人冠上科学研究的帽子。另一方面对经之义理的追求与阐释，又诉说着士人对伦理、政治的理解。而且有关早期儒家文献的考索，更能清晰呈现士人对现实政治的关切。正如司马迁《史记·孔子世家》所说，孔子编《诗》"以备王道，成六艺"。在汉人眼中，孔子作六经有着强烈的政治意义。乾嘉学人所熟知的汉代，正不乏司马迁的此类认知。虽然乾嘉学者多无晚明清初议政之风气，但也并未泯灭经与现实的联系。戴震曾说："如宋之陆，明之陈、王，废讲习讨论之学，假所谓尊德性以美其名，然舍夫道问学则恶可命之尊德性乎？"②道问学下对知识的探究，依旧树立着士人对

---

① 汪晖：《现代中国思想的兴起》上卷第一部，生活·读书·新知三联书店，2015年，第383页。
② 戴震：《与是仲明论学书》，《东原文集》卷九，第241页。又可参见戴震《孟子字义疏证》。

五经权威的信仰。他们对经的看待，并非局限于文本，而是圣人之学的载体。所以理解了它，便理解了圣人之学，而圣人之学又反过来引导当下的社会治理。此方面章学诚也不否认，他在《与邵二云论学书》中说："世儒言道，不知即事物而求所以然，故诵法圣人之言，以谓圣人别有一道，在我辈日用事为之外耳。"①钱大昕说："《易》《书》《诗》《礼》《春秋》，圣人所以经纬天地者也，上之可以淑世，次之可以治身，于道无所不通，于义无所不该。"②又段玉裁说："尝闻六经者，圣人之道之无尽藏，凡古礼乐制度名物之昭著，义理性命之精微，求之六经，无不可得。"③

乾嘉时期对五经义理乃至圣人之学的理解，不得不提戴震。戴震说："礼者，天地之条理也。言乎条理之极，非知天不足以尽之。即仪文度数，亦圣人见于天地之条理，定之以为天下万世法。"④即道出圣人之学的权威性。同时圣人之学的核心在礼，而非理学之天理。戴震对圣人之学的解释，突出了经典的政教功能，即所谓的礼教在现实社会中无可替代的教化功能。

阮元与焦循对早期儒家文献的解读，明显受到戴震学术思想的影响。阮元曾专门探讨《论语》《孟子》中的核心概念，通过训诂学方式诠释其内涵。他曾说："夫孔子之言之存于世者无多，岂可不发明以观圣道哉！"⑤他所作的《论语解》《论语一贯说》等文章，都是他有关圣道的考察。他坚信"笃信好古，实事求是，汇通前圣微言大义而涉其藩篱，此通儒之学也"。⑥ 由此他也反对理学家的天理概念，他说："古今所以治天下者礼也，五伦皆礼，故宜忠宜孝皆礼也……故理必

---

① 章学诚：《与邵二云论学书》，《文史通义新编新注》，第 664 页。
② 钱大昕：《抱经楼记》，《潜研堂文集》卷二十一，《潜研堂集》，第 349 页。
③ 段玉裁：《江氏音学序》，《经韵楼集》卷六，上海古籍出版社，2008 年，第 125 页。
④ 戴震：《孟子字义疏证》，《戴震集》，上海古籍出版社，2009 年，第 318 页。
⑤ 阮元：《与洪筠轩颐煊论三朝记书》，《揅经室集》，第 252 页。
⑥ 阮元：《传经图记》，《国粹学报》1905 年第 1 卷第 3 期。

附乎礼以行,空言理,则可彼此之邪说起矣。"①此即凸显礼的重要,实则都在借助两汉之学,凸显圣人义理在礼而不在理。

阮元曾注释与曾子有关的儒家文献,他认为曾子能得孔子思想之精髓。这与刘逢禄等人由董何之学上溯孔学之真谛,思路是一致的。他们都希望借助孔子后学,以探究孔子的微言大义。当然他们之间差异也很明显,较之由公羊学通圣人之学,阮元认为由七十子之典籍或者《论语》,可以更为真实地反映孔子之学。②而刘逢禄则认为由公羊解读《论语》,更能反映孔子的深意。阮元认为圣人之学兼具知行两方面,一方面强调对知识的学习,一方面则主张践履,二者不可偏废。如果过度强调文本诵习,则易近于禅学而乖离孔学。所以他说:"孔子之道皆于行事见之,非徒以文学为教也。"③由此可知,阮元在重估圣人之学时,时刻不忘批评理学,同时指出圣人之学并未脱离"经世致用"。他在解释孔子所言之"仁",即拒斥理学家的形而上之论,明确认定仁必"由身所行者验之",也就是说孔子之仁不离人伦日用,与社会群体密切关联。因此他否定宋儒把"克己复礼为仁"中的"克己"解释为胜己之私欲,认定"克己"即约身、修身之意,而不可把"己"解释为私欲。④他认为人之情欲并非需要战胜,而是需要节制,而节制需要借助礼,他说:"七情乃尽人所有,但须治以礼而已。"⑤他延续戴震的理解,承认欲望在人性中的合理存在,只是需要礼以规范欲望。⑥

---

① 阮元:《书东莞陈氏〈学蔀通辨〉后》,《揅经室集》,第1062页。许宗彦《礼论下》亦言:"古之圣人欲天下之久治安也,于是乎为礼。礼也者,静天下之人心者也。"许氏亦主张效法三代之礼,"顺人情而制礼,斟酌今世之所宜,而不必一一求合于古"。(《鉴止水斋集》卷十六,《续修四库全书》第1492册,第464页)
② 阮元:《曾子十篇注序》,《揅经室集》,第46页。
③ 阮元:《论语一贯说》,《揅经室集》,第53页。
④ 阮元:《论语论仁论》,《揅经室集》,第184页。
⑤ 阮元:《性命古训》,《揅经室集》,第226页。
⑥ 阮元:《性命古训》,《揅经室集》,第228页。

　　焦循《论语通释》《孟子正义》亦呈现了对性、理等概念的讨论。如焦循解释性理，他说："以性为理，自郑氏已言之，非起于宋儒也。理之言分也，《大戴记·本命》云：'分于道之谓命。'性由于命，即分于道。性之犹理，亦犹其分也。惟其分，故有不同。亦惟其分，故性即指气质而言。性不妨归诸理，而理则非真宰真空耳。"①此即肯定个体的气质之性，而明显反对理学家天理的存在，他延续戴震对理的解读，理由万物的主宰转而成为符合现实的规范性条理。在此基础上，他对人性的理解，有了不同于理学的观点。焦循说："饮食男女，人之大欲存焉。欲在是，性即在是。人之性如是，物之性亦如是。惟物但知饮食男女，而不能得其宜，此禽兽之性所以不善也。人知饮食男女，圣人教之，则知有耕凿之宜、嫁娶之宜，此人之性所以无不善也。"②他又言："以己之情，通乎人之情。以己之欲，通乎人之欲。"③焦循此言，即在肯定现实社会中人的欲望。而其延续戴震的以情絜情，这就肯定了主体对于情欲的合理掌控，而欲使其合理，就必须通过圣人之学的熏染，就是戴震所谓的"习"，排除恶习，以使人的欲望保持在合理范围。④ 所以从阮元、焦循理解中，可知人性之善涵盖着对人之欲望的肯定，而同时更需要通过后天的习得使人懂得节制，以趋于人性之善。那么对人来说，"得其宜"的外力在于圣人之学，即清人普遍言说的礼教，都是戴震思路的延续，隐含着对理学的瓦解，从而建构一个形而下的兼具道德、伦理的知识体系。所以章学诚对人伦日用的看重，及对过度看重考据的门户之见，都源于知识考据容易导致对现实人性的偏离，而进入纯粹的考据游戏中。如同段玉裁所言："今日之弊，在不尚品行政事，而尚剿说汉学，亦与河患相同，然则

①　焦循：《告子章句上》，《孟子正义》，第 1652 页。
②　焦循：《告子章句上》，《孟子正义》，第 1641 页。
③　焦循：《告子章句上》，《孟子正义》，第 1657 页。
④　参见戴震：《孟子字义疏证》，《戴震集》，第 296、297 页。

理学不可不讲也。"可见他在治学与行事的过程中,逐渐意识到士人在德行层面的缺失。① 因为在传统士人看来,知识是与现实关怀密切联系的,所以不同的时代,所谓的经世之志都会不断被言说,而乾嘉时期的许多学者亦如此。由此我们看到,乾嘉学者的道问学不是孤立于尊德性之外的,只不过此时的道问学被放大,而尊德性转而发生了质的变化,弱化了理学的精神内核,转向于社会普遍性问题的思考。这正说明,他们口中所谓的圣人之道,即是形而下层面的思考,是礼教主义的体现。因此对经学义理的考察,也就自然落实在人伦日用中,而非玄虚的天理。这点在刘逢禄、凌曙、宋翔凤、戴望等公羊学者身上有着明显的延续,这不是个别现象,而是此时士人思想的核心主题。至于如何理解和解读这个关切社会的礼教,不同知识体系的士人自然有着一定的差异。鉴于此因,我们在具体考察一些公羊学者的论述中,便会着重分析学人对《春秋》微言大义的解读,其中皆无法避开礼教的论述。由此圣人义理之学也就并非难以把握,而是呈现具有逻辑性的诠释。当然这种诠释是以两汉经学为核心,具有脱离理学体系的自觉性。②

---

① 段玉裁:《段玉裁致王念孙书七通》,《高邮二王合集》第5册,第1986页。
② 如凌廷堪论《大学》"格物"为"礼之器数仪节"(《慎独格物说》,《校礼堂文集》卷十六,《凌廷堪全集》第3册,第144页)。又言:"圣人之道,本乎礼而言者也,实有所见也。异端之道,外乎礼而言者也,空无所依也。"(《复礼下》,《礼经释例》卷首,《凌廷堪全集》第1册,第18—19页)此即为反驳理学的解释。

第二章
刘逢禄的公羊义理之学

常州之今文经学,学者多谓肇始于庄存与,但庄氏当时并无今古文之门户观念。而其侄庄述祖,则有分别今古之意识,于两汉今古文之家法,条分缕析。① 至刘逢禄则承袭庄氏之学,今古文家法之观念亦贯彻其中,且较之庄存与之融通,更趋向专经研究。庄述祖为刘逢禄和宋翔凤的舅父,曾云:"吾诸甥中,刘申受可以为师,宋于庭可以为友。"② 可见刘逢禄深得庄氏学之精髓。而钱穆称及至刘逢禄,常州之学始显,亦不为过。③ 然刘逢禄之学虽分辨家法,但并未拘守今文经家法,至龚自珍则今文经学之壁垒始立,由主微言大义而趋于论政,故于西汉今文经学推崇备至。④ 因此,若就常州今文经学来说,刘、龚为学风之转捩点。此为常州今文经学发展之大势。但是,若论公羊学上的学术成就最高者,则非刘逢禄莫属。

刘逢禄曾专论董、何之学术:"传《春秋》者,言人人殊,惟公羊氏五传,当汉景时乃与弟子胡毋子都等记于竹帛。是时大儒董生下帷三年,讲明而达其用,而学大兴。……绵延迄于东汉之季,郑众、贾逵之徒曲学阿世……赖有任城何劭公氏,修学卓识,审决白黑,而定

---

① 庄绶甲:《尚书考异叙目》,《尚书考异》卷首。转引自蔡长林《从文士到经生——考据学风潮下的常州学派》,中国文哲研究所,2011年,第197页。
② 钱穆:《中国近三百年学术史》,第577页。
③ 钱穆:《中国近三百年学术史》,第577页。
④ 钱穆:《中国近三百年学术史》,第582、585页。

寻董、胡之绪,补严、颜之阙,断陈元、范升之讼……五经之师,罕能及之。"①此叙清晰地表达了刘逢禄对汉代公羊学的看法。他认为传《春秋》微言大义者在《公羊传》,而汉代董仲舒使孔学大兴,至东汉何休则传董学之旨。②很明显,刘逢禄此文推崇董氏并兼及何休,其所看重者在董何之学传《春秋》经义,使"汉之吏治、经术,彬彬乎近古者"③。刘逢禄此文透露出他对汉代公羊学的关注点乃是汉代式的经世致用,譬如以经决狱,便是很好的示范。

他研究公羊学,主张坚守公羊今文家法。这种研究并非盲目,而是刘逢禄的理性选择。他在《诗古微序》中说"尝怪西京立十四博士,《易》则施、孟、梁丘氏,《书》则欧阳、大小夏侯氏,《诗》则齐、鲁、韩氏,《礼》则大、小戴氏,《春秋》则《公羊》颜、严氏,《穀梁》江氏,皆今文家学。而晚出之号古文者,十不与一,夫何家法区别之严? 若是岂非今学之师承远胜古学之凿空,非若左氏不传《春秋》,《逸书》《逸礼》绝无师说,费氏《易》无章句。毛《诗》晚出,自言出自子夏而序多空言,传罕大义,非亲见古序,有师法之言与?"④此文实为刘逢禄今古文经学观的清晰表达。此乃他为魏源《诗古微》所写之序。我们知道魏源亦曾提出与刘逢禄同样的观点⑤,魏源偏袒西汉今文经学,而对官学之外的西汉毛《诗》、费氏《易》,东汉郑玄之学等古文经学一致认为无家法师说,亦无法承载圣人之微言大义。可以看出,他对公羊学谱系的理解,实际上隐含着他对汉代家法师说的笃定。因此,刘在书写此文时十分明确地赞同魏源之说,或者亦可理解为魏源之说与刘逢禄有关。

---

① 刘逢禄:《春秋公羊经何氏释例》,第3页。
② 刘逢禄《春秋论下》云:"《汉书》言仲尼没而微言绝,七十子丧而大义乖。夫使无口授之微言大义,则人人可以属词比事而得之。"可见他推崇汉代董仲舒、何休之公羊学,即在于此董何公羊学对于孔学义理(即微言大义)的解读的恒定,在他理解中,偏离这种学术谱系的《春秋》学便是歪曲了《春秋》的微言大义,也就自然无法真正理解圣人之微言。
③ 刘逢禄:《春秋公羊经何氏释例》,第3页。
④ 刘逢禄:《刘礼部集》卷九,第169页。
⑤ 魏源:《两汉经师今古文家法考序》,《魏源集》,第151—152页。

另外,他也并非因治公羊学就刻意贬低古文经学。实际上在《公羊申墨守》中明显可见他对何休注及《公羊传》的反驳或纠正。可见他并未盲目固守所谓的门户之见。他曾言何休、郑康成为东汉经学之宗,但对他来说东汉训诂章句之学只是提供诸如礼制等某个方面的呈现。《春秋》学本质上包含人事、天道,所以唯有西汉董仲舒之学可呈现这种圣人之学的深层内涵,而何休则是此学的后继者。① 因此,我们就可知,刘逢禄对公羊学的理解,核心在董仲舒,而何休则是以经传注释的方式,对文本进行具体化的解读。所以刘逢禄的公羊学,是他对两汉之学权衡之后的最优化选择,同时意味着偏向西汉今文经学。他对董何之学的理解,目的在把握经文微言大义,以之作为一个核心秘钥,由此去贯通群经。所以他对《论语》的公羊化诠释,并非是随意为之,而是这种学术逻辑的必然导向。②

我们要理解刘逢禄公羊学,尤其是他对公羊学所谓微言大义的重视,就必须明白他的思路,由此方可进一步梳理他如何诠释经学文本,以呈现圣人微言大义。因此我们就要深入他的相关著述,来加以剖析。但就刘逢禄的著述来看,他显然并未专注于董学的研究,而是集中精力在何休公羊学的深入挖掘。刘逢禄认为何休传董学之旨,由此解读何休之学,即是理解董子之学,进而也是阐发圣人之学。

一、何休公羊学研究

刘逢禄对公羊学的研究主要体现在他的著作《春秋公羊经何氏释例》以及《春秋论》《论语述何》等著作中。《春秋公羊经何氏释例》

---

① 参见刘逢禄:《春秋公羊释例后录·原叙》,《春秋公羊经何氏释例》,第292页。
② 刘逢禄《春秋公羊释例后录·原叙》说:"《春秋》则始元终麟,天道浃,人事备,以之网络众经,若数一二、辨白黑也。"这句话即是他释经逻辑的核心(《春秋公羊经何氏释例》,第292页)。

是其用力较深的一部著作,也是其公羊学的代表作。此书主要是刘逢禄对何休公羊学条例的理解与总结。刘逢禄总结条例所依据的正是何休的《春秋公羊传解诂》,在此基础上,刘逢禄加入自己的一些理解,就形成了这部有关条例的著作。刘逢禄之前,一直缺乏对何休公羊学条例的全面总结,这与古代《春秋》学研究的发展有着密切关联。据文献所载,东汉之后,有关公羊学的研究便趋于低迷,代之而起的是左氏学的研究与著述,宋元时期虽然倡导舍传求经,但对《左传》的关注依然高于《公羊传》,而且对条例的挖掘也是针对《春秋》经本身,而非《公羊传》,刘逢禄可谓有开创之功。但很显然,刘逢禄作此书,有力地体现了今文经学的家法观念。其希望借条例以通何休公羊学,由何休之学寻董(董仲舒)、胡(胡毋生)之绪。如此,由董、何之学,既而求观圣人之志,七十子之所传。①

刘逢禄对何休公羊学条例的总结非常烦琐,具体为:张三世例、通三统例、内外例、时月日例、名例、褒例、讥例、贬例、诛绝例、律意轻重例、王鲁例、建始例、不书例、讳例、朝聘会盟例、崩薨卒葬例、公终始例、娶归终始例、致公例、内大夫卒例、侵伐战围入灭取邑例、地例、郊禘例、阙疑例、主书例、灾异例。每例中何氏又详分诸多小例,以明正例与变例。这些条例,虽然纷乱,但刘逢禄认为何休的三科九旨,正是解读何休公羊学的核心,由此来理解众多条例,就不会显得缴绕不清,反而会条理清晰。甚至刘逢禄在笺补何注时,也据此核心观念以补证何休的论断,可以说刘逢禄掌握住了何休公羊学的核心,进而以何治何,如此可称得上专守家法而不紊乱。

刘逢禄曾说:"无三科九旨则无《公羊》,无《公羊》则无《春秋》,尚奚微言之与有?"②因此,他不满孔广森有关公羊学的解读。虽然他肯

---

① 参见刘逢禄:《春秋公羊经何氏释例序》。
② 刘逢禄:《刘礼部集》,第58页。

定孔广森在公羊学上的开创性贡献，但却批评孔氏另造三科九旨，不用何休之三科九旨，认为孔氏此种歪曲的阐释偏离了公羊学原貌，使公羊之大义不得实现，而公羊之地位则降之与《榖梁》同列。刘逢禄如此明目张胆的批评，正因为他认为何休的三科九旨乃是继董、胡而来，并非何休自创，深得公羊先师之精义，实为理解圣人微言大义之管钥。① 对此，刘逢禄有充足的自信。

他在释例的前三例中会在每例最末有一段论述，阐释张三世时，便以礼解释《春秋》三世之义，认为三世即礼义之区别。所以他引传文："亲亲之杀，尊贤之等，礼所生也。"②可知三世之别，核心在礼之等杀，明礼义之别，方可明白三世之区别。故于所见微其词，于所闻痛其祸、于所传闻杀其恩，皆是礼义之体现。然刘逢禄认为《春秋》三世之差别最终目的不在明礼，而在由礼以明王化，由此以明圣人所描绘的由乱世至升平世以至太平世，正是见天地之心。此心即是圣人以《春秋》明教化，以著万世之治。刘逢禄又结合《诗经》《周易》，一方面阐释三世说的道德伦理含义，即王政德化，其说："以文王之风系之周公，著王道之太平，而麟趾为之应。"③另一方面，其借《易经》阴阳循环，以明历史发展之循环。然而三世说并非今人所认为的历史进化，其实正如刘逢禄所云，如同阴阳之变化，阴极则成阳，而阳极则为阴，乃是循环往复。而且在董、何的理解中，三世也并非进化式的发展，而是循环往复，一文一质，所谓的进化之思想是受西学影响之后所产生的理解，并非公羊学三世之本义。

通三统，是指绌夏、亲周、故宋、以《春秋》当新王，通三统不仅涉及政治上朝代的更迭，实际上也包含道德制度的变化。以古人之语来说便是"三王之道若循环，终则复始，穷则返本"。但刘逢禄很显然

---

① 刘逢禄：《刘礼部集》，第58页。
② 刘逢禄：《春秋公羊经何氏释例》，第8页。
③ 刘逢禄：《春秋公羊经何氏释例》，第9页。

忽略了通三统有关政治变革的阐释,其注重的是教化、制度,即所谓的宪章文武之道。道德层面解读为《春秋》乃是继文王之遗绪,以明三代道德之教化。制度层面则是损文用忠,变文从质。而以《春秋》当新王则推出王鲁之义,此王鲁在刘逢禄看来并非以真鲁为王,乃是引《史记》而加乎王心,以明制新王之法以俟后圣,而据鲁史则是为了避免僭越王权。可知刘逢禄阐释的统三统仍旧不外董、何之理解,不过刘逢禄弱化了三统中的政治革命因素,而强化了《春秋》经义的道德教化。当然,刘逢禄的三统说仍旧离不开对圣人的尊奉,以《春秋》借王鲁之义以为万世制法,实则仍是强化圣人之学的崇高地位,而且更重要的是刘逢禄这种《春秋》为万世制法的理解,无形中为清末的社会政治变革提供了学术上的理论支撑。康有为吹捧孔教,即是孔学为万世制法论的过度诠释。

至于异内外,刘逢禄仍旧从道德层面进行解读。而所谓的诸夏夷狄这种地理上的内外理解并不是刘逢禄所在乎的。他关注道德的内在修治,即为君之道在己之修身诚意,如此才能正己,进而正人,即为君者当修治己身,完善自我道德,方能进而教化天下,如此则由内及外,从而实现大一统。刘逢禄仍是沿袭传统士人的政治思维,以君主为预设对象,借以实现《春秋》之教化。因此,他的《春秋》学无法与清末今文经学者所提倡的政治变革运动相提并论,这也决定了他的公羊学依旧是传统经学视域下的解读,依旧是对汉代经学的继承与发挥,而并无清季的变法改制意图。当然,他对汉代公羊学的宣扬,仍旧为清末今文经学的发展奠定了知识基础。

刘逢禄固然推崇何休公羊学,但他并未专专于此,而是善于吸收他经以完善何休公羊之义。当然这与他崇尚的家法并不矛盾,他说:"余初为何氏《释例》,专明墨守之学。既又申其条例,广其异义,以裨何氏之未备。"而且他为了解释自己的这种做法,甚至以汉学家推崇的郑玄为例,说郑玄解经"以宗毛为主,毛义若隐略,则更表明。如有不同,即下己意,使可识别",①可见他认为自己这种专守一经同时兼引众经的释经模式并非独创,而是渊自汉人。而且这也不妨碍其墨守何休之学,毕竟订补何休学亦建立在何休例法的基础上。② 此为刘逢禄公羊学的核心基石。

比如刘逢禄所作《公羊申墨守》,虽然是为了弥补何休公羊学的不足,但刘逢禄却广引众经,以完善何休之学(如引董仲舒说、《周官》《诗经》《穀梁传》《左传》等),而且刘逢禄有些地方甚至肯定《穀梁传》而否定《公羊传》乃至何休之说。

比如隐公元年经:"秋,七月,天王使宰咺来归惠公仲子之赗。"《公羊传》认为仲子为桓公之母,但刘逢禄不同意《公羊传》之论,他认可《穀梁传》以仲子为惠公之母、孝公之妾说。另外,刘逢禄还反驳何休"礼不赗妾,既善而赗之,当各使一使,所以异尊卑也",刘逢禄认为,不必各使一使,"礼,弔含襚赗临,同日毕事,止一人兼行。……且使举上客而不称介,通例也。使归惠公,介归仲子,以别尊卑,不亦可乎?"③

又如隐公九年经:"侠卒。"何休云:"以无氏而卒之也。未命所以卒之者,赏疑从重。无氏者,少略也。"刘逢禄则从礼制的角度反驳何休之论:"礼,卿大夫疾,君问之无算;士,一问之。君于卿大夫,比葬不食肉,比卒哭不举乐;为士,比殡不举乐,弔、临、襚、赗,士丧礼备矣。此托隐公贤君,宜有恩礼于未命大夫也。"④

再者,刘逢禄还会偶有字词之考证,比如庄公二十年经:"夏,齐大灾。"何休:"瘠,病也,齐人语也。"刘逢禄云:"《释文》:瘠本或作癠,或作渍。当是严氏本。"⑤

---

① 刘逢禄:《春秋公羊释例后录》,《春秋公羊经何氏释例》,第292页。
② 参见刘逢禄:《春秋公羊释例后录》,第338页。
③ 刘逢禄:《春秋公羊释例后录》,第297—298页。
④ 刘逢禄:《春秋公羊释例后录》,第301页。
⑤ 刘逢禄:《春秋公羊释例后录》,第303—304页。

　　另外,还会纠正公羊学史实之误。比如最明显的便是文公经:"十有八年,秦伯罃卒。"何休认为秦伯罃是秦穆公。但刘逢禄依据《史记》及《左传》认为是秦康公,他是秦穆公的儿子。①

　　总之,刘逢禄从例法、礼制、文字、史实等方面入手,或反驳传文之说,或批判何休之谬误,进而提出自己的理解,很明显他把自己的理解认为是符合《春秋》经本义的。他梳理公羊学,是为了更好地理解《春秋》,认为"不明《春秋》,不可与言五经。《春秋》者,五经之管钥也","《春秋》之义,固上贯二帝、三王,而下治万世者也"。② 他的这种理解,一方面抬升了《公羊传》在经传中的地位以及诠释学层面的权威性,而另一方面这种诠释乃是为了宣扬圣人之微言大义,由此汉人所言的孔子为汉世制法,一变而为孔子垂教万世。到后来康有为的时代,自然延续这种思路,效仿西方宗教,提出孔教,也就顺理成章。

　　他对《公羊传》或何休注释的否定,在他看来并不妨碍对何休公羊学的推崇,反而是对何氏之学的一种肯定。然而刘逢禄治经有专守,就无法避免主观任意之嫌,比如《公羊申墨守》闵公篇,针对传文季子不诛庆父乃亲亲之道,刘逢禄便认为何休依据传文所发的"亲亲得相首匿"乃谬论,他说"弑君之贼,吾闻大义灭亲矣,未闻亲亲得相首匿也"。甚至刘逢禄为了表达自我之见,连《公羊传》文也想改掉。比如襄公三十年,传云:"卿则其称人何? 贬。曷为贬,卿不得忧诸侯也。"刘逢禄改传为"遍刺天下之大夫也。曷为遍刺天下之大夫? 不讨贼也。不书鲁大夫,内大恶讳也"。③

----

① 刘逢禄:《春秋公羊释例后录》,第 315 页。
② 刘逢禄:《通三统例》,《刘礼部集》,第 14 页。
③ 刘逢禄:《春秋公羊释例后录》,第 323 页。

二、《左传》研究

刘逢禄曾作《左氏申膏肓》及《左氏广膏肓》《左氏春秋考证》，以明《左氏》与《春秋》无关联，同时并考证刘歆作伪《左传》，以发《左传》中后人窜伪之迹，以补任城《膏肓》之未备。刘逢禄坚定认为《春秋》重义而不重事，而"左氏仅见列国之史，子夏、公羊则闻夫子之义者也。闻而知之者，孟子而下，其惟董生乎！"①这种观念，导致他对《左传》问题的诸多论证缺乏说服力，稍显主观而独断。

比如《左传·桓公四年》云："夏，周宰渠伯纠来聘。父在，故名。"刘逢禄即认为"此条亦刘歆所伪窜也。歆不解天子下大夫名且字之例，妄生异说"。② 此即无端地认为刘歆作伪。但很明显，刘逢禄在解读《左传》时，已经有一个预设性的偏见，即以公羊学条例作为衡量标准，同时认定刘歆伪窜《左氏》，故他可以随时把相关的经学问题嫁祸给刘歆，以否定《左传》，从而抬高公羊学的地位与价值。

然就刘逢禄的《左氏春秋考证》来说，他认为刘歆伪窜《左氏》，其证据也并非客观公正。为说明刘逢禄此观念之来历，我们详细引述他的考证之语：

> "鲁君子"，明非弟子，故不列于仲尼七十二弟子传中也。云"因孔子史记"，明在孔子身后，但见鲁史，未尝口授微言大义之作传也。曰"成《左氏春秋》"，与铎氏、虞氏、吕氏之春秋并列，明其为纪事之书，非说经之书，故不名《左氏传》也。此太史公所见原本如此，故西汉博士皆谓《左氏》不传《春秋》。其改称《左氏

---

① 刘逢禄：《左氏春秋后证》，《春秋公羊经何氏释例》，第 415 页。
② 刘逢禄：《春秋公羊释例后录》，第 362 页。

传》者，自刘歆《七略》始。故歆传云："初，《左氏传》多古字古言，学者传训诂而已。及歆治《左氏》，引传文以解经，转相发明，由是章句义理备焉。"而公孙禄议曰："国师嘉新公颠倒五经，毁师法，令学士疑惑。"由是言之，今《左氏春秋》所有"君子曰""书曰"云云，及续经之类，皆歆所窜入，以解《左氏》不传《春秋》之说。又造经文十二篇，与公、穀、邹、夹所传皆不合，而《艺文志》全仍之，无识甚矣。①

刘逢禄此段论述，基本上包括三层意思。首先，刘逢禄依据《史记》的记载否定《左传》与《春秋》的关系，左丘明亦与孔子无关，故《左传》不传圣人微言大义。刘逢禄继承庄氏对《左传》为史的看法，"认为《左氏》所载事实，本非从圣门出，犹《周官》未经夫子论定，则游夏之徒不传也。歆引《左氏》解经，转相发明……则今本《左氏》书法及比年依经饰《左》、缘《左》、增《左》，非歆所附益之明证乎？"②故其总结"《左氏》仅见列国之史，子夏、公羊则闻夫子之义者也"。③

其次，刘逢禄认为汉代至刘歆时始附会经传，同时窜伪《左传》文字，《左传》中"君子曰""书曰"及续经等皆刘歆所伪作。这里所依据的主要来自《汉书》有关刘歆的记载，一是刘歆作移太常博士书后，儒者师丹认为刘歆"改乱旧章，非毁先帝所立"。④ 据此刘逢禄断定："改乱旧章，谓其私窜古本也。非毁先帝所立，谓其诬谤今文先师之学也。"⑤然后刘逢禄据公孙禄之语"国师嘉新公颠倒五经，毁师法，令学士疑惑"，判定"公孙斥其颠倒五经，师丹非其改乱旧章，是歆同

① 刘逢禄：《春秋公羊释例后录》，第417页。
② 刘逢禄：《春秋公羊释例后录》，第414页。
③ 刘逢禄：《春秋公羊释例后录》，第415页。
④ 刘逢禄：《春秋公羊释例后录》，第417页。
⑤ 刘逢禄：《春秋公羊释例后录》，第417页。

时诸人固皆见其肺肝矣"。① 这样，刘逢禄就想当然地认为刘歆窜乱
《左传》。

第三层意思便是，刘逢禄认为史志目录《汉书·艺文志》中的一
些记载不实，这里即由否定《左传》进而延伸到对汉代史料的否定。
凡涉及《左传》的相关记载，刘逢禄皆认定为刘歆伪窜。《左氏》所言
年数，斥为多歆所伪窜。② 《左传》中"其处者为刘氏"视为刘歆之附
益。③ 又于《汉书·艺文志》所载"《左氏微》二篇"认定是"歆所造书法
凡例之类"④。又《别录》载左氏学之源流，《汉书》沿袭之，刘逢禄亦斥
为伪窜。⑤ 甚至认为《诗经》小序也是刘歆点窜古文家言⑥，可见刘逢
禄考证之荒谬。

刘逢禄所认为的这些证据，其实并不能够真正得出刘歆窜乱的
结果，因此他的结论并不客观，也无法说服重视《左传》学的学人。所
以，刘逢禄为了证明公羊学与圣人之学的密切关联，他专门以乾嘉汉
学者的代表钱大昕为例，批判钱氏对《春秋》学的理解。钱大昕认为：
"夫《左氏》之胜《公羊》，宜乎夫人而知，而范升抗议于前，何休排诋于
后，虽以天子之力，不能胜之。当时经师之专已党同如此，然则刘、
贾、郑、服扶翊古学之功讵浅鲜哉！"⑦可知钱氏与多数汉学者一样，他
们在《春秋》三传中更倾向《左传》，并认为公羊学所谓的书法或例法
并不存在，《春秋》只是鲁国史书，直书其事而已。因此，刘逢禄所谓
的《春秋》义理在他看来势必显得荒唐。而对刘逢禄来说，这是与其
对立的观点，必然会加以反驳。当然他的反驳如同钱大昕看待《春

① 刘逢禄：《春秋公羊释例后录》，第417页。
② 刘逢禄：《春秋公羊释例后录》，第411页。
③ 刘逢禄：《春秋公羊释例后录》，第412页。
④ 刘逢禄：《春秋公羊释例后录》，第413页。
⑤ 刘逢禄：《春秋公羊释例后录》，第413、419、423页。
⑥ 刘逢禄：《春秋公羊释例后录》，第344页。
⑦ 钱大昕：《潜研堂文集》卷七，第86页。

秋》一样,都是带有偏见的主观理解,实际上谁也不能证明对方一定就是错的。刘逢禄文中的反驳,多借助公羊学条例,去批评钱大昕的理解。他对何休公羊条例的坚守,是其批判一切的基石。

刘逢禄反驳钱大昕的批判基本上有两个立论,一是从公羊学例法入手,批判钱大昕所谓的《春秋》直书其事,揭示钱氏对《春秋》经的诸多误解。比如钱大昕认为"楚商臣、蔡般之弑,子不子、父不父也,许止以不尝药书弑,非由君有失德,故楚蔡不书葬而许悼公之书葬,以责楚蔡二君之不能正家也",刘逢禄反驳说:"《春秋》之义,君弑贼不讨不书葬,未闻有责君不正家者。许止本未尝弑君,故书葬以赦之。吴楚之君,从无书葬之例,至蔡景公实书葬,三传经文所通,而谓其不书葬,不知所见何经也。"①这里刘逢禄即依据公羊学例法批评钱氏之论无根据。另外,针对钱氏有关《公羊传》不及《左传》的论点,刘逢禄极力反驳:"此非《公羊》之不及《左氏》,乃《春秋》之不及《左氏》也。《左氏》详于事,而《春秋》重义不重事,《左氏》不言例而《春秋》有例无达例,惟其不重事,故存什一于千百,所不书多于所书,惟其无达例,故有贵贱不嫌同号,美恶不嫌同词,以为待贬绝不待贬绝之分,以寓一见不累见之义,如第以事求《春秋》则尚不足为《左氏》之目录,何谓游、夏之莫赞也。"②刘逢禄秉持《春秋》重义不重事、有例无达例的解释传统,以解释《公羊传》与《左传》之区别。同时他这种解释不仅继承自董仲舒,而且也正好符合《春秋》传圣人微言大义之观念。因此欲得圣人之义,需由例求,然有例无达例则正好可以为其主观任意的阐释例法加以掩饰,以体现公羊学传达《春秋》经义的正当性与权威性。刘逢禄对钱大昕的批评,目的在于解答公羊学并非汉儒的硬性附会,而是与圣人之学渊源颇深。

① 刘逢禄:《春秋论上》,《刘礼部集》,第56页。
② 刘逢禄:《春秋论上》,《刘礼部集》,第56—57页。

虽然刘逢禄与当时偏向《左传》学的学人在理解《春秋》义理时存在分歧,但他们对《春秋》的理解在本质上都是后人的一种主观理解而已,两汉之后的《春秋》学诠释基本是这样的模式。当时倾向西汉之学的一些学者,显然更赞同刘逢禄的观点。比如龚自珍,他虽早年接受汉学考据的正统训练,但在跟随刘逢禄学习公羊学后,即认可刘逢禄以《左氏》为刘歆伪作的观念。龚自珍在《己亥杂诗》小注中说:"癸巳岁,成《左氏春秋服杜义》一卷,其刘歆窜益《左氏》显然有迹者,为《左氏疢》一卷。"①清末的康有为、廖平也沿袭此种观点,进而影响了民国的古史辨运动。刘逢禄此观点始初是为了推崇公羊学,但这种论断对清末民初的学术史所产生的意义是其未曾意料的。

另外我们还必须提及的是,刘逢禄虽然推崇董、何公羊学,但刘逢禄并非只是就学术而言,他仍然关注学术的经世层面。他在《春秋公羊经何氏释例》序中便说:"汉之吏治、经术,彬彬乎近古者,董生治《春秋》倡之也。"又在《公羊广墨守》中说:"汉宣帝时,有诈称戾太子入京师者,群臣不知所为,惟隽不疑治公羊者,引义直断,卒得其实。然则《春秋》别嫌疑,明是非,有国家者可不诵法邪?"②可见刘逢禄对汉代以经决狱的关注,正体现了他治学的经世倾向。而且刘逢禄曾为官多年,李兆洛《礼部刘君传》载其"凡同列有疑不能决者,为引经义别白之,已而公卿亦多就问所疑,无不据经决事,有董相风"。③可以说刘逢禄经世之志,不乏现实中的实际运用。

杨锺羲曾说康有为"《新学伪经》之诐辞,实自是书启之",④这种看法是有一定道理的。康有为《新学伪经考》即批评古文经学,认为古文经皆刘歆伪造。通观康有为此书,他对刘歆的看法始源自刘逢

① 龚自珍:《龚自珍全集》,上海人民出版社,1975年,第514页。
② 刘逢禄:《春秋公羊释例后录》,第338页。
③ 李兆洛:《养一斋文集》,第261页。
④ 杨锺羲:《左氏春秋考证提要》,《春秋公羊经何氏释例》,第486页。

禄当为不假。即使是廖平,他也很明显受到了刘逢禄公羊学的影响,毕竟刘逢禄的著述后来刊刻在《皇清经解》中,康、廖都是很容易看到的。但有一点,相较于康、廖对古文经学的全面否定,刘逢禄并不否认《左传》内容的真实,这种真实是依据他对刘歆窜改内容的剔除为前提。[①]

三、《论语》的公羊化诠释

刘逢禄曾作《论语述何》,其中解读《论语》便是以公羊学说来阐释《论语》,这种解读《论语》的方式,其实并非刘逢禄的首创。汉代何休在注释《公羊传》时,便借用《论语》,以阐发《公羊》之义。刘逢禄实则受到了何休这种阐释方式的影响,他自己在《论语述何》序中便说到了何休与《论语》的密切关系:

> 后汉书称何邵公精研六经,世儒莫及……又注训《孝经》、《论语》、风角、七分,皆经纬典谟,不与守文同说。阮孝绪《七录》、隋《经籍志》,不载何注《孝经》《论语》之目,则其亡佚久矣,唯虞世南《北堂书钞》,有何休《论语》一条,大类董生正谊明道之旨……二君者,游于圣门,亦游夏之徒也。《论语》总六经之大义,阐《春秋》之微言……何君既不为守文之学……若使其书尚存,张于六艺,岂少也哉? 今追述何氏《解诂》之义,参以董子之说,拾遗补阙,冀以存其大凡。[②]

刘逢禄此论,即在明其作《论语述何》,实为承袭自何休。他认为何休

---

① 孙春在:《清末的公羊思想》,台湾商务印书馆,1985 年,第 39 页。原文见《春秋公羊释例后录》,第 360 页。
② 刘逢禄:《刘礼部集》,第 41 页。

曾注释《论语》，而且"凡《论语》与《春秋》相表里者，皆圣人口授之微言，不著竹帛者也"①，所以便认为何休注《论语》亦必然与其公羊学相通，而且以"述何"为标题，不仅涉及何休，还会参以董仲舒公羊学，这是刘逢禄为此著述的思路。因为他相信董仲舒与何休："二君者游于圣门，游夏之徒也。论语总六经之大义，阐《春秋》之微言，固非安国、康成治古文者所能尽。"②另外，刘逢禄还通过考据的方式发现何休《论语注》的一条佚文，以为何休《论语》义与其公羊学相通之明证。然而，就其这条考据来讲，已被后人反驳③，佚文乃是何晏《论语集解》之文，而非何休之《论语注》。然而对刘逢禄来说，考据的谬误并不妨碍《论语》与公羊学的密切关系。以《论语述何》作为标题，一方面说明他是以何休公羊学作为解读《论语》的标准，而另一方面也开启了《论语》的公羊化诠释。但是这种解读经典的方式，很明显无法呈现《论语》的客观面貌，所以清末学者朱一新对刘逢禄所掀起的这种阐释《论语》的风气表示反对："近儒为公羊学者，前则庄方耕，后则陈卓人。方耕间有未纯，大体已具。卓人以《繁露》《白虎通》说《公羊》，乃真《公羊》家法也。……刘申受于邵公所不敢言者，毅然言之，卮辞日出，流弊甚大。《公羊》与《论语》初不相涉，而作《论语述何》以沟通之。戴子高复推衍之，谓《论语》当如是解，然乎？否乎？"④刘逢禄以专断之方式对经传的解读贴上权威的标签，认定《论语》的公羊化解读正是挖掘圣人隐藏的微言，如此亦强调了诠释者在经典解释中的核心地位，同时自然难免随意歪曲经义⑤。由此刘逢禄之后，宋翔凤、戴望、刘恭冕、王闿运、俞樾、康有为皆以此形式诠释

---

① 刘逢禄：《刘礼部集》，第43页。
② 刘逢禄：《刘礼部集》，第41页。
③ 参见江瀚：《论语述何提要》，《续修四库全书提要》，转引自胡楚生《刘逢禄论语述何析评》，《清代学术论丛》第三辑，文津出版社，2002年，第154页。
④ 钱穆：《中国近三百年学术史》引朱一新语，第732页。
⑤ 具体参见胡楚生：《刘逢禄论语述何析评》，《清代学术论丛》第三辑。

《论语》,实为刘逢禄附会之风的延续,到了清末不但并未消减,反而越发兴盛。

我们在此不再纠缠刘逢禄阐释《论语》是否客观,而是透过刘逢禄的著述,观察其如何以公羊义阐释《论语》,以剖析他对孔学的理解。

通阅《论语述何》全文,刘逢禄以公羊义诠释《论语》,主要涉及以下几个方面:

1. 明孔子《论语》与《春秋》义相通,这样就为《论语》的公羊学解读奠定了可行性。比如:

> 子曰:君子务本,本立而道生;孝弟也者,其为仁之本与?何谓也?曰:《春秋》明王道,始元终麟,大本端仁,道备矣。尧舜之行,本乎孝弟,夫子志在《春秋》,行在《孝经》,其致一也。①

按此条所引"子曰"非出自《论语》,乃《后汉书》所引。此处刘逢禄以《春秋》明夫子之志,而《春秋》所明王道即夫子之志。又以谶纬附会《春秋》《孝经》皆传夫子之学,故夫子所谓孝弟之仁,与《春秋》之道相通。此乃总论《春秋》明孔子之道。

> 其为人也,发愤忘食,乐以忘忧,不知老之将至。何谓也?此谓作《春秋》也。吴楚猾夏,乱贼接踵,所以发愤著书也。②

按此以孔子作《春秋》附会,但原文未说作《春秋》之义,刘逢禄以《论语》原文前面涉及《诗》《书》《礼》,便认为此处所云指作《春秋》,刘逢

---

① 刘逢禄:《春秋公羊释例后录》,第41页。
② 刘逢禄:《春秋公羊释例后录》,第44页。

禄主观歪曲显而易见。

2. 强调孔子改制之义，从而为以公羊学阐释孔子微言大义作铺垫。比如：

> 子曰：述而不作，信而好古，窃比于我老彭。夫《诗》《书》《礼》皆述古，《易·系辞》《春秋》则夫子所作，不纯乎述，何也？曰有改制之名，无易道之实，其义则祖述尧舜，宪章文武尔。①

按此处刘逢禄强调《易》与《春秋》的重要性，因为在刘逢禄看来，《易》《春秋》明性与天道，二者结合可以更好理解圣人微言。孔子虽为后世制法，实则其道仍为尧舜之道，并无改变。此即附会《论语》以说孔子虽有述作，然其中蕴含之道皆相一致。

> 五十而知天命，何谓也？夫子受命制作，垂教万世，《书》曰："文王受命惟中身。"子曰："文王既没，文不在兹乎？"知天命之谓也。②

按此借助公羊学，言孔子为后世制法，以解释知天命。然此说盛行于汉代，早期天命说实与此无关。

3. 以公羊三科九旨来诠释《论语》。刘逢禄以三科九旨作为何休公羊学的核心观念，由此理解公羊学便不会偏离公羊家法，而其释《论语》，亦借此以求明圣人著述言外之意。比如：

> 子夏曰：虽曰未学，吾必谓之学矣。何谓也？子夏言学必以行为本，《春秋》损文用忠之义也。③

---

① 刘逢禄：《春秋公羊释例后录》，第44页。
② 刘逢禄：《春秋公羊释例后录》，第42页。
③ 刘逢禄：《春秋公羊释例后录》，第41页。

按此出自《论语·学而》，子夏曰："贤贤易色，事父母，能竭其力；事君，能致其身；与朋友交，言而有信。虽曰未学，吾必谓之学矣。"此处子夏所云指人之能行此四事，则可不必从师而学。刘逢禄所云损文用忠，是以公羊学三统循环之论来附会子夏义，实则已经歪曲《论语》文义。

> 多闻阙疑，多见阙殆，何谓也？……多见，谓所见世。殆，危也。《春秋》定哀多微辞，上以讳尊隆恩，下以避害容身，慎之至也。①

按此以三世说附会《论语》。所谓定哀多微辞，正以此为所见世，著治太平，故于上当讳尊隆恩，于下则微辞以避害。

> 躬自厚而薄责于人，则远怨，何谓也？《春秋》详内小恶，略外小恶，正其身以为天下先也。②

按此以公羊异内外之说解释《论语》。何休公羊例即言《春秋》内小恶书大恶略，外小恶略大恶书，此分别内外之义。

4. 刘逢禄注重对礼的解读，这与《论语》正名义相符。如：

> 《乡党》之篇，终以时哉时哉。何谓也？孟子曰：可以仕则仕，可以至则至，可以久则久，可以速则速，圣之时者也。圣人之时，其义在《易》与《春秋》，其行之在礼，故《乡党》记圣之行礼而以终之。③

---

① 刘逢禄：《春秋公羊释例后录》，第42页。
② 刘逢禄：《春秋公羊释例后录》，第47页。
③ 刘逢禄：《春秋公羊释例后录》，第45页。

按此云《易》《春秋》《礼》附会《论语》，以明公羊学与孔子之关系。
又如：

> 孔子谓季氏八佾舞于庭，是可忍也，孰不可忍也。何谓也？
> 此篇类记正名辨分之事。传曰：天子八佾，诸公六，诸侯四。隐
> 公始僭命八佾于惠公之庙，又僭六佾于仲子之宫，自是群公之宫
> 皆僭八佾矣。①

按刘逢禄之所以重视礼，是因为刘逢禄认可《春秋》缘礼义以致太平。
"正名"，即是正礼，而正礼的目的在于对道德伦理的看重。清人所关
注的礼不在其本体论的讨论，而是关注社会，多与道德层面有关，所
以他们看重《春秋》的教化功能。而刘逢禄宣扬公羊学中的孔子为后
世制作之说，其目的不在学说的荒诞与否，而在"通其大义而得之于
心，则能以斟酌后世之制作，若汉初经师以《春秋》决事，以三百五篇
当谏书"②，即他理想化地认为圣人之道可以为现实服务，而非纯粹的
空谈而已。

以上我们通过四个层面概括刘逢禄《论语述何》的用意，其实我
们只要把握两点即可明白刘逢禄《论语述何》的核心：一是以公羊学
为核心贯通群经大义，从而宣扬《春秋》微言大义；二是明圣人之学可
为当世所用，这是刘逢禄经世思想的折射。

他解读《论语》，核心即在表达孔子为后世制法的心志。所以他
说孔子作《春秋》，而《春秋》正是宪章文王。而所谓的礼乐制度损益
三代，亦是文王之法，故而他说："天用夫子当复西周之治。"③所谓的
通三统，本质即在言《春秋》虽有改制之名，而无易道之实，道是恒定

---

① 刘逢禄：《春秋公羊释例后录》，第 42 页。
② 刘逢禄：《春秋公羊释例后录》，第 42 页。
③ 刘逢禄：《刘礼部集》卷二，第 47 页。

不变的,乃贯穿尧舜文武而不泯灭。此可谓以三科九旨为核心之大义。而其所谓微言,实为借助公羊条例对《论语》具体文本的阐释。由此可见,他时刻不离对公羊条例的运用。因此刘逢禄对于钱大昕、孔广森这种注重史实考证,而忽视条例的阐释不以为然。他批评钱大昕不知《春秋》有例无达例,而例的梳理源自三科九旨。又批评孔广森不懂三科九旨的重要,反而硬造新的三科九旨,在刘逢禄看来完全十分荒唐。因为刘逢禄坚信"无三科九旨则无公羊,无公羊则无《春秋》,尚微言之与有?"①

宋翔凤《论语说义》亦与刘逢禄有相同之处,他说:"孔子受命作《春秋》,其微言备于《论语》。"二人早年皆受学于庄述祖,庄述祖便已透露出对《春秋》《论语》之重视。后来的戴望则在刘逢禄、宋翔凤基础上,重新注释《论语》,依旧不外乎刘逢禄《论语述何》的思路。

四、《春秋》之礼

刘逢禄《春秋公羊议礼叙》说:"昔者董子有言《春秋》者,礼义之大宗也。盖圣人之教,博文约礼,《易》象、《诗》、《书》皆以礼为本。《春秋》常事不书,固非专为言礼。然而变礼则讥之,辨是非明治乱,非礼无以正人也。自子游、子思、孟子三贤,莫不以礼说《春秋》。而圣人所以损益三代以告颜子者,微言大义,博综群经,往往而在。"②此文可见刘逢禄认为《春秋》礼中蕴含着孔子的微言大义,礼之所以存在,乃是具备教化功能,能够辨是非明治乱。但是,他并不局限于礼,因为《春秋》重义不重事,礼为具体的呈现,而更核心的在于礼之义而非礼制,也就是刘逢禄通过公羊学例法所寻求的圣人微言大义,他是

---

① 刘逢禄:《刘礼部集》卷三,第58页。
② 刘逢禄:《刘礼部集》卷五,第85页。

超越具体制度、具体事件而永恒存在,是社会运行的规范、准则。所以他在《尚德缓刑疏》中即言:"刑者,礼之律令。礼者,德之科条。礼防于未然,刑制于已然,然而其本要在于德。"①无论刑、礼,其核心在德,即他所看重的依然是圣人之学在道德伦理层面的内容,此内容对于社会群体的引导与规范起着关键作用。

刘逢禄弟子凌曙对公羊礼制的研究,应当是受到了刘逢禄的影响,但凌曙并未能理解刘逢禄公羊学的深意,他只是借助汉人经说,考证礼制的不同。他对公羊例法的理解显然没有刘逢禄深入。凌曙依旧坚持"由声音训诂而明乎典章制度,以进求夫微言大义"②,刘逢禄虽也谈礼,但他更看重公羊之例法,而不是字词训诂,其对礼的解读亦是建立在公羊例法的基础上。如同他批评左氏学、穀梁学乃至郑玄,都是以何休公羊例法为根基。由此可见,刘逢禄是一位固守经学家法师说的经师,他不主张戴震博通实证的治经模式。所以他更接近于固守汉学的惠栋,如同刘文淇注《左传》固守东汉古文之学一样。清末朱一新说:"近儒为公羊学者,前则庄方耕,后则陈卓人。方耕间有未纯,大体已具。卓人以《繁露》《白虎通》说《公羊》,乃真公羊家法也。……刘申受为邵公所不敢言者,毅然言之,卮辞日出,流弊甚大。《公羊》与《论语》初不相涉,而作《论语述何》以沟通之。"③朱一新批评刘逢禄不如陈立坚守公羊家法,实际上并不客观。刘逢禄对例法的理解实际上正是在坚守何休之例法,并有所修正。朱一新的理解,与李慈铭相似,他们更倾向汉学考据,讲求史实考索,而不是如刘逢禄解释《论语》那般,相互附会以寻求义理的阐释。

---

① 刘逢禄:《刘礼部集》卷十,第 180 页。
② 凌曙:《春秋公羊礼疏·序》,上海古籍出版社,2015 年,第 6 页。
③ 钱穆:《中国近三百年学术史》,引朱一新语,第 732 页。

第三章
宋翔凤《论语》之学与孔学义理的呈现

宋翔凤出身苏州,早年受学于父亲宋简及长辈汪元亮、徐承庆,其学以搜罗汉学古义、校雠学术源流为特点。① 二十三岁随母归宁常州后,始受学于庄述祖,进而了解庄氏乃至常州之学。之后,宋翔凤结交四方学人,既有张惠言、李兆洛、陆继辂、方履篯等常州文士,亦不乏钱大昕、段玉裁、陈寿祺、臧庸等汉学人物。宋翔凤一生治学并未专守公羊学,而是兼收并蓄,既有汉学考据的自觉,亦重视经学义理的探索。

一、训诂考据与义理之学的融合

宋翔凤与刘逢禄同为受学于庄述祖,因而二人对公羊学的理解上有许多相通之处。比如对《春秋》微言大义的重视,对《论语》的公羊化解读,本质上都来自庄氏家族的影响② 但宋翔凤治学依旧受乾嘉汉学的影响,他看重汉学家的训诂考据,同时又对西汉今文经学怀有极大兴趣。张之洞《书目答问》将其列入汉学家行列,称他"笃守汉人家法,实事求是,义据通深"。③

---

① 参见蔡长林:《训诂与微言:宋翔凤二重性经说考论》,《中国文哲研究集刊》第 29 期,第 240 页。
② 蔡长林:《论常州学派研究之新方向》,《中国文哲研究集刊》第 21 期,第 348 页。
③ 范希曾补正:《书目答问补正》,上海古籍出版社,1983 年,第 346 页。

宋翔凤的汉学家身份，并未阻碍他对孔学义理的追寻。他与庄述祖、刘逢禄相似，方法上不排斥训诂考据，但指向却在阐释文本背后的义理。宋翔凤对于汉学之方法，有着清晰的认知，他看到了汉学的弊端，故而尽量避免这种问题的出现。他曾与段玉裁讨论过此事："中丞之推服自非一日，亦当道以有用之学，无为恐泥之谈，盖风尚所趋，由乎在位……今之当路，通经致用，固不乏人，至于中丞，良未易觏。如失精气于占毕，误诸生以句读，断断之言虽闻乎耳，其于大义亦以远矣。"①宋翔凤在此札中批评段玉裁专注训诂考据，而忽视通经致用。这并非宋翔凤的独见，从汉学兴盛之际，姚鼐、章学诚便已表达过类似的想法。嘉道以降，社会政治诸多问题导致经世致用的呼声高涨，汉学弊端被许多学者所提起，所以阮元、凌廷堪对经学义理的阐释，都与此种观念有着关联。

然而，有批评就会有改变。风尚的改变，促使宋翔凤思考学术的转变，他曾言及这种变化带给他的苦恼："余初事篇什，风气已降，为者空疏无事，学问可率意而成，遂不甚致力。乃学为考据，则如拾沈，莫益于用，而又置之。"②可见他在著述中既有训诂考据，亦有义理揣摩，应为思考后的主动选择。而他借助公羊学的释经方法与思维，逐步扩大到对诸经的阐释，背后都承载着他对圣人微言大义的关注，对所谓何为有用之学的解答。

对于两汉经学的核心问题——今古文经问题，宋翔凤有着自己的理解。他与刘逢禄有一定的相似处，即认为博士今文之学要优于古文之学。宋翔凤曾说："左氏之书，史之文也，于《春秋》之义，盖阙而不言。故博士以为不传《春秋》。学者求其义，舍今文家末由也。"③"所谓微言大义，汉世博士所传。歆欲尊古文，遂谓博士今文不得孔

---

① 宋翔凤：《答段若膺大令书》，《朴学斋文录》，第 330 页。
② 宋翔凤：《忆山堂诗录·序》，《续修四库全书》第 1504 册，第 245 页。
③ 宋翔凤：《元年春王周正月》，《过庭录》，中华书局，1986 年，第 149 页。

门之旨。"①可知他对今文经学的偏袒。宋翔凤还曾作《拟太常博士答刘歆书》，云："昔孝武皇帝表章六经而置博士，俾各守其家法以相授受，诚以去圣日远，将有曲学虚造，变乱是非，以疑观听也。""《春秋》先师之说，得孔子窃取之义。左氏所传，其文则史，乌睹《春秋》之法乎？""闻君颇离合古文以自就其术，世有明者，难使尽信，且国家有大事，采博士议，务存大体，断事决议，以经合权也。何用张皇众说，驰骋浮词，以炫朝廷哉！先帝怒博士改师法，盖防其流也。"②此文中宋翔凤即站在博士的一方，认为博士之经说实则保留了圣人之学。也就是说他站在西汉今文经学的阵营中，鼓吹经世致用，故其言博士"务存大体，断事决议，以经合权"。宋翔凤后来遍注群经，都未曾脱离他对孔学以及汉代今文经学的讨论，这种讨论蕴含着他在治学层面的经世取向。

二、礼治与《论语》微言

刘逢禄曾作《论语述何》，简单讨论了《论语》的微言，但并未详述。而宋翔凤则铺展开来，对《论语》相关问题进行深入研究。《论语说义序》清晰地说明了他的目的："子夏六十四人，共撰仲尼微言以当素王。微言者，性与天道之言也。此二十篇寻其条理，求其旨趣而太平之治、素王之业备焉。"③此文中微言、素王、太平之治，皆可见公羊学之因素，而其所言"微言者，性与天道之言也"，正说明他对圣人之学的挖掘，显然有着理学的影子。我们知道，清初顾炎武亦曾就此问题有所讨论。④宋翔凤此文提出孔子微言即所谓性与天道之言，至少可看出他要借助公羊学重新探索圣人的"性与天道之言"。宋翔凤之所以

---

① 宋翔凤：《汉代今古文考》，《朴学斋文录》，第364页。
② 宋翔凤：《拟太常博士答刘歆书》，《朴学斋文录》，第335页。
③ 宋翔凤：《论语说义》，《皇清经解续编》本，第1a页。
④ 参见栾保群校注：《日知录集释》卷七"夫子之言性与天道"条，第406页。

重视微言,我们通过他的《汉代今古文考》可知一二:"微言者,即夫子之言性与天道不可得闻。……《易》《春秋》皆具性与天道之原。……《论语》二十篇,多言《易》《春秋》之微而未尝显,故《论语》说子夏六十四人共撰仲尼微言以当素王。……大义即夫子之文章可得而闻,如《诗》、《书》、礼乐是也。……所谓微言大义,汉世博士所传。歆欲尊古文,遂谓博士今文不得孔门之旨。"①可见大义易得而微言隐晦不易知,而汉代博士今文之学则可有助于理解圣人之微言大义。由此可知,宋翔凤虽关注微言,但释经的思路与刘逢禄是相同的。而他对《论语》的解读,不只局限于《论语》,而是以《论语》作为诠释六艺经传的内核,从而贯通群经。

宋翔凤在《论语说义》中专门就《春秋》《论语》与今古文问题做了总结:

> 今文家传《春秋》《论语》,为得圣人之意。今文家者,博士之所传。自七十子之徒递相授受,至汉时而不绝。如《王制》《孟子》之书,所言制度罔不合一。自古文家得《周官》经于屋壁,西汉之末录之中祕,谓是周公所作。凡他经之不合者,咸断之曰夏殷。其实《春秋》为孔子所定,本尧舜文王之意,述三代之制,斟酌至当,百世不易。孟子得《春秋》之传,故称周公封鲁,太公封齐,为方百里。……《周礼》之传,无所师承,或者战国诸人刺周公之制作,去其籍而易其文,以合其毁坏并兼之术,故何君讥为战国阴谋之书。马、郑两君笃信古文,辄就《周礼》转诂他经,几使孔、孟之所传,分为两家之异学。积疑未明,大义斯蔽,后之儒者,不可不辨也。②

---

① 宋翔凤:《汉代今古文考》,《朴学斋文录》,第364页。
② 宋翔凤:《论语说义》卷一,第3b页。

此文可见宋翔凤对《论语》《春秋》的看法。他认为今文家根本上传承了《论语》《春秋》的真谛，便是在肯定孔子、七十子之后，汉代今文经学担负起圣人之学的延续。而古文经则被认定为脱离这种谱系的异学，所以与孔子之学本质上没有关系。前面我们在讨论刘逢禄时，也说到类似的理解。很明显，这种谱系的形成与刘逢禄如出一辙。这种谱系的判定对于刘逢禄、宋翔凤理解《论语》乃至六经，都至关重要。此文中他说"《春秋》为孔子所定，本尧舜文王之意，述三代之制，斟酌至当，百世不易"，这种坚定观念，正来自宋翔凤对这种学术传承谱系的信任。由此，借由两汉之学去深入解读《论语》《春秋》的义理，进而即可对孔子之学有较为清晰的理解，《春秋》微言大义也就变得清晰可见。

《论语说义》涉及许多概念的讨论，如对德、礼、政、刑、性、情、天命、道、文质、三统等都有一定的解读，但核心不外乎德、礼。宋翔凤以公羊学阐释《论语》，亦无外乎对德、礼的发挥。较之刘逢禄对公羊例法的重视，宋翔凤更偏向义理的阐释，以抉发其中可为今世所用之学。

首先来说，宋翔凤借由《论语》阐发孔子受命作《春秋》，即认定微言备于《论语》。他解释圣人微言的核心即在人伦之教化，故而欲行教化，必然涉及社会群体治理的思考。在他看来，"如欲化民成俗，其必由学"。① 这种理解依旧是传统儒家强调学习的观点。他认为《论语》所载圣人之言，正是圣人设教以维世，此亦为学习的重要资源。而欲教化世人，便须知其核心，方可为世人所学。所以他在解读《论语》时，就阐释礼的内涵，以解读圣人之微言。他说："必知礼之本，则能通文质之变，以救世运。""学者能明乎礼之用，则举而措诸天下无难矣。"②他进而解释礼之本，引《礼器》之文："忠信，礼之本也。""盖忠

---

① 宋翔凤：《论语说义》卷一，第3a页。
② 宋翔凤：《论语说义》卷一，第6b页。

信起于孝弟,孝弟为仁之本。故曰:一日克己复礼,天下归仁焉。"又曰:"礼,其政之本与。仁之本、礼之本、政之本,其本一也。"①可见宋翔凤认为圣人之道在礼,而礼则含括众义,既有道德伦理,亦不乏社会政治制度,礼成为政教合一的载体,意在彰显圣人为后世制法的核心思想。宋翔凤此见也恰好吻合了嘉道以来以礼代理的观念。一方面清学对形上学的排斥,导致了对形而下之学的探索,另一方面又在宋学的影响下,思索圣人之道究竟为何。然而现实的社会政治,又促使士大夫不再满足于字词训诂的考索,而希冀从义理层面理解经典,解读其中的微言大义,以探究并不玄虚而又可治世的孔学思想。因此,"礼"成为了诸多学者的选择,"礼"承载了圣人之道的多样性,可修身,亦可治理天下。② 宋翔凤借由公羊学说,在重新解释经典的同时,自然流露出当时士人的心声。在他的理解中,礼之本在"孝弟忠信",原因在于他笃定道德伦理问题是解决社会弊端的首要之处。他甚至针对《老子》"失道而后德,失德而后仁,失仁而后义,失义而后礼,夫礼者,忠信之薄而乱之首",认为老子的理解并未乖离儒家之义:"首推其作书之意,谓欲救道德仁义之失,要必明乎礼,以礼与道德仁义出于一原,而循其古始,宜有厚薄。乱,治也。言忠信既薄,则礼为天下之首事。"③因此道德伦理的缺失,需要借助礼来弥补,而公羊学则是弥补过程中不可或缺的一环,他说:"孔子于《春秋》张三世,至所见世而可致太平,于是明礼之本,使先王之礼乐可行于今。"④又说:"孔子为言损益三代之礼,成《春秋》之制,将百世而不易,何止十世也。……孔子作《春秋》以当新王而通三统,与《论语》答颜渊问为

---

① 宋翔凤:《论语说义》卷二,第4b页。
② 宋翔凤云:"孔子……见《春秋》之所讥,非为当时,以救后世也。"《论语说义》卷二,第18b页。
③ 宋翔凤:《论语说义》卷三,第8a页。
④ 宋翔凤云:"礼,今文家所传具在。惟知礼而后可以作《春秋》,以为后世有天下者之则。故圣人所以为百世之师也。"宋翔凤:《论语说义》卷十,第11b页。

邦,因四代之礼成制作损益之原,其道如一。……虽百世而远,孰能违离孔子之道、变易《春秋》之法乎?"可见他推崇孔子《春秋》微言,即因孔子所言核心在礼,孔子为后世制法者即此礼之体现,后世欲致太平便当以此礼为准则。

宋翔凤认为圣人之道在"礼",由此可致太平之世。那么当如何在现实中依照礼来做呢? 宋翔凤也给出了答案,他说:"《论语》屡言文行忠信与《诗》《书》执礼相为表里。文,文章;行,德行,《诗》《书》之所载也。忠信,礼之本也。必由文行忠信而后《诗》《书》礼乐浃于人之性,而后可以谓之教也。"可见由圣人经籍方可求知"礼",而此《诗》、《书》、礼乐对人的教化功能,则是圣人设教维世的彰显。这种重人心教化的思想论点,清初顾炎武便已言及,到了晚清依旧为士大夫所因袭,人人言说人心风俗之败坏,宋翔凤亦明言:"人情日变,风俗日漓,圣人所为,明礼乐以救之与?"[1]只是这种思想过度强调"道德伦理",实则忽视经济发展对社会的重要性。故而张之洞体用论的出现,即是在西方的冲击下,意识到本国"用"的低下。在宋翔凤眼中,治世当分本末,因而圣人之学为后世制法设计了一定的秩序性。由此针对孔子之"名",宋翔凤解释说:"故道经首著无名、有名之说。无名者,天命之性也。有名者,修道之教也。必有文字而教立,教立而君臣父子之伦攸叙。凡传其语言而著于竹帛者,皆圣人之教,孔子修六艺,多闻阙疑,无不知而作,故其礼义科指可世世通行,则安可不以正名为先乎?"[2]可见圣人以六艺宣扬道德教化,不仅是正名思想的体现,更在正名思想下隐藏了教化的秩序性。一旦秩序混乱,所谓的纲常伦理势必趋于消解,如此何谈正名,何谈治世。

由上分析可知,宋翔凤对《春秋》三统、三世、文质等概念的理解都

---

① 宋翔凤:《论语说义》卷九,第 5b 页。
② 宋翔凤:《论语说义》卷七,第 2b 页。

建立在礼学的基础上。所以他说:"知礼之本,则能通文质之变……圣人遂因乎世运而斟酌损益,以成《春秋》去文从质之礼,所谓因其势而利导之,复修教化以崇起之者,如此而已。"①可见文质之论并非固定不变,而是随世运而变,这种循环的文质论,所承载的正是随时代不同而导致教化的改变,而支撑文质运用的正是礼的存在。结合三代之礼,针对当下环境,斟酌损益之,方为教化之方。他在解释"周监于二代,郁郁乎文哉!"时,便有意阐释孔子损益《周礼》的内涵,他说:"《春秋》虽据鲁、新周,然必托始于文王。故孔子曰:文王既没,文不在兹乎? 以是知'周监于二代,郁郁乎文哉!'谓文王之法度也。自杞、宋不足征,乃据鲁作《春秋》。鲁,周公之后,周公成文武之德而制作明备,孔子从而损益之,故曰'吾从周'。'从周'者,即监二代之义,谓将因周礼而损益之也。"②其论管子器小时,即言《春秋》明礼行王道之义,其文云:"孔子于《春秋》张三世,至所见世而可致太平,于是明礼之本,使先王之礼乐可行于今,遂贬霸术以明其器小。凡霸者之术,其始亦有胜残去杀之意,其继不闻必世后仁之功。所谓假之者非其有,非如王者之道,损益相因,循环不穷。"③在宋翔凤眼中,无论三统还是三世,这些公羊学的概念,无非都在有助于揭示三代之礼,明王道之精髓。

另外,在解释《论语》时,宋翔凤对《春秋》的解读,亦多落实在礼的处理层面,以表明违礼之事。比如他解释"子贡欲去告朔之饩羊。子曰:'赐也,尔爱其羊,我爱其礼。'""谨案:'我爱其礼'者,以臣事君之礼也。《春秋》文十六年,夏,五月,公四不视朔。《公羊传》曰:'公曷为四不视朔? 公有疾也。何言乎公有疾不视朔也。然则曷为不言公无疾不视朔? 有疾犹可言也,无疾不可言

---

① 宋翔凤:《论语说义》卷二,第5a页。
② 宋翔凤:《论语说义》卷二,第10a页。
③ 宋翔凤:《论语说义》卷二,第19a页。

也。'《穀梁传》曰:'公四不视朔,公不臣也,以公为厌政已甚矣。'"①此即表明《春秋》对君臣之礼的重视。所以宋翔凤说:"天子尽臣礼以事天,诸侯尽臣礼以事天子,是以国治而天下平。"②又说:"臣事君以忠。忠者,礼之本也,不忠何以尽礼?"③

宋翔凤提出礼之本末,便道出其阐释《论语》与社会现实的连接点。他说:"孔子受命作《春秋》制,去周之文,从商之质,亦以人心风俗,其机可乘也。"④戴望也曾说:"知礼之本,则能通文质之变,以救世运。"⑤由此我们便可看出其中端倪。宋翔凤说孔子为素王之业,以《春秋》展现万世之法,对当下现实社会来说,有关礼之本末的提倡便是当下不可忽视的,本即是道德层面,而末则是制度层面,很明显他希望以圣人之道来重整社会秩序,改变人心风俗。

宋翔凤注意到"礼"的教化功能,这种认知与其对人性善恶的理解有一定关系。宋翔凤认为人之初本善而无恶,但此仅限在母亲孕育生命之初。一旦"母腹震动,即有运动知觉,而情亦生焉"⑥,此时如不重视胎教,便可为恶。宋翔凤此意并非否定人性为善,只是在他看来,母腹之中便已难免人欲之蛊惑,其言:"孔子言性相近,习相远者,未离乎天理谓之性,迁就于人欲谓之习。……盖人欲之汩其性,有至老而败者,有中路而不能自持者,有孩提而习惯者,有在腹而感之者,故圣人之治其性自胎教始。"⑦宋翔凤言人生之初即难免欲之影响。所以他又说:"性者,天质之朴也。善者,王教之化也。无其质则王教不能化,无其王教则质朴善。"⑧他所认为社会中人的真正成善,必须

---

① 宋翔凤:《论语说义》卷二,第11a页。
② 宋翔凤:《论语说义》卷二,第12b页。
③ 宋翔凤:《论语说义》卷二,第15b页。
④ 宋翔凤:《论语说义》卷五,第2b页。
⑤ 戴望:《论语注》卷三,同治十年(1871)刻本,第1b页。
⑥ 宋翔凤:《论语说义》卷九,第4a页。
⑦ 宋翔凤:《论语说义》卷九,第4b页。
⑧ 宋翔凤:《论语说义》卷二,第22a页。

借助王道教化,而具体来说即为借助礼以实施教化,希冀呈现圣人损益三代的政教构想。这些内容实际上都是承载于圣人微言之中,有待深入探究。

宋翔凤不断强调礼的重要,即认识到治世之根在人,而人之祛恶从善即在礼(教化)。宋氏所言人欲,便是所谓性情中的"情"。儒者以六欲为情,"情之未发者为性,性之已发者为情","情、性一理,观其既发,则性已有恶。发皆中节,则能性其情。故言性恶者,后起之议也"。①宋翔凤此段所言实则承袭理学家言,认为"未离乎天理谓之性",此即朱子所言"天地之性"。而性、情皆人之本有,所以出现"性恶"之说在于"发不中节"。至于为何"发不中节",即源于人欲。对此他解释说:"圣人知天人之际则必本乎性,凡民为日用之质,则尤慎乎习,故《论语》首篇言'学而时习'。夫仁、义、礼、智、信,五常之德,周四海,亘古今而不变,此其相近也。言语、饮食、衣服、礼俗,更数十年而易,行九州而各殊,此其相远也。"②此处宋翔凤所言人欲,即言物欲。人之易受外物之影响,故"情"之动就会出现"不中节"的现象,如此便会导致人性趋恶。他认为从天理(本体)层面,人性皆善,故认定人性恶论乃"后起之议",而人性善为"推本之论"。③

宋翔凤讨论性、情,意在说明人之情所发不当者,在受"习"(物欲)之影响,而改变"习"的影响就需靠"礼",或者说是《诗》《书》中的圣人之教来矫正,使之恢复到"中节"。因此他说:"人有喜、怒、哀、乐、爱、恶、欲之情以滑乱其性,遂以至于祸乱而不可止,故发乎情者当止乎礼义。"④另外,他在强调礼时,还不忘对主体内在的重视,即教化是存在于主体之外的,需要主动学习以改变自身之恶,但同时学习

---

① 宋翔凤:《论语说义》卷九,第3a、3b页。
② 宋翔凤:《论语说义》卷九,第3b页。
③ 宋翔凤:《论语说义》卷九,第3a页。
④ 宋翔凤:《大学古义说》卷一,《皇清经解续编》本,第4a页。

主体必须具有志于仁的内在追求,不然也就失去了习礼的动力。所以针对《论语》"克己复礼",宋翔凤解释说:"克己者,知也、义也、信也。复礼,礼也。由四者以归于仁,复性之功也。是知性者必志于仁,乃得其性之初。故其善日长,其恶日消。至于能性其情而恶无所舍,苟不志于仁者,又安能免于恶哉!"①总之,宋翔凤借助性、情概念的讨论,反复说明圣人之道的伦理学价值,以体现传统士大夫儒学信仰的坚守,一旦出现社会问题,必然借助圣人经籍寻求解决之道:"礼为防淫之书,《春秋》诛乱臣贼子,故礼家荀子、《春秋》家董生俱不言性善。《易》言天道,《诗》《书》言德化,故《十翼》及《诗》古文家毛公、今文家韩婴,俱言性善。孟子诵《诗》读《书》,故道性善、称尧舜。盖以推本之论,明天以后起之议治人,胥圣人之教也。"②宋翔凤对经典中礼教的把握,不仅是对汉学偏离圣人义理的补救,更是提出以礼为核心的教化理论,以应对现实社会问题。然而,宋翔凤有关孔学的诠释,一定程度上狭隘了孔学义理的丰富性,把焦点集中在礼教的讨论上,这也是清代嘉道以后诸多士人解读儒家经典的一个重要趋向。

三、微言与王道

上文梳理宋翔凤对礼的理解,现在我们来解读他对"微言者,性与天道之言也"的见解。他说:"人皆有天命之性,不能率性则离道,圣人能率性则合道。道者,天道。戒慎不睹,恐惧不闻,性与天道之学也。"③他认为圣人能够体道,而常人则难以知道。在他看来,圣人的性与天道,不是不可知,而是具有深邃的隐喻,需要通过文本方可解读其中微言。因此他认为《易》《春秋》正是圣人性与天道的呈现,

① 宋翔凤:《论语说义》卷二,第25b 页。
② 宋翔凤:《论语说义》卷九,第3b 页。
③ 宋翔凤:《论语说义》卷三,第2a、2b、3a、3b 页。

故其言："《易》明天道以通人事，故本隐以之显。《春秋》纪人事以成天道，故推见至隐。天人之际，通之以性。"①他对《易》学的理解，实际上与稍早于他的张惠言《易》学有着一定的类似。张惠言重视《易》学礼制的阐发，目的亦在"明天道以通人事"。另外，张惠言在礼制解读中，掺杂公羊学的影子，昌言文王受命改制。如张惠言云："故《易》者，文王考河洛、应图书，革制改物，垂万世宪章。周公监之以制作者也。"②《虞氏易礼》："著殷周革命之文，象传言之，纬言之，汉儒莫不言之。后人不敢道文王受命称王改制，遂使大义沦晦。"③可见他对《易》之礼制的关注，对应着公羊学受命改制论的影响，其本在于言说"圣人所以通天意、理人伦而明至道也"。④

至于如何理解《易》与《春秋》蕴含着圣人的天道性命，宋翔凤则通过《论语》"子罕言利与命与仁"加以阐释：

> 《春秋》本乎天以陈王道，故终之以公即位。《易》言君德之体天行，故始之以乾而天道咸备。……《易·文言》曰："利者，义之和也。"荀氏说阴阳相和，各得其宜，然后利矣。相和犹言与也。惟利物足以和义，则元亨之德成，而贞固之事定。故曰乾元者，始而亨者也；利贞者，性情也。乾始能以美利利天下，不言所利，大矣哉。必利物和义而后见万世之性，正万物之情。故欲求性与天道，必求之利与命与仁也。与命者，率性也。与仁者，利仁也。天命之性备五德五行，仁则五德五行之始，有利以保合太和，则天命之性可以率，可以无终日之间违仁，故曰能以美利利天下也。……义，性也。利义之用也，一也。……始于以义治我，乃

---

① 宋翔凤：《论语说义》卷三，第3a页。
② 张惠言：《易义别录序》，《茗柯文编》，上海古籍出版社，2015年，第52页。
③ 张惠言：《虞氏易礼》《皇清经解》本，第5b页。
④ 张惠言：《易纬略义》卷一"八卦用事"条，《皇清经解》本，第9a页。

能以仁治人，其所谓义，即所谓利也。子曰："天何言哉。"……见吾之微言皆性与天道，然必求利之故而后得性之故，求命之故、仁之故而后得天道之故。孔子存微言之教，以为百世之师者，备于利与命与仁之中矣。①

此文可见宋翔凤眼中利与命与仁乃是性与天道的具体内涵，而终究乃是王道、君德的彰显。所以宋翔凤眼中性与天道，乃是人事与天理的归纳。而对于人来说，对天命之性的遵循，本质上即是天理或天道的体现。因此，欲不违天道与人性，就必然要进行一定的道德修行，如此也就离不开孔子的教化。

这段内容在其《大学古义说》中亦有出现。而且较之《论语说义》，《大学古义说》可以作为理解宋翔凤性与天道的注脚：

德者，五行之德，王者之所受命于天者也。②

命者，天命于人谓之性，分而言之为仁义礼知信，以合五行之德，此性善之所由来也。……王者受命改元，五德递嬗，《春秋》以元加春王正月则善也，至善之谓极。《洪范》之极、《春秋》之元，是先慎乎德以长保其天命者也。王之不极是谓不建，不止于至善，不慎乎德，于是有失道之败，而天则先出灾害怪异之变，使畏天命而知恐惧自省。终于不改，遂至易姓而改命。知天命之去，非天之绝人之世，而人之自失也。③

率天下以仁，是谓以仁治人。下莫不好义，是谓以义治我。上下相率以仁义为治，而后谓之国治。④

① 宋翔凤：《论语说义》卷五，第 1a、1b、2a 页。
② 宋翔凤：《大学古义说》卷二，第 14b 页。
③ 宋翔凤：《大学古义说》卷二，第 16b 页。
④ 宋翔凤：《大学古义说》卷二，第 20b 页。

美利者，至善也。不言所利，是谓不以利为利。仁与义皆善之一端，而人臣之分尤当以义治我，则能事君之事。①

宋翔凤此段文字，有助于我们理解《论语说义》中"欲求性与天道，必求之利与命与仁"。其言天命与人之德性的紧密结合，即在凸显对君德、对王道的推崇，而其对仁、利的解释，无非都是围绕此而言。在传统中国的背景之下，士人对社会问题的思考，有意针对治国之"本"以寻求解答。宋翔凤认为，个体需要成善，势必要修身，不论是君臣，还是普通士人，无不当如此。至于君主，则更要行仁政，远离物欲的诱惑，以成为君之道，方可呼应天命，成太平之治。

《论语》中所谓的不闻孔子性与天道之言，其弟子亦是有所了解的，只是世人不知。所以他说七十子之学，皆可谓是孔子之学之延续。② 作为孔子言行记录的《论语》，其中隐藏的微言即是理解性与天道的关键。因此他在解释《论语》颜回闻一知十时说，"所谓一者，仁之性也。以仁性合乎天命是为性与天道，以仁之道修其教于人是为文章。子贡悯一世之人不被《诗》《书》礼乐之教，故守其所闻者以发明之"。③ 此为由知识角度，来言说圣人之学的存在意义。世人学习圣人之言，即在接受这种教化的熏染，从而完善个体的德性。

另外，从政治角度来说，孔子作为素王，即在于他的性与天道皆以仁政体现，仁体君道，可以治世。④ 那么所谓的三世、三统、文质之论，无非是不同时期下治世的权变之策，所以他说："君子之道，当因其胜者，则民顺而易行，非质胜而改文，文胜而改质也。……文不能去质，质不能去文，是以文质相救也。"⑤在宋翔凤看来，无论礼教还是仁

① 宋翔凤：《大学古义说》卷二，第21a页。
② 宋翔凤：《论语说义》卷三，第3b页。
③ 宋翔凤：《论语说义》卷三，第2ab页。
④ 宋翔凤：《论语说义》卷三，第9b页。
⑤ 宋翔凤：《论语说义》卷三，第12a页。

政,皆是王道的体现,皆是三代文武周公之道的继承。① 而与孔子关系密切的《论语》《春秋》则是这种王道的彰显。因此,宋翔凤眼中的微言看似散乱,实则不外乎对道德伦理的关注,而看似玄虚的天道,在他眼中也无非是人之德性的彰显。人人完善的德性,也正是王道之世、太平之治的理想国度。可见这些论述无法脱离他对社会问题的思考、对经世致用的反思,那么他对圣人微言的解读、对《春秋》微言大义的解读,也便始终贯穿着欲以之规范、引导当下社会治理的目的。

四、士人与圣人之学的践行

作为一个有经世志向的士大夫,宋翔凤谈到了士人在改变社会中的重要性。这点可谓是《论语》"士志于道而耻恶衣恶食"的诠释。他说:"为士者既以道善其身,即以道善天下。有天下而不与,皆不耻恶衣恶食之所充也。如是而可与议道,以此见世之有道无道,皆由乎议道之人也。如为士者所耻在衣食之间,其立心甚小,则其平居深计远谋,但为空言以欺当世。迨处议道之任,必将夸张富强之事,不顾人心风俗之本,所以日离于道而国不可治。故正人心者,始于端士习;端士习者,始于识廉耻也。"②嘉道以降,社会弊端的暴露,刺激了学人对官吏、制度等问题的思考,他们不再拘泥于经书的考据,而是希望去践行所习得的圣人之学。故而士人逐渐回归到顾炎武实用之学的路径上。如同道光帝所言:"士不通经,不足致用。经之学,不再寻章摘句,要为其用者。"③稍晚于宋翔凤的魏源、姚莹批评乾嘉学人,即由学之无用来看待人心道德的衰败。④ 可见时代变化,促使着学人

---

① 宋翔凤:《论语说义》卷三,第14b页。
② 宋翔凤:《论语说义》卷二,第29a页。
③ 《清实录·宣宗实录》,中华书局,1986年,第343页。
④ 参见姚莹:《覆黄又园书》,《东溟文外集》卷一,《续修四库全书》第1512册,第625页。

问题意识的改变。这种改变不是去否定经学的价值，而是去发掘经学中可以致用的内容。较之乾嘉汉学主要关注知识本身，其视野与目的都在逐渐发生改变。宋翔凤的友人李兆洛曾言："治经者知读书所以致用，必有观其会通而不泥于迹者，庶几六经之在天壤，不为占毕记诵之所荒，不为迂僻胶固之所串也夫。"①从这个角度来说，宋翔凤对《论语》的解读，不仅专注于《论语》微言的阐发，更是有着明确的目的性，意图阐释圣人之学在现实社会中如何践行，而这种践行亦是对圣人之学在生活世界中的检验。在他的理解中，此种学问具备改变人心风俗的功能，而非仅供读书人训诂考据的文本。因此宋翔凤在《论语说义》中即言："立一王之法，成一代之礼，必以所损益者顺乎人情，即以所不变革者维乎世运。孔子受命作《春秋》制，去周之文从商之质，亦以人心风俗，其机可乘也。"②如果从传统士人经世致用的志向来看就不再是一句空话，而他对《论语》的公羊化注解，对圣人义理的探求，自然与其内心强烈的社会政治目的相关联。

之后师承宋翔凤的戴望，一方面吸收刘逢禄、宋翔凤的解释，间接承认了公羊学、《论语》与圣人之学的贯通性，同时还借助颜氏之学，体现他所认可的圣人之学在道德践履，不在玄虚空谈。而宋翔凤所认可的以礼治世的理念被戴望所沿袭，作为关注社会问题的士大夫，宋、戴与龚、魏一样皆意在彰显圣人之道的经世功能。而龚、魏二人推崇庄、刘公羊学，便是聚焦在公羊学的经世性，这也正是刘、宋、戴不断努力阐释儒家经典之所在。只是龚、魏放大了公羊学的经世层面，因此魏源才能说出"鲁一变至道也"，此道便蕴含了圣人之学为后世变法改制的政治功能。可惜的是，他们所汲汲追寻的圣人之道并未能解决现实困境，因此清季廖、康、皮等人在西学的不断冲击下才又重酿新论。

---

① 李兆洛：《周官记序》，《养一斋文集》卷二，第 25 页。
② 宋翔凤：《论语说义》卷五，第 2b 页。

第四章
龚自珍的道问学与孔学的经世义涵

一、龚自珍与嘉道间的经世思潮

　　经世思想,自古有之。概括起来,主要包括两个层面:一方面强调个人道德的完善,注重修身;一方面则关注外在政治制度、文化力量的建设,以求理想社会政治秩序的实现。① 清代乾嘉时期训诂考据之学兴盛,加之国家集权意识的强化,学人对社会政治多不措意。嘉庆之后,社会危机层出不穷,有志之士忧心焦虑,为求解决社会问题,他们积极寻求消除弊病之途径,因而形成了一股强有力的经世思潮。诸多士人不仅从现实着手改革各种制度,同时亦希望从经典中获得可行之道。

　　在龚自珍、魏源之前,乾隆时期的汪中,即以治学为经世致用,他说"尝有志于用世,而耻为无用之学,故于古今制度沿革,民生利病之事,皆博问而切究之,以待一日之遇"②,"中少日学问,实私淑顾宁人处士,故尝推六经之旨,以合于世用"。③ 章学诚亦提出史学以经世的口号,当然他所针对的是乾嘉考据学,少了些后来学者的忧患意识。但这种经世之志,随着时势语境的转变,在嘉道间士人中逐渐积累声

① 参见张灏:《宋明以来儒家经世思想试释》,《幽暗意识与民主传统》,新星出版社,2010年,第72—92页。
② 汪中:《与朱武曹书》,《汪中集》卷七,中国文哲研究所筹备处,2000年,第291页。
③ 汪中:《与巡抚毕侍郎书》,《汪中集》卷七,第286页。

势。不少学者把焦点由书斋移至社会现实,由训诂考据之学转而探究经世致用之学。譬如沈垚,早年治汉学,后来转向史地之学。沈垚曾说:"汉宋诸儒,以经术治身则身修,以经术饰吏治则民安。"[①]与常州学者关系密切的李兆洛推崇西汉经世之学[②]。包世臣亦注重经世之学,不喜章句考据之说,十分推崇顾亭林之学,"叹为经国硕猷,足以起江河日下之人心风俗,而大为之防"。[③] 在这种漫延的声势中,龚自珍深入观察社会诸多弊端,认为政治改革势在必行。他曾言:"自乾隆末年以来,官吏士民狼艰狈蹶,不士、不农、不工、不商之人十将五六……承乾隆六十载太平之盛,人心愤于泰侈,风俗习于游荡,京师其尤甚者。自京师始,概乎四方,大抵富户变贫户,贫户变饿者,四民之首奔走下贱,各省大局岌岌乎不可以支日月,奚暇问年岁?"[④]此即可见其对吏治及社会问题的批评。由此他提出:"无八百年不夷之天下,天下有万亿年不夷之道。……一祖之法无不敝,千夫之议无不靡,与其赠来者以劲改革,孰若自改革?"[⑤]龚自珍对于政治改革的呼喊,正是嘉道时期时势所趋,由此激发士人去思考社会政治之弊病,从而唤醒传统文化中的经世致用之精神。龚自珍的友人魏源亦主张改革,昌言"天下无数百年不弊之法,无穷极不变之法,无不除弊而能兴利之法,无不易简而能变通之法"。[⑥]

二、继承与变异:龚自珍
今文经学的实质

　　自从梁启超把龚自珍归为常州学派后,龚自珍与今文经学的关

① 沈垚:《与许海樵》,《落帆楼文集》卷九,《续修四库全书》第 1525 册,第 481 页。
② 参见李兆洛:《两汉五经博士考序》,张金吾《两汉五经博士考》,第 1 页。
③ 包世臣:《读亭林遗书》,《艺舟双楫》卷八,同治十一年(1872)安吴四种刻本,第 22a 页。
④ 龚自珍:《西域置行省议》,《龚自珍全集》,第 106 页。
⑤ 龚自珍:《乙丙之际箸议第七》,《龚自珍全集》,第 6 页。
⑥ 魏源:《魏源集》,第 36 页。

系被许多学者分析研究。通观龚自珍的著作,他对今文经学的热情充斥于诗文间。他在所写的庄存与神道碑中,对庄氏之《尚书》学,大加赞扬。在《己亥杂诗》中,则有些偏激地表明自己对刘逢禄公羊学的推崇。[①] 当然,这其中言辞的修饰与玄虚成分亦是在所难免。但从史实来看,龚自珍青年时期曾习公羊学于刘逢禄,于庄绶甲习闻庄存与治学理念,其著述中不时流露的公羊学因素,都可证明龚自珍与今文经学的非常关系。龚自珍的时代,正是清代学术的转变时期。他对今文经学的褒扬,不仅是简单的学术思想的宣传,更是蕴含着深刻的社会忧患意识,其以经致用的倾向十分明显。

我们借由学者编纂的龚自珍年谱,可知龚氏青少年时期受其外祖父段玉裁影响很大。段氏作为乾嘉汉学的代表人物,最为擅长的便是小学,其《说文解字注》即为其学术之缩影。通观龚自珍的著述,乾嘉汉学的影响并未间断(其《抱小》便是他推崇小学的证明)。

在龚自珍浸润汉学之际,常州学人便已经为摆脱东汉贾、郑学之窠臼,而上溯西汉今文经学,以求学术方法与思想的革新。龚自珍的志业才气造就了他的不寻常,他关切社会政治的忧患意识,使得他在与刘逢禄第一次相见时,便找到了学术的共鸣。龚自珍意识到公羊学的价值,这种价值与其一直关切的社会政治问题有着必然的联系。正如魏源所说:"今日复古之要,由故训声音以进于东汉典章制度,此齐一变至鲁也。由典章制度以进于西汉微言大义,贯经术政事文章于一,此鲁一变至道也。"[②]龚、魏都有意借助今文经学,寻求圣人之道,以清除当下弊病。我们需要知晓,他们所理解的今文经学与历史中的西汉经学是有所区别的。他们认为西汉今文经学家能够以经决狱,是经学者经世致用的典范,其中尤以公羊学为代表。作为一位关

---

① 龚自珍:《龚自珍全集》,第 514 页。
② 魏源:《刘礼部集叙》,《刘礼部集》,第 2 页。

注社会危机的士大夫,今文经学对他的巨大吸引,主要源于自身所处的时代,这种历史语境导致他更在意西汉今文经学的功用。龚自珍曾作《春秋决事比》文,便是从经义中找到现实律法的依据,可谓是汉人以经决狱的效仿。

众所周知,常州公羊学的早期人物庄存与,为乾隆时代之人,彼时社会也较嘉道时期安定,故庄氏之言说在鼓吹时务建设,不在社会改革。同时,庄氏也无意偏袒今文经学。而之后的刘逢禄,专守何氏公羊学,总结何休的公羊学条例,走向了专经的道路。刘逢禄的这种治经现象,其实是受了汉学者的巨大影响。乾嘉时期专治一经的现象非常突出,基本是一种竭泽而渔式的诠释经典的方法。而刘逢禄虽然小学方面的考证不多,但他仍是以专经方式来研究何休公羊学①。但在公羊学的研究中,刘氏也关注学术与社会道德政治的关系。随着社会环境的转变,问题逐渐凸显,龚自珍在早年文章中便已流露出忧患意识。诸如士人道德败坏,社会贫富不均,各种制度的不合理,加之时不时出现的民间暴动,都在时时提醒龚自珍等关切国家命运的士大夫。可以说在传统社会境况之下,常州今文经学为龚自珍寻求解决社会问题提供了一定的知识基础。

龚自珍有关今文经学的解读,可通过他的著述得以窥见。他曾作《左氏决疣》《左氏春秋服杜补义》《两汉君臣称春秋之义考》,这些著作如今已经亡佚,但由题目可推测龚自珍对今文经学尤其是公羊学的关注。与此学相关的常州之学,龚自珍更是作文大加赞赏。比如,他认可庄存与摆脱《尚书》学的真伪问题,聚焦在《尚书》学的致用层面上②,这与龚氏的经世取向相吻合。所以龚自珍对此推崇备至,甚至认为

---

① 参见本书有关刘逢禄的讨论。另外,汪晖在其《现代中国思想的兴起》中便视常州今文经学为乾嘉学术的有机部分(《现代中国思想的兴起》,第492—497页)。

② 阮元《庄方耕宗伯说经序》评价庄氏《尚书》学:"《尚书》则不分今古文文字同异,而剖析疑义,深得夫子序《书》、孟子论世之意。"(《味经斋遗书》卷首)

庄氏"以求其实之阴济天下"。① 同样,龚自珍对《尚书》学的研究,在其《大誓答问》中有所体现,文中他批评古文经学,正可反衬出他对西汉今文经学的尊崇②。当然,这种现象并不能完全认定他偏袒今文经学,因为他曾言治《书》《诗》并无门户之见。③ 正如清末朱一新所言:"儒者治经,但当问义理之孰优,何暇问今古文之殊别。近人别今古文,特欲明汉人专家之学,非以古文为不可从,必澌灭之而后快也。"④

另外,他对刘逢禄之学的热爱,前面我们已经说到。他甚至跟随刘逢禄的脚步,以驳斥刘歆《左传》学。⑤ 他在经学的讨论中,专门指出自己与刘逢禄的异同⑥,这种讨论也从侧面说明其自我无形中受到刘逢禄公羊学的影响。《定盦先生年谱》记载他"成《春秋决事比》六卷,申刘礼部之谊"⑦。可知龚自珍以《春秋》为明礼决狱的典范,实则与刘逢禄无异。刘逢禄在其《春秋公羊释例后序》中说:"拨乱反正,莫近《春秋》。"《释特笔例中》说:"或称《春秋》为圣人之刑书,又云五经之有《春秋》犹法律之有断令。而温城董君独以为礼义之大宗,何哉? 盖礼者,刑之精华也,失乎礼即入乎刑,无中立之道。故刑者,礼之科条也。……故持《春秋》以决秦汉之狱,不若明《春秋》以复三代之礼。"⑧

---

① 龚自珍:《资政大夫礼部侍郎武进庄公神道碑铭》,《龚自珍全集》,第 141 页。台湾学者周启荣认为龚自珍对今文经学的兴趣受到庄存与《尚书》学的影响。参见周启荣:《从狂言到微言:论龚自珍的经世思想与经今文学》,《近世中国经世思想研讨会论文集》,近代史研究所编,1984 年,第 302 页。

② 《大誓答问第十一》云:"观刘歆欲立古文,太常以无师说不肯立,岂欧阳之笃谨,不如后来之博士?"按龚自珍所以有此论,在于他认为欧阳、夏侯之学,始初未立博士,与之后博士学并不同(《龚自珍全集》,第 69 页)。

③ 《大誓答问第二十四》云:"今文、古文同出孔子之手,一为伏生之徒读之,一为孔安国读之。未读之先,皆古文矣;既读之后,皆今文矣。"《己亥杂诗》自注:"予说《诗》以涵泳经文为主,于古文《毛》、今文《三家》,无所尊,无所废。"(《龚自珍全集》,第 515 页)又参见张丽珠:《嘉道经世潮中龚自珍"援经议政"的今文学走向》,《彰化师范大学文学院学报》2016 年第 13 期。

④ 朱一新:《朱侍御答康长孺第三书》,《康有为全集》第 1 集,第 321 页。

⑤ 龚自珍:《己亥杂诗》,《龚自珍全集》,第 514 页。

⑥ 龚自珍:《春秋决事比答问第五》,《龚自珍全集》,第 64 页。

⑦ 吴昌绶:《定盦先生年谱》,《龚自珍全集》,第 621 页。

⑧ 刘逢禄:《释特笔例中》,《刘礼部集》卷四,第 73 页。

对此,龚自珍十分赞同,他在《春秋决事比自序》中很明显继承刘氏的观点:"九流之目,有董仲舒一百二十篇,其别《公羊决狱》十六篇,颇佚亡,其完具者,发挥公羊氏之言,入名家;何休数引汉律,入法家;而汉廷臣援《春秋》决赏罚者比比也,入礼家矣,又出入名法家。或问之曰:任礼、任刑,二指孰长? 应之曰:刑书者,乃所以为礼义也;出乎礼,入乎刑,不可以中立。"① 龚自珍贯彻刘氏《春秋》为礼义之宗的观念,因而为复三代之礼,又提出所谓的尊史之论。这种史学的论调虽然并未发自刘逢禄,但刘逢禄明《春秋》以复三代之礼的思路很显然启发了龚氏的追本溯源。②

龚自珍推崇公羊学,主要集中在两点,一是改制,二是三世。二者有共同的特点即陈其泰所说的公羊学"变易"思想,而且即为针对当下社会政治弊病所言。这两点在龚自珍著述中十分突出。公羊学改制,倡导一时代有一时代之制度,其中的变易思想则呼应了当下自改革的诉求。可见龚自珍用此学说,无非是从经典中为解决社会危机找到可行的凭借,而权威的经典正是传统社会中令人信服的典范。但同时亦可以看出,龚自珍所看重的改制学说,在庄、刘等人著述中并未受到重视。庄、刘在意的是道德层面的完善,而龚自珍则更关心社会政治制度的变革。这种现象并不奇怪,时势的变化必然引起士人思想的变动,经义的阐释也会随之有所不同。③

另外,三世说作为何休公羊学的核心,刘逢禄在总结何休例时有一番讨论。而龚自珍借用三世说,不再关注辞例的解读,而是把它广泛应用到经典的阐释中(比如《礼运》《洪范》《诗经》)。三世概念所体现的时间与空间的不同,成为龚自珍主观解读经典的方法,而他的根

---

① 龚自珍:《春秋决事比自序》,《龚自珍全集》,第 233 页。

② 参见汪晖:《现代中国思想的兴起》,生活·读书·新知三联书店,2015 年,第 502 页。

③ 牟润孙在其文章《龚定庵与陈兰甫》中说龚自珍"借讲公羊之学悟到西汉今文儒者称孔子为素王,说孔子作《春秋》,即是改制立法。孔子如此,今之儒者为何不可上法孔子,由儒生创作,改制立法,以从事改革?"(牟润孙:《注史斋丛稿》(增订本),第 668 页)

本目的在以此观念阐明文致太平之义。① 希冀当下时代积极改革，以求复三代太平之盛世。龚自珍对三世说的看重，至清末被康有为融合西学而发扬光大。② 康氏以三世说解释社会的不同发展阶段，倡言孔子改制说，盖受龚自珍所启发。③ 由于社会政治的变化，康氏与龚氏在公羊学的理解上有很大不同。龚自珍意在明三代之道以改革，无意去抬高孔子地位；而康有为则意在尊孔改制，已深受西方政治、宗教的影响。

可以说龚自珍对公羊学此二点的强调，虽然对庄、刘之学有所借鉴，但传统社会内部士大夫的经世思想，促使经典的研究并非纯粹的为学问而学问，而是经典成为了他们解决时代弊病的工具。也就是说，时过境迁，他们对经典理解的角度与层次是不同的。由于存在这种差异，我们可以看出龚自珍对《春秋》义理的关注在于经义如何为现实所用，即如何最为有效地指导社会政治的改革。

清末朱一新说："刘、宋、戴诸家，牵合《公羊》《论语》为一。于庭复作《大学古义》以牵合之，但逞私意，不顾上下文义。定庵专以张三世穿凿群经，实则公羊家言惟张三世最无意义。"④朱氏不喜公羊学家，但其论刘、宋、龚三人之学的不同，也是有道理的。前文我们已经讨论过刘逢禄、宋翔凤之学，刘逢禄以公羊释《论语》，而宋翔凤则以公羊学为核心，注释群经，其《大学古义》与《论语说义》都在意图阐释圣人之学的真谛。之后，龚自珍不仅关注《春秋》公羊学，更由此学上

① 参见龚自珍：《五经大义终始答问一》《五经大义终始答问四》，《龚自珍全集》，第46、47页。又可参阅张寿安：《龚自珍学术思想研究》，第104—107页。
② 岛田虔次：《中国思想史研究》，第357页。
③ 这种影响实际上局限于知识的理解，与康有为的核心思想有较大距离，毕竟康有为对公羊学概念的理解，已经不再局限于传统经学内部的讨论，正如梁启超所云："近人祖述何休以治《公羊》者，若刘逢禄、龚自珍、陈立辈，皆言改制，而有为之说，实与彼异。有为所谓改制者，则一种政治革命、社会改造的意味也，故喜言通三统，三统者谓夏商周三代不同，当随时因革也。喜言张三世，三世者谓据乱世、升平世、太平世，愈改而愈进也。"（梁启超：《清代学术概论》，第79页）
④ 朱一新：《无邪堂答问》卷一，中华书局，2000年，第4页。

溯先秦两汉,借由公羊学而理解孔子,进而由孔子进入三代,简单来说就是由经入史,延续章学诚文史校雠之学的思路。可见相较于刘逢禄、宋翔凤对孔子微言大义的关注,龚自珍更希望了解孔子之学的源头。所以他对《春秋》改制论、三世说的反复言说,都是解释三代之学的方法与工具。

三、尊史与经世

前文我们就龚自珍与今文经学的关系做了一番讨论,可知龚自珍对常州庄、刘之学既有继承,亦有发展,而且最为明显的是龚自珍摆脱了庄、刘局限六经的研究模式,即不再局限于六经章句的考证与论述,反而开始探究早期中国的学术源流,进而走入了史学的学术范畴。对此,钱穆看到了龚自珍与章学诚的学术渊源,他说:"章氏六经皆史之论,本主通经致用,施之政事。其前有李恕谷,后有包慎伯、周保绪、魏默深,与实斋皆以游幕而主经世。其大胆为朝廷改制者,则始于包氏之《说储》。……经生窃其说治经,乃有公羊改制之论。龚定盦言之最可喜,而定盦为文,固时袭实斋之绪余者。公羊今文之说,其实与六经皆史之意相通流,则实斋论学,影响于当时者不为不深宏矣。"①正如钱穆所论,龚自珍尊史与章学诚之史论,皆主经世致用。同样,今文经学在龚自珍眼中亦为经世而发,故二者可在此层面相通融。

龚自珍对史的研究,最初与汉代经学的研究有很大的关系。他在《张南山国朝诗徵序》中说"龚自珍年三十四,著《古史钩沉论》七千言②,

---

① 钱穆:《中国近三百年学术史》,第 428 页。按公羊学者经世,早已有之。常州学者多有经世之志,与章学诚关系不大。但龚自珍受章学诚影响当不假。
② 《定盦先生年谱》云:"案《国朝诗徵序》:年三十四,著《古史钩沉论》七千言,具稿七年,未写定。已亥杂诗注则系于癸已岁,盖其时方成,今所存四篇,不足五千言,则删省多矣。"按癸已为四十二岁时。盖此时写定前,龚自珍已与刘逢禄、宋翔凤等有密切往来,进而受常州公羊学之影响(《龚自珍全集》,第 610 页)。

于周以前家法,有意宣究之矣"。① 经学的研究,使学者对汉代今古文家法有了清晰的理解。龚自珍之前,刘逢禄等人已经有十分明显的今古文经学区分的观念。同时,章学诚的校雠之学,也为把握学术源流提供了另外一种途径。在这些学术资源的推动下,龚自珍由西汉今文经学上溯三代,考察学术的发展源流。他在对先秦两汉学术的梳理中,得出了史为学术之源、经为史之别子的观点:

> 周之世官大者史,史之外无有语言焉,史之外无有文字焉,史之外无人伦品目焉。……是故儒者言六经,经之名,周之东有之。夫六经者,周史之宗子也。《易》也者,卜筮之史也……《春秋》也者,记动之史也。……《礼》也者,一代之律令。……故曰:五经者,周史之大宗也。孔子殁,七十子不见用,衰世著书之徒,蜂出泉流。汉氏校录,撮为诸子。诸子也者,周史之小宗也。②

他把后世尊崇的六经统归为史,看似在破坏六经的权威地位,实际上此非龚自珍之意。他在《六经正名》中说:"孔子之未生,天下有六经久矣。"③"仲尼未生,先有六经;仲尼既生,自明不作;仲尼曷尝率弟子使笔其言以自制一经哉! 乱圣人之例,淆圣人之名实,以为尊圣,怪哉! 非所闻,非所闻,然且以为未快意,于是乎又以子为经。"④他认为六经在孔子之前已经出现,而孔子不过是述周公之志⑤,从而借六经以宣扬周道。而周道在龚自珍看来正是孔子所要弘扬的治天下之道,所以说"周道不可得见矣,陟孔子之道求周道,得其宪章文武者何事、梦周公者何心、吾从周何学,逸于后之谭性命以求之者……自珍于

---

① 龚自珍:《张南山国朝诗征序》,《龚自珍全集》,第206页。
② 龚自珍:《古史钩沉论一》,《龚自珍全集》,第21页。
③ 龚自珍:《六经正名》,《龚自珍全集》,第36页。
④ 龚自珍:《六经正名》,《龚自珍全集》,第38页。
⑤ 龚自珍:《大誓答问第六》,《龚自珍全集》,第48页。

大道不敢承,抑万一幸而生其世,则愿为其人欤!"①

　　龚自珍意在"阶孔子之道求周道",所以他从学术史角度把孔学归于周史之中:"史有其官而亡其人,有其籍而亡其统,史统替夷,孔统修也,史无孔,虽美何待?孔无史,虽圣曷庸?"②至于与孔子密切相关的《春秋》,他则指出"孔子与左丘明乘以如周,获百二十国之书,夫而后《春秋》作也"。③可见他这种类似章学诚六经皆史的观念,使得两汉经学、孔子之学,都成了解密三代之学的工具。由此他对公羊之学乃至《春秋》微言大义的理解,不再局限于经学内部的讨论,而是一种由经到史的溯源。这种溯源并非是弱化经的意义,实则揭示经所承载的最大价值,这种价值源自三代之学。晚清学者对公羊学的看重,核心在于解读孔子微言大义,而孔子的思想源头在三代,这是传统学人的共识。刘逢禄较多关注汉代公羊学,而宋翔凤则关注《论语》,都未能在真正意义上讨论三代之学。所以,龚自珍这种学术源流的考辨,在关注三代之学时,意在承认六经的崇高地位,宣扬经典在经世层面的权威性。

　　他在《乙丙之际箸议第六》中说:

> 　　自周而上,一代之治,即一代之学也;一代之学,皆一代王者开之也。……天下不可以口耳喻也,载之文字,谓之法,即谓之书,谓之礼,其事谓之史。……民之识立法之意,者谓之士。士能推阐本朝之法意以相诚语者,谓之师儒。……陈于王,采于宰,信于民,即必以诵本朝之法,读本朝之书为率。师儒之替也,源一而流百焉……各守所闻,各欲措之当世之君民,则政教之末

① 龚自珍:《古史钩沉论二》,《龚自珍全集》,第24页。
② 龚自珍:《古史钩沉论二》,《龚自珍全集》,第24页。
③ 龚自珍:《古史钩沉论二》,《龚自珍全集》,第23页。按,此从谶纬之说。龚氏厌恶谶纬之论,此处却据谶纬说,实则为吻合其尊史观念。

失也。虽然,亦皆出于其本朝之先王。①

此文表露出龚自珍的心声,即他对史的溯源,根源在于把学术的源流统归于三代,因为三代之时,政教未失,并无后世道术为天下裂的现象出现。可见他所希望的是一个君道与师道合一的时代,君师合一则为道行,为治世,而君师分离则道隐,即为乱世。② 由此我们便会明白龚自珍汲汲于经史源流的讨论,在于说明三代政教未失的理想社会下,学术与现实政治的完美结合。而在后世的发展变化中,政教则趋于分离,他说:

> 后之为师儒不然,重于其君,君所以使民者则不知也;重于其民,民所以事君者则不知也。生不荷耰耡,长不习吏事,故书雅记,十窥三四,昭代功德,瞠目未睹,上不与君处,下不与民处。由是士则有士之渊薮者,儒则别有儒之林囿者,昧王霸之殊统,文质之异尚。其惑也,则且援古以刺今,嚣然有声气矣。是故道德不一,风教不同,王治不下究,民隐不上达,国有养士之赀,士无报国之日,殆夫,殆夫!③

此段所论在明政教之统一,与章学诚一致。文中贬斥士人未能承担起效法先王立法之意,导致道德风俗败坏。可见龚自珍意在推阐本朝先王之法,统一道德风教,以求从根本上解决社会问题。此文亦可见龚自珍早年的经世思想,其后所论经、史的观念无非是在此基础上的延伸。总之,在龚自珍尊史的背后,蕴含了他深刻的现实追求,希

---

① 龚自珍:《乙丙之际塾议第六》,《龚自珍全集》,第4页。
② 参见杨念群:《儒学地域化的近代形态——三大知识群体互动的比较研究》(增订本),生活・读书・新知三联书店,2011年,第21页。
③ 龚自珍:《乙丙之际塾议第六》,《龚自珍全集》,第5页。

冀实现三代政教合一的理想状态,以求根本上解决社会危机,挽救人心风俗。

正如他所说:"人臣欲以其言裨于时,必先以其学考诸古。不研乎经,不知经术之为本原也;不讨乎史,不知史事之为鉴也。不通乎当世之务,不知经史施于今日之孰缓、孰亟、孰可行、孰不可行也。"①因此龚自珍眼中的经史,不断溯源的目的在于回归到现实社会政治当中。即以经典作为解决现实社会弊端的工具,以求重新建构起一套法治,完成其所谓的"自改革"主张。如学者所言,龚自珍六经皆史的命题意在"将经的观点从史发展为日常的生活实践"②,也就是钱穆所言"苟明六经皆史之意,则求道者不当舍当身事务人伦日用,以寻之训诂、考订,而史学所以应事,固非空言著述"。③龚自珍《阮尚书年谱第一序》说"谈性命者疏也,恃记闻者陋也,道之本末,毕赅乎经籍,言之然否,但视其躬行,言经学而理学可包矣,觇躬行而喙争可息矣。且夫不道问学,焉知德性?"④所以在龚自珍看来,经史不是训诂考据的游戏,而是切实的治术。对此魏源说得较为明确:

> 曷谓道之器?曰礼乐。曷谓道之断?曰兵刑。曷谓道之资?曰食货。道形诸事谓之治,以其事笔之方策,俾天下后世得道而制事谓之经。……以《周易》决疑,以《洪范》占变,以《春秋》断事,以礼乐服制兴教化,以《周官》致太平……谓之以经为治术。⑤

在龚自珍眼中,与治术有关者,皆可为其所用。不必拘守家法章句,也不必专守一隅。他说:"古人文学,同驱并进,于一物一名之中,能

---

① 龚自珍:《对策》,《龚自珍全集》,第 114 页。
② 汪晖:《现代中国思想的兴起》,第 505 页。
③ 钱穆:《中国近三百年学术史》,第 428 页。
④ 龚自珍:《阮尚书年谱第一序》,《龚自珍全集》,第 227 页。
⑤ 魏源:《魏源集》,第 23—24 页。

言其大本大原,而究其所终极,综百氏之所谭,而知其义例,遍入其门径,我从而管钥之,百物为我隶用。苟树一义,若浑浑圆矣,则文儒之总也。"①龚自珍"百物为我隶用"的观点,正是他治学的真实写照。所以他针对时人尊德性与道问学的探讨中,并不偏袒一方,而是希望兼具。②

龚自珍在《陈硕甫所箸书序》中说道问学乃是尊德性之基,即道问学的探索在于进一步深入尊德性,在他看来,尊德性包括"闻性道与治天下"。龚自珍本人非常看重道问学,尤其受到段玉裁之影响,但他不以道问学为治学之终极,也正是要指出学以致用。所以他特意指出道问学与治天下的关联,都在有意言说经史知识与政治改革的必然性。③ 从这点来说,龚自珍对于知识的认知,依旧未能脱离清初顾炎武的道问学之路。

因此,龚自珍本人无论治经还是治史,都并非为学术而学术,其心中充聚的忧患意识,使得他希望在经典的爬梳中,找寻治天下之道,这是他作为一个士大夫的责任,也是他毕生的追求,所以他喊出了改革的口号。在"自改革"的呼声中,对人才的重视,是其时刻无法忽略的:

> 载籍,情之府也。宫庙,文之府也。学士大夫,情与文之所钟也。入人国,其士大夫多,则朝廷之文必备矣,其士大夫之家久,则朝廷之情必深矣。……故士气申则朝廷益尊,士业世则祖宗益高,士《诗》《书》则民听益美。④

① 龚自珍:《与人笺一》,《龚自珍全集》,第336—337页。
② 龚自珍《江子屏所箸书序》:"孔门之道,尊德性,道问学,二大端而已矣。……圣人之道,有制度名物以为之表,有穷理尽性以为之里,有训诂实事以为之迹,有知来藏往以为之神。谓学尽于是,是圣人有博无约,有文章而无性与天道也。"《龚自珍全集》,第193页。
③ 龚自珍:《陈硕甫所箸书序》,《龚自珍全集》,第195页。
④ 龚自珍:《乙丙之际塾议第二十五》,《龚自珍全集》,第12页。

> 自古及今，法无不改，势无不积，事例无不变迁，风气无不移易，所恃者，人材必不绝于世而已。①

他对士的关注，来自改革的迫切需求，更是对士人不知廉耻的回应。

龚自珍继承章学诚六经皆史的论调，强调三代政教合一的理想社会状态，借此反映他对现实的抨击，对理想的追求。可以说龚自珍希望当时的清王朝，效法三代，实现政教的合一，这也寓示他为了解决危机，迫切需要国家政治权力的统一，只有权力统一于帝王，各种政策才可以得到合理的贯彻，如此政教合一的可能性才会出现，而迫切需要解决的人心风俗也可得以整饬。因此我们认为无论是史学，还是今文经学的研究，都与清王朝的现实政治有密切关系，是龚自珍等知识分子身处社会政治当中所作出的恰当回应，同时随着时代的转变，后世学人亦不断受其影响。

结　　语

侯外庐曾言龚自珍经世思想与常州学派关系不大，且指出龚自珍未能恪守今文经学的传统，对于今古文经学没有偏袒之见。② 他的看法是有一定道理的，龚自珍对公羊学的兴趣，并不在家法门户之争，而是为社会政治问题去寻求解决方法。龚自珍本人在接触今文经学之前便有明确的经世取向（如《明良论》所言），他延续章学诚的尊史之论，主张社会变革。因此简单地把他归入常州庄刘公羊学派中，不仅无法凸显此时公羊学的复杂性，也狭隘了龚自珍的经学思想。实际上，龚自珍眼中的公羊学，没有魏源的激烈偏见，也就无意

---

① 龚自珍：《上大学士书》，《龚自珍全集》，第319页。
② 侯外庐主编：《中国近代哲学史》，人民出版社，1978年，第25页。

于今古文经学的争论。他的经史之论,即可体现龚自珍对经学的理解,建立在其六经皆史的观念之下,如此也就促使他跳脱出两汉经学的纠缠,从学术史角度理性分析经、史之关系,从而认识到经、史之学核心精神的一致性。而孔子六经中的微言大义也就不再是孔子的独创,而是源自三代之学,而孔学中的一贯之道,正是三代之道的延续。由此我们就可理解,龚自珍对公羊学的解释,以及借助公羊学的概念去阐释《诗》《书》等经义,都在探究治世之法。所以不管是两汉之经,还是三代之史,在他皆可有助"自改革"。龚自珍之学已经不再拘泥于汉宋学的讨论,因此他所理解的公羊学由以论学为主转向以议政为主,也就是梁启超所谓的"喜以经术作政论"。①

---

① 梁启超:《清代学术概论》,第77页。

第五章
戴望公羊学与颜元、戴震之学的融通

　　戴望曾受学于陈奂、宋翔凤，习知汉代今文经学。他推崇汉人经学，并不排斥训诂考据之方法。身处清代政治衰败之际，士人纷纷转向经世之学的探讨。综观戴望短暂的一生，治学意在经世，他早年研读《颜氏学记》时便已可见此志向，而当时社会中经世思潮的热烈，亦促使他重估不同知识的价值与义涵。他后来投入曾国藩幕下，亦怀有经世之志，但并未受曾氏重用，无非为其校书而已。然而颜氏之学对戴望的影响，正是时刻督促他从实践层面去彰显圣人之道的真谛，但残酷的现实未能如其所愿。另一方面，戴望虽然与许多学者有亲密的交往，真正投缘者却甚少。[①] 他在曾国藩幕下时，便与宋学派学者不睦。戴望推崇公羊之学，又喜戴震义理之学，这都是宋学派所排斥的。因此，戴望治学取向的多样化，使得民国以来学者在梳理清代学术史时，有时将他归为颜李学派，有时划入常州公羊学派[②]。然而综观戴望著述，这种学派的划分本质上失之肤浅，毕竟我们不可依据学者所分学派去简单理解戴望的学术思想。

　　刘师培在其《戴望传》中总结戴望之学有二派，一为实用学，一为

---

① 戴望与谭献之书信言："金陵自设书局，名士麇集，然多考据之经学。江西宗派之诗，桐城之文笔，下者为理学家言。望所心契者，武进刘岂生、湘乡左孟星及中白三人而已。"《复堂师友手札菁华》，人民文学出版社，2015年，第112页。

② 参见章太炎：《訄书》，《章太炎全集》，第157页；钱穆：《中国近三百年学术史》，第608页；梁启超：《中国近三百年学术史》，第268页。

微言大义学。① 刘氏所言不误,戴望诗中即透露治学之倾向:"巨儒二百载林立,吾独倾心大小庄。亦有北方颜李学,天衢朗朗日重光。"② 刘师培又言:"然先生非无意时事者,潜心兵农礼乐之学,晓然于民生利病所在,慨民柄之不申,嫉国政之失平。"③ 可知戴望治学非常重视"用"(实践)的层面,这也可以理解他为何厌恶理学,毕竟在他看来理学家注重对"体"(义理)的探求而忽略对"用"的关注。而颜氏之学,一反理学空虚,宣扬圣人之学不局限于知识的获取,而在学以致用,突出圣人之学的实践功能。因此刘师培所言戴望思想的两个核心,其根本还是归于"用"这个层面上。颜李之学、戴震的义理之学以及公羊学,这三种思想看似不一,却在戴望经世致用的观念下归于一致。可见推崇公羊学的戴望,并非简单地沿袭刘逢禄、宋翔凤的公羊学思路,他对戴震、颜李学的接受,都与其公羊学的阐释密切相关。总之,欲理解戴望的公羊学,必须要清楚他心目中戴震、颜李学的样子。

一、戴望与颜元、李塨之学

戴望曾自述年十四时接触颜李学著述之经过,然在当时由于文献不足,并未专注于颜李学的研究。此后,他从陈奂、宋翔凤治学,了解到西汉儒说,才对颜李学的理解加深,并感叹"颜先生当旧学久湮,奋然欲追复三代教学成法,比于亲见圣人,何多让焉!"④ 我们通过他的自述,可知戴望意识到西汉今文经学与颜李之学,并无根本的矛盾,而是可以贯通为一。所以他的感叹,源于通过今文经学的探索,

---

① 戴望:《谪麐堂遗集》,第 3b 页。
② 戴望:《谪麐堂遗集》,第 3b 页。
③ 戴望:《谪麐堂遗集》,第 3b—4a 页。
④ 戴望:《颜氏学记·序》,中华书局,1958 年,第 3 页。

加深对孔学微言大义的理解。在这种认知基础上,他对颜李学的理解也就较之早年更为深入,由此夯实了他对"颜李之学,周公孔子之道也"①的认定。

颜李之学即以颜元、李塨为代表,颜元重实行而轻知识,但是颜元并非完全排斥知识,毕竟他需要运用经典以阐释心目中圣人之学的真面目,同时抨击理学的无用。② 因此颜元归纳圣人之学的核心在"三物之教"③,即圣人学、教、治三个层面的统一。④ 对于这种看法,颜元弟子李塨,以及戴望都是认可的,而这点在戴望的著作中时不时有所显露(参见下文所举例子)。李塨一方面继承了其师的衣钵,一方面在时代大潮下,深受毛奇龄、全祖望等人的影响。这些学者,基本都对汉代经学有深入的研究,他们通过训诂考据的治学方式,重新对经典加以解读,从而打破理学的论断。同样,颜元对理学的认识也是来自他对早期经学文献的探索,由此产生了对理学的排斥。所以虽然两种完全不同的学派,但他们产生观点的方式存在着共同点。李塨著述中也深受这种实证之学的影响,他曾与一些学者探讨过这种治学方法。⑤ 这是乾嘉汉学逐渐成为治学主流的必然趋势。因此颜李之学作为清初的一大学派,在乾嘉汉学盛行之际自然退居边缘。

但很显然,戴望看重颜李之学,在于该学派对事功的看重,而并非汉学的治学方法。他说:"圣门弟子以竤业为本,唯在实学、实习、

---

① 戴望:《颜氏学记·序》,第 3 页。
② 钱穆:《中国近三百年学术史》,第 176 页。
③ 《周礼·大司徒》:"以乡三物教万民而宾兴之。一曰六德:知、仁、圣、义、忠、和。二曰六行:孝、友、睦、姻、任、恤。三曰六艺:礼、乐、射、御、书、数。"(孙诒让:《周礼正义》卷十九,中华书局,1987 年,第 756 页)
④ 戴望:《颜氏学记·序》,第 5 页。
⑤ 李塨年谱中记载其与时人的对话:"非与今人较也,以程朱陆王皆自谓直接圣道,则学术人材世运系之矣。故不得不举尧舜周孔相比勘,庶继往开来,无所误也。"(李塨:《恕谷后集》,《李塨文集》卷四,河北人民出版社,2011 年,第 330 页)

实用之天下,而后儒侈言性天,薄事功,故其视诸贤甚卑也。"①颜元对圣人事功之学的提倡,源于他对宋明理学的剖析。他批评宋儒受佛教影响,已经远离孔孟之旨,尤指出"宋儒言气质,不及孟子言性善,将作圣之体,杂以习染,而谓之有恶,失践形尽性之旨矣"。② 简言之,颜元不认可理学的那套体系,由此他不赞同理学气质之恶的观点,他说"人之性命气质,虽各有差等,而俱是此善,气质正性命之作用,而不可谓有恶。其所谓恶者,乃由引蔽习染四字为之祟也"。③ 可知颜元对于宋儒理、气、性都持一定的否定态度。他不赞同理、气的二元论区分,认为天地间无非理气融为一片,主张气为宇宙之根本,而非宋儒所谓的天理。④ 由此必然涉及气质之性与义理之性的探讨。而颜元主张理气一元论,自然认为义理之性与气质之性无非一体,那么宋儒所谓的气质之性之恶的倾向,必然被其否定。所以他说:"盖气即理之气,理即气之理,乌得谓理纯一善,而气质偏有恶哉?"⑤他认为所谓的恶,并非源于气质的问题,气质之性都是天命所授,并无善恶之分。恶的出现在于"引蔽习染",即人在后天环境中,易受外界之影响,进而放荡不知检束,呈现违背人性之行为,故说:"恶者是外物染乎性,非人之气质矣。"⑥戴望亦十分推崇颜元有关恶的讨论,他在《处士颜先生传》中明言此论"有功于圣道最大"。⑦ 那么既然恶源于外界影响,如何防止外物的影响就成了一个重要的问题。为此,颜元曾简明指出:"道莫切于礼,作圣之事也。"⑧而礼与颜元所讲的实行有着密切的联系。因此他提出三物之教,即在于通过圣人之学,宣扬他所言

---

① 戴望:《颜氏学记·序》,第4页。
② 戴望:《颜氏学记·序》,第9页。
③ 颜元:《存学编》卷一,《颜元集》,中华书局,1987年,第48页。
④ 冯友兰:《中国哲学史》,中华书局,2014年,第840页。
⑤ 颜元:《存性编》卷一,《颜元集》,第1页。
⑥ 戴望:《颜氏学记》,第49页。
⑦ 戴望:《颜氏学记》,第4页。
⑧ 戴望:《颜氏学记》,第78页。

的以"行习"为核心的事功之学,来阻止引蔽习染对人的影响。正如钱穆所说:"习斋之意,在使天下皆习行于实事,而由习行以自明性道,即谓不明,亦已在性道之中矣。"①

《颜氏学记》中记载李塨友人乔已百的话,即以他人之言论证颜元对孔学实行之用意的肯定。他说:"孔子教人不过忠信、忠恕等语,不止罕言命,亦罕言性。盖性命之说渺茫,不如实行之有确据也。实行敦而性命自在其中矣,此孔子维世立教之深意也。"②由此颜元口中的依礼而践行,都在言说其对孔学实质的理解,这种解读抛弃程朱理学的道德论,转而阐发孔学的事功论。基于此,颜元及弟子李塨对格物的理解,亦是一反理学的论调,呈现出强烈的经世取向。③ 而且较之颜元,李塨有关礼的理解亦沿袭颜元的思路,从而加以深入。他认为所谓的礼,不仅是具体的礼仪,更是"统天下之理",此理即是所谓的广泛意义上的礼,他含括礼文声乐人伦政事。④ 可见李塨对礼之涵义的界定,排斥对理之本体的讨论,而转向礼的社会功能的界定,与乾嘉之后有关礼学的理解可谓殊途同归。戴望在注释《论语》时,即尤为关注礼的阐发。如《论语注·八佾》云:"知礼之本,则能通文质之变,以救世运。"他在《论语注·为政》中说:"孔子成《春秋》,绌夏存周,以春秋当新王,损周之文,益夏之忠,变周之文,从殷之质,兼三王之礼以治百世。"可见孔子作《春秋》,核心即在以综合三代之礼垂范于后世,成为治理天下之依据、准则,那么戴望对礼的理解,就很明显与李塨对礼的界定相一致。

戴望在颜氏学影响下,意识到六经之学的核心不在心性之学的

---

① 钱穆:《中国近三百年学术史》,第196页。
② 戴望:《颜氏学记》,第67页。
③ 李塨:《大学辩业》卷二。张仲诚曰:"修道即在性上修,故为学必先操存,方为有主。"先生曰:"是修性,非修道矣。周公以六艺教人,正就人伦日用为教,故曰'修道谓教'。盖三物之六德,其发现为六行,而实事为六艺;孔门'学而时习之'即此也,所谓格物也,格物而后可言操存诚正。"(《颜氏学记》,第71页)
④ 戴望:《颜氏学记》,第104页。

深究,而是应该回归到实践层面。他在《颜氏学记》中总结颜元之学,评价此学说独特处在于:"谓古人学习六艺以成其德行,而六艺不外一礼,犹四德之该乎仁。礼必习行而后见,非专恃书册诵读也。"①这也加深了他对理学的反感。颜元云:"宋儒之学,平心论之,支离章句,沉锢释老,而自居于直接孔孟,欲人之不贬之,得乎?"②《颜氏学记》中收录此语,可以说即为戴望所认同。他在与友人谭献的书信中也说到他对当时弥漫着的理学氛围非常反感,他说:"金陵自设书局,名士麇集,然多考据之经学,江西宗派之诗,桐城之文笔,下者为理学家言。望所心契者,武进刘岂生、湘乡左孟星及中白三人而已。"③另外,我们还会注意到,戴望对永嘉事功之学的关注④,虽然他于此未能有系统的阐发,但他对永嘉学的推崇,都与颜李学重实行的理念相一致。

公羊学的出现,并未因其荒诞神秘让戴望觉得无法理解或违背经学的本真,这种看似对圣人之学缺乏实证的主观性解读,反而启发他对圣人之学本来面目的坚信。这种认知即与颜李学所揭示的圣人之学在经世层面相通。虽然公羊学注重孔学微言大义的阐释,但庄存与、刘逢禄以降,微言大义的理解本就蕴含着强烈的事功目的,而公羊学中素王改制的观念也蕴含着明显的经世取向。因此,清代公羊学,在以董仲舒、何休为核心的诠释中,所建构的一系列知识系统,都在效法西汉今文经学的致用精神,即所谓的行王道而达至太平。所以目的的高度统一,以及颜李学与公羊学都有意跳过理学去探究孔学义理的思路,对戴望来说有着巨大的吸引力。

---

① 戴望:《颜氏学记》,第3页。
② 戴望:《颜氏学记》,第76页。
③《复堂师友手札菁华》,第112页。
④ 他与孙衣言书信,同治四年(1865)十月六日书写。见孙延钊:《孙衣言孙诒让父子年谱》,上海社会科学院出版社,2003年,第64页。

二、戴望《论语注》与孔学义理的阐释

戴望公羊学源于常州学派，而宋翔凤则是他了解此学的恩师，故而戴望《论语叙》中道出自己受到刘逢禄、宋翔凤的影响。① 而刘、宋对《论语》的解释实际上源自他们对孔子、《论语》、公羊学之间学理上的判断。② 这种认识导致他们确信《论语》与公羊学可以相互解读，从而抉发圣人微言大义。戴望在其《论语叙》中明确说："依篇立注为二十卷，皆櫽栝《春秋》及五经义例，庶几先汉齐学所遗，邵公所传，世有明达君子乐道尧舜之道者，尚冀发其旨趣，是正违失。"③可见他注释《论语》的志向。而且在戴望眼中，所谓的微言大义，并非汉人所言的"可怪之论"④，而是孔子的经世致用精神，只不过这种精神需要借助素王、改制等公羊学概念加以解读。他对这种核心精神或思想的获得，与颜元一样，都是借助经典的诠释。当然这种理解在重考据训诂的汉学家看来多少有些离谱，但我们并不能依据汉学家的标准来衡量，毕竟无论方式怎样，对经典的诠释都难逃个人的主观性理解。所以戴望本人固然深受乾嘉汉学的严谨训练⑤，但其思想宗旨却不在此，他只是借助这种手段去阐释他心目中的"微言大义"。而且戴望所谓的"微言大义"，在当时经学家眼中，并非空谈，陈奂自己就曾亲

---

① 《论语注》吸收了许多刘逢禄、宋翔凤的解释，戴望《注论语叙》云："深善刘礼部《述何》及宋先生《发微》，以为欲求素王之业、太平之治，非宣究其说不可。"（戴望：《谪麐堂遗集》，第 1b—2a 页）
② 刘逢禄：《春秋公羊经何氏释例序》云："赖有任城何劭公氏，修学卓识，审决黑白，而定寻董胡之绪，补严颜之阙。""董何之言，受命如响，然则求观圣人之志，七十子之所传，舍是奚适焉！"《春秋公羊经何氏释例》，第 3、4 页。
③ 戴望：《谪麐堂遗集》，第 1b—2a 页。
④ 何休：《春秋公羊传注疏序》，刁小龙整理《春秋公羊传注疏》，上海古籍出版社，2014 年，第 1 页。
⑤ 戴望曾向推崇西汉经学的陈奂学习，且戴氏自己注《论语》也并未忽略对字词的考量。

自道出他对西汉经学微言大义的关注①。可见，"微言大义"的追寻，是在清代经学家不断深入探究汉代经学之后而认识到的，而公羊学在汉代的经学语境中则是理解孔学微言大义的重要经典。由此，戴望在不同学者中所受到的影响，都导致他归一到对"微言大义"的探究，而最终无非是其核心思想在知识层面的论证与彰显。

戴望既然认为颜李之学与公羊学在理解圣人之学上可以殊途同归，那么在解读与儒家圣贤有关的典籍时，必然会就微言大义作出一番解释，从中我们就会看出他所认为的孔学义理核心之所在。

戴望留下的著作不多，据谭献说，他曾有一部涉及理学的著述②，至今我们不曾得见。现今可见的著述中，《论语注》当是体现戴望思想的重要文献。《论语注》中，戴望的注释并不复杂，其有意把文本的理解与公羊学相靠拢，便可见他对《论语》的理解，实则导源自刘逢禄。刘逢禄在其《论语述何》中有意挖掘何休对《论语》的理解，这与他对公羊学谱系的认知有关③。而《论语》作为记载孔子言行的文本，势必可以验证这种思想。宋翔凤的《论语说义》也是这种思路的呈现。因此，戴望既然推崇常州之学，也就必然会受宋、刘的影响。具体来说，戴望在此书注释中所体现的他对微言大义的关注，核心点即为突出圣人之学与戴望所处世界的紧密关联，这是他所追求的经世致用理念的体现。由此，戴望对公羊学的认识最终落实到了孔子以素王身份所彰显的改制思想。改制涉及现实社会政治的诸多方面，

① 陈奂《诗毛氏传疏·序》云："孔子既没，微言已绝，大道多歧，异端共作。"（《诗毛氏传疏》，北京市中国书店，1984年）
② 《谭献日记》记载戴望作有《微言》一书："子高寄示所著书曰《微言》者，《德行》篇大诣辨宋人为伪儒为非圣，论学以礼为归，源荀、董。惜所见虽正，致力尚疏，未能纲举目张。"（《谭献日记·补录》卷一，第187页）
③ 参见前引刘逢禄《春秋公羊经何氏释例序》，便道出了何休、董仲舒、孔子之间在思想上的连续。汉学忠实拥护者俞樾也曾有此认识："愚谓《王制》者，孔氏之遗书，七十子后学所记也。王者孰谓，谓素王也。……《春秋》微言大义，惟公羊得其传，公羊之传，惟何邵公为能发明其义。乃今以公羊师说求之《王制》，往往符合。"（俞樾：《王制说》，《曲园杂纂》卷五，《春在堂全书》第三册，第41页）

与人伦日用最为贴切,也最能突出圣人之学的功用所在,故而他在《论语注》中不乏相关的解读。

首先来说,他以公羊学论证孔子本人的经世意图。

"天生德于予"戴望注:"德之言得,礼乐皆得谓之有德。天生夫子受命制作。"(卷七)

此处他认为孔子受命制作,核心在礼乐。此文有关礼乐的强调,并非他的独特理解,在宋翔凤的理解中也是如此。《论语说义》中宋翔凤论礼乐云:"六艺之文皆先王之道……移风易俗莫善于乐,安上治民莫善于礼,学者修其孝弟而欲从事于六艺,则礼乐其先急也。"①"《礼器》云:先王之立礼也,有本有文。忠信,礼之本也。义理,礼之文也。无本不立,无文不行。盖忠信起于孝悌,孝悌为仁之本。故曰一日克己复礼,天下归仁焉。又曰礼,其政之本与? 仁之本、礼之本、政之本,其本一也。"②

戴望在其他几处也有类似的解读:

"君子所贵乎道者三"注:"此道谓礼也。"(卷八)

"兴于诗,立于礼"注:"王者欲起政教,先命太史陈诗以观民风,然后制礼,礼以养欲给求为本,民遂欲而乐生,然后作乐以告成功,治升平之事也。"(卷八)

对礼乐的看重,正是关注现实社会治理的体现。因此,他说孔子此思想并非自己独创,而是承袭于文王:

"文王既没,文不在兹乎"注:"文,礼乐也。文王始受命制法度,《春秋》建五始,假文王以为王法。传曰:王者孰谓,谓文王也。明《春秋》继周如文王之继殷,故孟子曰:《春秋》,天子之事也。"(卷九)

"天之将丧斯文也"注:"己之制作皆据周礼而损益之,亦文王之

---

① 宋翔凤:《论语说义》,第 6a 页。
② 宋翔凤:《论语说义》,第 5a 页。

法也。"(卷九)

戴望礼乐之意义正是孔子核心思想之所在①。一方面对个体来讲,需要礼来自治。如:

"克己复礼"注:"克,责也;复,反也。能责己反礼然后仁及天下。《春秋》详内略外,王者先自治也。"(卷十二)

"一以贯之"注:"约礼为仁,人道之本。"(卷十五)

一方面对整个社会来讲,需要礼来治理、完善,他认为这是解决问题的根本方法。《颜氏学记》中李塨的一段话,与戴望对礼的理解可谓相通,他说:"约之以礼,则不止学习六艺之文,而身世实用其功。故先儒以'博文'为'格物致知','约礼'为'克己复礼',甚得。"②可见,无论是颜李,还是戴望,都十分看重礼在社会治理中的强大功能,而这种理念以及实行的过程,可谓是儒家经世思想的体现。

传统士大夫受儒家思想影响较大,他们在社会出现问题时,总喜欢溯源上古,寻求解决之道。由此,戴望认为公羊学的作用便是唤醒圣人之学在解决现实问题上的指导性作用。如他解释《论语》中"仁"说:

"子张问仁"注:"仁之为道,先亲以及疏,推恩以成义,故必以于天下言之,乃极仁之量也。"(卷十七)

他认为为仁的基础在礼,以此为基础,推及天下,是为极仁,实际上就是他所认为的太平之世。而礼,在他看来,则与孔子所说的四教是一致的,同时也就是颜李之学所说的三物之教③:

①《谭献日记》曾记载戴望作有《微言》一书,其"论学以礼为归,源出荀董"(《谭献日记·补录》卷一,第187页),由此可见戴氏对两汉思想的推崇与借鉴。

② 戴望:《颜氏学记》,第102页。

③ 颜元云:"唐虞之世,学治俱有三府。外六府、三事而别有学术,便是异端。周孔之时,学治只有个三物。外三物而别有学术,便是外道。"(《颜元集》,第685页)李塨《与方灵皋书》:"门下不必作《周礼》三物观,惟以仁义礼智为德,子臣弟友五伦为行,礼乐兵农为艺,请问天下之物,尚有出此三者外乎? 吾人格物,尚有当在此三物外者乎?"(《恕谷后集》,《李塨文集》卷四,第351页)

"子以四教"注："文,六艺也。行,六行也。忠信,六德也。此古者三物之教,大学之始事也。"(卷十七)

戴望对礼的重视,与他对人性的理解也有一定关系。他在《论语》一段文字中采用了戴震的解释:

"子曰性相近习相远"注："分于道谓之命,形于一谓之性。性者,生之质也。民含五德以生,其形才万有不齐而皆可为善,是相近也。至于善不善,相去倍蓰而无算者,则习为之而非性也。故君子以学为急,学则能成性矣。"(卷十七)

在戴震看来,人之差异理所当然,乃先天如此。至于能否成善,则需要后天通过学习以达到。也就是说他觉得人皆有成善的可能,而要达至这种状态,需要学习圣人之学,以完善自我德行。在戴望看来,学习的核心便在礼①,或者说便是颜元所谓的三物之教。总之,戴望对人性的理解,与颜李学重视习行、戴震重视学习,是一致的。他们都希望通过一套合理的礼教,来重整社会秩序,所以他们才会讨论人性的问题,最终一致认为人性皆善,而所谓的恶无非源自外物的影响。

戴望对礼的理解在于彰显礼所具备的社会政治功能,而非仅仅局限于个人的德行上,这是清代礼学的一个很明显的特点。焦循《理说》云："治天下则以礼,不以理也。"②凌廷堪《复礼上》云："圣人之道,一礼而已。"③他们不再把礼与理牵扯在一起,而是否定理的存在④,突显礼在社会秩序中的核心地位。⑤ 而在公羊学中,孔子作《春秋》乃

---

① "己所不欲"注："礼者,人与己所同欲者也。"(戴望:《论语注》卷一,第1a页)

② 焦循:《焦循诗文集·雕菰集》卷十,第182页。

③ 凌廷堪:《校礼堂文集》卷四,中华书局,1998年,第27页。

④ 明儒吕坤有《语录》一书,论理云："天地间惟理与势最尊,理又尊之尊也。庙堂之上言理,则天子不得以势相夺。即相夺而理则常伸于天下万世,此真邪说也。孔子自言事君尽礼,未闻持理以与君抗者。此言乱臣贼子之萌也。"(引自焦循:《论语通释》,《续修四库全书》第155册,第47页)

⑤ 参见沟口雄三著,刁榴、牟坚等译:《中国的思维世界》,生活·读书·新知三联书店,2014年。

损益周礼,以素王的身份,突显《春秋》之礼,即所谓的为后世制法,核心也是在礼。刘逢禄、宋翔凤、戴望等人实际上皆持此种认识,故而戴望对公羊学的关注不在辞例的解读,而在以公羊学的经学思想或观念,去解读孔学与现实的紧密关联,他所诠释的礼学观念,便是这种理路的集中体现。

三、戴震学的关注

我们在讨论戴望思想时,还不可忽略戴震之学对其产生的影响。戴望自身非常推崇戴氏之学,而作为具有公羊学身份的学者,他与魏源等人对戴震的厌恶形成明显的反差。① 当然,这种现象并不奇怪。他身处清代的学术环境中,公羊学也只是学术中的一隅而已。综观清代之学,大致来说无非汉学、宋学,一主训诂考据,一主义理阐释,而晚清汉宋调和亦无非在此基础上有所融通。因此,戴望也难以脱离这种影响或认知。一方面他曾随陈奂习训诂考据,但陈奂本人并不排斥西汉今文经学。一方面又习公羊学于宋翔凤,而宋翔凤自身对小学有很深的研究。可见单纯学派之分其实并不能深入理解学人的思想。这种多样化的治学方式或理解经典的角度,实则在戴望身上有了明确的展现。

相较于戴望对戴震之学的看重,戴望的好友谭献却不以为然。谭献在日记中曾记载他与戴望之间有关戴震的不同看法②。又云:"复思凤昔疏于东原,未尝卒业;其书子高盛推之,往复三四矣。……《原善》《孟子字义疏证》,辨正宋明鄙说,信有摧陷之力,然为空言一

① 魏源:《魏源集》,第361页。
② 谭献认为庄氏之学为清代学术中第一流:"阅庄方耕先生《尚书既见》。虽未决去伪古文,而文事深醇古厚,直接荀、董。……国朝诸儒如惠氏一家、王氏一家、庄氏一家,皆第一流。"(《谭献日记》卷一,第6页)

也。剖析穷于豪芒,语多则不能无得失。其《说命》《说才》,予亦未遽谓然。"①又说:"东原虽博大,不得为第一流,而子高笃信其《原善》《孟子字义疏证》,附和前哲,必推为集大成之贤。"②"东原所学,较之俗儒信有原本,而持之有故,尚未足以推见天人之事,终不能附和耳。"③但谭献显然非常推崇颜李之学,日记中《师儒表》把李塨列为大儒,又说:"李刚主承颜氏学,不事空言心性,以六艺三物为教,近世之巨儒。"④而戴震仅为经师,戴望也是经师。谭献对西汉董、刘之学较为推崇,应源于他对庄氏之学与章学诚之学的热爱。他说:"董、刘西汉之学为东京儒者所乱,后人鲜明推究人事之理。学子穷经,究心高密者已少,矧引而上之乎?"⑤

嘉道以降,一些学者对汉学大加批评,也导致学人对戴震之学没有什么好感⑥。但这种认识并未对戴望产生影响,在与谭献的信中便对戴震之学推崇备至:

> 至其《原善》及《孟子绪言》,天人之故,经之大训萃焉。是以段大令、孔检讨、洪舍人、江征君推之于前,焦孝廉宗之于后。汪拔贡亦言国朝儒者顾、阎、梅、胡、惠、江,接二十年沉沦之绪言,东原集其大成,为定大儒七人,通人十九,以诏来学,东原与焉。段大令则称其学贯天人。孔检讨则载其崇阐汉学而不终其志以殁。洪舍人则谓欲明察于人伦庶务之间,必自戴氏始。江征君则以能卫东原者为卫道之儒。焦孝廉则谓其疏性、道、天、命之名如昏得朗。诸君子比喻,漫然无学识者而交口称之,且再之称

① 谭献:《谭献日记》卷一,第21页。
② 谭献:《谭献日记·补录》卷一,第193页。
③ 谭献:《谭献日记·补录》卷一,第199页。
④ 谭献:《谭献日记》卷一,第22页。
⑤ 谭献:《谭献日记》卷二,第42页。
⑥ 可参见黄汝成《日知录集释序》、魏源《武进李申耆先生传》、方东树《汉学商兑》。

之。……夫孟子之言,常若有可疑者,而其大端则皆本孔氏之微言,未尝少有差失。故其言性言心言仁言天道,与孔子若合符节,而荀、扬、韩氏偏与立异,此儒之未闻乎道者也。宋之儒者阳宗孟子而阴取荀、扬、韩氏以助之攻,且杂糅西域胡人之语,以理为如有物焉,得于天而具于心,举万事万物以内之,恍惚无象而归于一理,而道始大贸乱矣。而其流弊遂以心之意见为理,以理杀人无异于申韩之以法杀人。自非知道之君子,孰能言之深切,著明其忧,为此其大者乎! 故《原善》《疏证》之作,虽谓之功在万世可也。……况乎二百年以来,其能身通六艺,兼综群言,以折中于至圣者曾不数人,若东原者可谓得其全矣。[1]

据《谭献日记》,此札写于同治二年(1863)。此时戴望的《论语注》与《颜氏学记》都还未曾刊刻。[2] 此札中戴望十分推崇乾嘉汉学者戴震。他在此札中表达对戴震的仰慕与推重,源于戴震对圣人义理之学的论述,这种论述伴随着对理学的反动,这点戴望也与戴震同道。戴震借助先秦两汉之文献,重新解读经典中的重要概念,虽然在当时不受汉学家所喜爱,但在当时及后来也有对其赞赏者,如此札中所言说的洪榜,还有章学诚,都看到了戴震在义理之学上的成就。后来阮元、焦循受此书启发,阮元著有《论语论仁》《性命古训》,焦循有《论语通释》《性命解》等,都在高举戴震的义理之学。所以焦循在其著述中多次表达对戴震的偏爱,正是戴震之学在当时的汉学考据盛行时代,既能不拘守琐碎考证,又能破除经学门户之见,同时关注当下时代问题,从而高呼以理杀人之荒唐,上溯《孟子》,以阐发合乎现实的情欲之论。戴望赞同戴震对理学的驳斥,也认可他的情欲论。戴望赞成

---

[1] 《复堂师友手札菁华》,第113—115页。
[2] 据《谭献日记》记载为同治二年事,云:"子高前一日有一书与予,争东原为本朝儒者第一。予不答。此事非一人私言,予故品东原为第二流之高者。"(《谭献日记》,第7—8页)

戴震否定天理的存在,而同时亦认同颜李学对天理的看法:"天下之理、性命之理,与穷理,与理于义,皆文理、条理之谓,无指道之蕴奥以为理者。"①此理之解读与戴震同,可见他们理解上的一致性。所以,从此札中他对戴震《孟子字义疏证》的推崇,可知戴望是赞同以礼代理的思路,如此圣人之学不再深不可测,而是与现实社会有着强大的关联,所谓的孔学义理即是以礼的形式呈现,以指导、规范、变革士人所处的时代。

戴震本人排斥理学的玄虚,主张圣人之学的具象化,即所谓的道不离器,注重圣人之学与现实社会的紧密联系,这在章学诚那里便是所谓的道在人伦日用间。所以戴震对理学天理、心、性、道的重新理解,都是建立在早期儒家文献基础上,而不是沿袭程朱理学的视角,这种诠释是清宋学派所无法容忍的。戴震虽以训诂考据名家,但这些只是其获取孔学义理的手段,其最终目的则仍在诠释经典中所蕴含的微言大义。②戴震的这种认识实际上正与戴望的追求相吻合。他秉持为学期于有用的原则,认可清代以礼重整社会秩序的思想,故而对理学必然不会产生什么好感。而颜李之学、戴震之学则实际上加速他脱离理学的队伍,走向对早期儒家文献的探索。因此颜李之学、戴震之学对戴望理解经典可以看作是一种指导思想,由此他在理解公羊学时,便会考虑圣人之学在"用"层面的微言大义,而不是脱离实际的空谈。所以公羊之学,在一些学者看来是荒谬不切实际,但在他眼中成了切合实际的指导思想。这种认识,使得他一方面与清宋学者格格不入,一方面与清汉学者难免隔阂。而对于那些对公羊学有兴趣的同道中人(诸如谭献、俞樾),也是无法达成一致,这些都会导致他心中的忧闷。

由手札可知,他把戴震放到游、夏之人的位置上看待,也正是公

---

① 戴望《颜氏学记》载程廷祚语,第 243 页。
② 张丽珠:《清代学术中的学思之辨》,《汉学研究》第 14 卷第 1 期,第 55 页。

羊学者所理解的七十子传孔子微言大义的思路,而戴震便是那个当今传承孔学真谛的人。戴望还在文中举出包世臣的例子,论证戴学有其实用性,此乃当时针对汉学无用论而发,也是戴望对学术的一贯追求。很明显,他眼中的汉学应该是以戴震为典范。

戴望通过对戴震之学的评价,正面回应了当时理学家的言论。比如以曾国藩、唐鉴为代表的士大夫都高举宋人理学大纛,就连曾经热衷汉学的沈垚也转而批评汉学之无用。然而不可否认,汉学的观念太过笼统,这里面既有拘守汉人家法经说者,也有贯通群经者,亦有所谓以考据为傲者。可见,凡治汉人之学者可笼统称为汉学。① 另外,戴望友人赵之谦把庄述祖、刘逢禄、宋翔凤、戴望等人归为汉学中人。② 这种理解,很明显要比魏源更宽容。至于东汉还是西汉那就要另当别论。从后世学术史来看,戴望算是治西汉今文经学。而嘉道之后,公羊学在许多学者眼中也并非纯粹的汉学,而是廖、康今文经学的奠基者。所以,如此看来,戴望归为哪一派,都存在着很大偏见,失去了历史人物的丰富性,也偏离了历史的真实。

戴望思想的丰富在于他对公羊学、颜李之学、戴震之学乃至永嘉之学都有着深入的理解,由此理学家成了他攻击的靶子。比如攻击戴震思想的夏炘,在《与友人论孟子字义疏证书》文中便针对戴震的理欲之论加以批评,武断定论:"《疏证》一书,专与程朱为仇。知名物制度不足以难程朱也,遂进而难以性命。知道德崇隆不能以毁程朱也,遂进而毁其学术。程朱之学,莫大于辨理辨欲辨气质之当变化。一切皆不便于己,于是扫而空之。"③戴望致杨岘书信即回应了夏

---

① 赵之谦在其与友人信中也指出这点,他把东西汉之学皆归入汉学范围内,但却有明显区分,其言:"国朝汉学自康熙后,凡分四大宗,元和惠氏,休宁戴氏,嘉定钱氏,武进庄氏。庄氏直接西京,创通大义。其学至微,继起者少。戴震学派最广,王氏、段氏传。王氏学,绩溪胡氏继之。段氏学,长洲陈氏继之,皆体原戴氏。"(赵之谦:《汉学师承续记钞撮本》,《赵之谦集》第3册,第679页)
② 参见赵之谦:《汉学师承续记钞撮本》,第679页。
③ 夏炘:《与友人论孟子字义疏证书》,《述朱质疑》卷十,《续修四库全书》第952册,第104页。

炘的批评,他说:"湘中学术荒陋如此,岂皆中张、朱之毒而致然与?昨见当涂夏炘所著《景紫堂全书》,集矢于东原、次仲诸先生,蚍蜉撼树,可恨可笑也。推原此病之中人心,不能不首归罪于方苞、姚鼐、方植之诸人,此皆无知诬妄之徒所尸而祝之者也,望为之轩渠久矣。"①

戴望此函正是批评夏炘等理学家,指责他们是人心风俗败坏的源头,此处他便借用理学家批评汉学的方式加以回击。可见戴望心中的戴震,是一个具有复杂内涵的载体。乾嘉汉宋纷争中,戴震是汉学的典范,如今戴望对理学的攻击,也正是这种纷争延续,而不同的是曾经局限知识层面的论争,如今在经世思潮下,掺杂了社会性与政治性。所以魏源高喊汉学无用论时,对于浸淫汉学甚深的戴望,正好借助汉学人物戴震论证汉学并非无用,而是那些理学者在作祟,他们歪曲圣人之学,是戴震揭发了此虚伪面具,从而使得学人可以上溯两汉先秦,寻求孔学的真面貌。

在戴望不满当时大讲理学这一点上,其实我们不能忽略戴望自我的偏见。因为在理学家看来,讲理学正是对社会问题的敏感回应。② 所以从戴望的认识来看,他不认可当时理学者的看法,并不能由此判定他们一无是处。相反,在理学家看来,汉学不仅无用,更甚者乃是社会的祸患。戴望一方面批评理学的无用,而理学家反过来批评汉学的无用。实则戴望批评理学主要集中在当时倡导理学士人

---

① 转引自《德清戴望致归安杨岘八通考实》,见柳向春《笺边漫语:近现代学人手札研究》,故宫出版社,2016,第 86 页。戴望好友赵之谦亦曾谩骂夏炘为蟊贼,参见《悲盦书札集存》,《赵之谦集》,第 432 页。

② 姚莹《钱白渠七经概叙》云:"末学空疏,为所摇惑,群而趋之,咸以身心性命之说为迂疏,惟日事搜辑古书奇字,以相标榜,博高名,掇科第,莫不由此。是以圣贤立训垂示之苦心,纷然射利争名,风俗人心孰敝于此者哉?夫以经学之驳杂破碎如此,诚非拘拘一先生所能息群言而厌众志也。"(《东溟文集》卷二,《清代诗文集汇编》第 549 册,上海古籍出版社,2011 年,第 328 页)又姚莹《与陆制军书》:"自四库馆启之后,当朝大老皆以考博为事,无复有潜心理学者,至有称颂元明以来儒者,则相为诽笑,是以风俗人心日坏,不知礼义廉耻为何事。至于外夷交侵,辄皆望风而靡,无耻之徒,争以悦媚夷人为事,而不顾国家之奇耻大辱,岂非毁汕宋儒诸公之过哉!"(《东溟文外集》卷一,《清代诗文集汇编》第 549 册,上海古籍出版社,2011 年,第 570 页)

的空谈而不切实际，然而这些人却推重理学重整社会秩序的重要功能，以反击汉学家口中的无用。可见在戴望之时，不管是清汉学还是清宋学，都在由"用"的角度互相反驳。而对礼的重视，在双方看来皆无异议。

结　　语

戴望的学术追求归根结底是传统士大夫齐家治国平天下之信仰的体现。他对公羊学、戴震之学、颜李之学等学术思想的探究，无非是清代诸多士人为学的最终目的。戴望的老师宋翔凤曾在其《论语说义》中说："君子如欲化民成俗，其必由学。言学而不可究之于治国，其学为无本。"①可见在他们的精神世界中，学非随意而学，当学圣人之学。由此，乾嘉汉学之后，汉代经学成为探究圣人之学的重要知识工具。而推重汉代今文经学的刘逢禄、宋翔凤，认为今文经学与孔孟之学有着无法断裂的纽带，这种认识被戴望所接受。而宋翔凤对此学理的理解，则代表了他们的一致看法，他说："今文家传《春秋》《论语》，为得圣人之意。今文家者，博士之所传，自七十子之徒递相传授，至汉时而不绝。"②戴望在其《论语注叙》中亦是秉承此意。因此可以说，在戴望眼中，他所在意的这几派学说，实际都指向对孔子之学的阐释与探究，都在借助复古的手段，以"学"的理念，回归所学之本源，以完善当下之"用"。戴望的追求，正是传统中国心怀天下的知识人的普遍体现。只是他们在如何"学"的理念上并不一致，从而门户、派别随之而起。

戴望反感理学士人的观念，亦看不惯提倡经济之学的人物，他在

① 宋翔凤：《论语说义》，第 3a 页。
② 宋翔凤：《论语说义》，第 3b 页。

不同流派间兜转，不忘士大夫学以致用的信念，但终究为一怀揣"治国平天下"信念的儒生而已。因此谭献在其《师儒表》①中把他列为经师行列，是较为公正的。毕竟同样喜好公羊学，较之龚、魏对现实政治的涉足，戴望基本上是围绕学术而缺乏涉及现实的改革。② 正如钱穆所言③，戴望对不同知识的考察并未得到满意的解答，时代的局限使他无法寻求更为合理的途径。而戴望对学术的不断追寻，亦彰显时代境遇下，不同思想的借鉴、吸收、整合成为一种知识潮流。所以汉宋调和论的出现，以礼代理的宣扬，都是这种潮流下的产物。他对颜李学、公羊学、戴震之学的推重，无非是阮元所汲汲乐道的无学何以谈用理念的映射。然而阮元的这种见解，在倡言经济之学的士人眼中，实为章句之见。④

---

① 谭献：《谭献日记》卷一，第 29 页。
② 参见张丽珠：《清代学术中的学思之辨》，《汉学研究》第 14 卷第 1 期，第 68 页。
③ 钱穆：《中国近三百年学术史》，第 610 页。
④ 杨象济《筆域志题识》："阮氏晰于文义，恃其考订之长，盖亦拘于章句之见，用相訾謷，乃欲掩而上之，侈矣。"转引自段志强：《顾祠：顾炎武与晚清士人政治人格的重塑》，复旦大学出版社，2015 年，第 119 页。

第六章
王闿运与公羊学

　　有学者指出,太平天国之役后,"即使是同时兴起的今文经学,其所关注者也更多涉及时政,意在经世。邓实指出:'道咸以降之今文家不过外托今文以自尊,而实则思假其术以干贵人觊权位而已。'所以,在天下多事的大环境下,不止是汉学在衰落,任何其他学说,也只是在其能经世的层面才兴盛,其纯粹学理的一面,也都处在不同程度的衰落之中。同为今文经学家的廖平与康有为,其寂寞与显赫的鲜明对比,最能说明此点"。① 此论道出了道咸以下今文经学的大势,即以经世为主,而纯粹的学术研究并不占据主流。可见今文经学的发展在道咸之后出现了明显的区别,一条线索是以魏源、龚自珍为首的经世之学,清末被康有为继承并发扬光大;一条是刘逢禄发其端,之后经过宋翔凤、凌曙等,然后至清末廖平,此为学术化的发展。因此,在这两种分化下,我们可以较清晰地掌握公羊学的大致发展脉络,当然这只是一种概括性的看法,并非固定不变。学者往往两种情况兼有之,王闿运即如此。王闿运治经既有学术化的一面,也积极倡导经世致用。我们要探讨王闿运与公羊学的关系,就必须结合相关的公羊学材料,以分析他对公羊学的继承与批判,探究他对经学义理的解读。

---

① 罗志田:《清季民初经学的边缘化与史学的走向中心》,《汉学研究》第 15 卷第 2 期。

一、王闿运的经学观

王闿运的时代,史学、子学逐渐兴盛,但王闿运仍然坚持治学以经为主,他说:"为学但当治经,读子史者,失学之人也。"[1]可知在王闿运眼中,汉代人以来所形成的经学为首的观念依旧存在,与魏源、龚自珍等人的开放治学观念完全不同。那么,我们不禁要问,王闿运的时代西学进入,众多学术相互影响,而王闿运却为何在学术上略显固执呢? 要解答这个问题,我们就需深入分析王闿运对经学的理解与解读。王闿运曾明确说"经学以自治,史学以应世"。[2] 这句话其实正可以看出王闿运对经学的理解。他认为史学是为了应世,也就是涉及实践层面,指人之外在的行为。而经学则是为了自治,所谓自治便涉及人的内在。而且王闿运明确说到"末世道消唯以自治"[3]。可见在王闿运眼中,岌岌可危的朝廷,成为了他眼中的末世,而士人眼中的圣人之道早已不复存在。因此为挽救道消之世,根本途径唯有倡导经学,通过经学挽救世道人心。所以王闿运在《论通经即以治事》文中便贯彻了经学以自治的观念,他说:

> 国不患贫,而言生财,《大学》反复戒之。今乃并心于矿政,假使金珠成山,枪炮填海,适足藉寇赍盗耳。世人但惩空疏之谈,若今所谓实事,乃反不如空谈尤为近理。士君子在野不仕进,唯通经明理而已,不必留情于无用之俗事。[4]

---

① 王闿运:《湘绮楼诗文集》,岳麓书社,1996 年,第 523 页。
② 王闿运:《湘绮楼诗文集》,第 514 页。
③ 王闿运:《湘绮楼诗文集》,第 500 页。
④ 王闿运:《湘绮楼诗文集》,第 521 页。

王闿运所云正是针对当时兴起的洋务运动,批评这些所谓的实业不过是生财之道,于世道人心无补。故而他十分反感这种应世的行为,斥之为无用之俗事。王闿运坚持他的经学以自治的观念,认为唯有人心得到挽救,才能根本上解决道消的问题。王闿运坚信自己的观念是正确的,他说:

> 闿运平生志愿,满腹经纶,一不得申,所差胜者不为指目,聊可徜徉。明公蕴积必申,会当光显。伏冀坚其志虑,无随俗推移,亲履其间,必确知船坚炮利之不足畏,他日并械器船厂一切裁之,乃后知经术之不诬矣。①

王闿运抱定通经以致用的观念,希望有朝一日可以实现自己的抱负,到那时今日之人所热衷的实业也就不需要了。可见,王闿运对经学以自治的坚信,实际上已经显得有点顽固愚昧,面对现实,他仍旧希望借助圣人之学来唤醒世人,企图借此挽救这个没落的社会,其结果注定是失败的。

王闿运固守他的经学观念,因此对于一些热衷经济之学的学者,他尖锐地批评此等人无病呻吟:

> 无病而呻,自误误人。不知者乃以为深识远见,皆书生策本中材料耳。道光中始有经济之学。包慎伯、龚定庵、魏默深皆博通经史,文章尔雅,以己不富贵,讥切公卿,干预时政,多设方法。草野之士颇为所惑,皆有措火积薪之忧,并心外营,不知自治。②

---

① 转引自刘少虎:《王闿运春秋学思想研究》,中山大学博士学位论文,2006 年。
② 王闿运:《湘绮楼诗文集》,第 529 页。

王闿运虽然肯定包、龚、魏诸人的学问,但不满他们以经济之学干预时政,斥责他们的众多治国之策皆书生之见,无深识远见。可见王闿运并不认为自己的见解是书生短见,坚信治国唯有以经学自治,因为他治经伊始便非专为章句训诂之学,而在通经以致用。在他看来所谓的内圣外王之学,皆离不开个人修养的完善与提升,故说:"内圣外王之学,修己而已。己何能修,忠恕之谓也。因事以求之,本身以度之,何谓乎亡国丧身。"[1]

王闿运倡导经学以自治,正是以圣人忠恕之道来加强个体之完善,他认识到只有国家中的每个人通过经学修己,整个国家才能得到解救。可以说较之考据学者注重具体事物与知识的深入求证,王闿运所看重的是知识对个人道德修养的提升。这点并非王闿运首创,早在宋时的理学家们,就已经开始探讨个人道德修养在社会政治中的重要性。所以,我们不可否认,虽然王闿运不满宋明理学,但其"经学以自治",仍具有理学家的思想内核。与程朱理学不同的是,王闿运并未关注内圣的形上学讨论,他关心的仍是这种观念的实践功能。他希望借由此说,提升社会中每个人的素质,进而提升群体乃至民族的素质,即所谓的挽救人心风俗,进而解救国家于危难之中。王闿运之论不能说不深刻,但在当时来讲其实有一定的理想化,毕竟动荡落后的国家怎能如此轻易提高整个国民的素质。而时人所提倡的经济之学,在王闿运看来不过是无关痛痒的徒劳,不过是增加个人之私利:"不胜其私,而专己以自利,乃以危亡怵人主,而政法多矣。"[2]

其实,王闿运虽然不满洋务派,但实际上以郭嵩焘为首的一些提倡洋务的开明士人,仍旧十分关心王闿运所谓的自治。郭嵩焘与王

---

① 王闿运:《湘绮楼诗文集》,第 506 页。
② 王闿运:《湘绮楼诗文集》,第 506 页。

闿运相识,郭在文集及日记中多处提到了人心风俗的问题,这其实便涉及王闿运所谓的自治问题。郭说:

> 世运风俗转移之机,动于人心一念之悔。人心之复,即天心之所由复也。君子视其心与天心相应,视天下之人心与吾心相应,是以不敢不自重,以求稍益于世也。①

郭崇尚程朱理学,因此于人心格外重视,他虽然提倡洋务,但认为洋务与人心有一个本末的问题,他把洋务看作是末,而非本:

> 为是者,有本有末,知其本而后可以论事之当否,知其末而后可以计利之盈绌。本者何?人心风俗而已矣。末者何?通工商之业,立富强之基,凡皆以为利也。人心厚、风俗纯,则本治;公私两得其利,则末治。②

可见,郭氏虽然支持洋务,但他思想深处仍旧秉持着传统士人所认可的治乱世当由人心风俗始,因此郭、王二人关注的都是这个治乱世的"本"的问题。如此我们就不奇怪为何王闿运不满郭嵩焘出使欧洲,而且不甚关心洋务,原因就在于他认为解救国家的根本途径不在此,而在人心风俗。因此,面对本末的问题,郭的回答也是与王闿运相一致:

> 所以挽回人心风俗,从何处入手?直须自从身心上检理一番,今且勿深论,只此日读经史,即是立身制行之准则。……今

---

① 熊月之编:《中国近代思想家文库·郭嵩焘卷》,中国人民大学出版社,2015 年,第215 页。

② 熊月之编:《中国近代思想家文库·郭嵩焘卷》,第374 页。

且问人心风俗所以日坏,其本源何在?在人心不肯向学而已。①

郭希望由学以明立身制行的准则,其实即是王闿运所讲的自治,二人可谓殊途同归。

如此我们就明白王闿运的经学以自治,并非突发奇想,而是作为一个关心国家命运的士大夫,希冀借由治经以挽回人心风俗,从而根本上解救国家于危难之中。可见王闿运于治经中彰显其经世致用之情怀。

另外,王闿运在明确自己的经学观下,还专门就诸子之学与经学的关系作了一番阐发。他在《庄子注序》中提出汉代儒学并非孔学之面貌,而对归于道家的庄子,王闿运却认为庄子通孔、老之学。这也提示我们王闿运虽然重经,但很显然王闿运治经既不囿于汉人藩篱,也不拘于一家之论,其治经已经有了很强的主观性,这种现象是今文经学者的共同特点。而其上溯先秦,论庄学与孔学之关联,正是为了求得孔学之真面目,从而通经以致用。

二、公羊学与经世致用

王闿运重经而轻史,因此他对经学的关注远大于史学。而为了宣扬自己的"经学以自治"的观点,王闿运便借助《春秋》学,由此以明圣人之学与经世致用之功效。他在文集中明确提出"通经致用,莫切《春秋》"②,可知在王闿运眼中,六经中《春秋》与其他五经功用不同。他说:"五经多陈圣王之典,《春秋》始记乱世之事,一事乱以一义正之,人人知乱之可正,故最近也。"③王闿运认为《春秋》不同于其他五

---

① 熊月之编:《中国近代思想家文库·郭嵩焘卷》,第 204 页。
② 王闿运:《湘绮楼诗文集》,第 504 页。
③ 王闿运:《春秋公羊传笺》,岳麓书社,2009 年,第 526 页。

经,原因在于《春秋》记乱世之事,与五经所载圣王治世之事不同。而更重要的是《春秋》于事中寓正义,即他认为《春秋》的功效在于乱世中正人心,这也正符合王闿运的"自治"观念。而王闿运希望借由《春秋》以正人心,可见他关注《春秋》经义对世道人心的影响。

但对于研究《春秋》的学者来讲,解读《春秋》首先面对一个棘手的问题,便是如何看待《春秋》三传,如三传先后时代,三传经、史性质的区分,三传之间异同的融合与比较。《春秋》经文看似简略,而三传的出现则使得《春秋》经义的诠释变得复杂。王闿运为了凸显公羊学的重要地位,便就三传之间的诸多问题作了一定的厘清。他首先区别三传经史之问题,认为《公》《穀》为经,而《左传》为史:

> 余推测经文,本传《公羊》,泛览二传,各得其趣。《左氏》专于史,离经别行,其体即司马《本纪》之准也。闻驳意殊,不关《春秋》,其有得失,比之迁、固,乃三史之学,非六经之谊。①

王闿运在此文中即明确《左传》为史,与《公羊》为不同,又突出了《公羊》与《春秋》经的密切关系。而且《公》《穀》同为经,王闿运也认为"《穀梁》辄为发传,彼经晚出也"。② 王闿运在认定《左氏》为史时,不仅在于解决了三传经史之别,更进一步否定了《左传》解释《春秋》的合法性,他认为求得《春秋》经义,当以《公羊传》为首。因此,在《春秋公羊传笺》中,他多次强调《春秋》非史之议题:

> 《春秋》之义,贼无不讨。如其无及,亦仍以正君之法待之,使彼逆取顺守改过悔罪,乃为宏也。若为史臣,则当守正直笔,

---

① 王闿运:《湘绮楼诗文集》,第102页。
② 王闿运:《春秋公羊传笺》,第199页。

身死而已。①

　　则止于春者,示《春秋》之非史也。②

　　示《春秋》非记事之书也。③

王闿运在认可公羊学的首要地位后,即确立从公羊学角度阐释《春秋》经义的权威性。如此一来,自己主观性的解释,在这种预设条件下也变得合理且有逻辑性。在排除《左氏》的影响之后,他也就《穀梁》与《公羊》的关系进行了探讨。王代功《湘绮府君年谱》云:

　　始治《公羊春秋》,作《春秋比事》。又以《春秋》之学,西汉以《公羊》为证,副以《穀梁》。穀梁子私淑仲尼,亲研异同,指事立教,必有宏旨。唯明《公羊》,不足祛惑,更申《穀梁》,为《穀梁申义》。④

王闿运虽然认为《穀梁》后于《公羊》,但仍肯定《穀梁》与孔学之关系。即他明确《公羊》《穀梁》在理解《春秋》经义上有明确的主次关系。而且他在解释作《穀梁申义》的目的时也道出了这样的观点,"唯明《公羊》,不足祛惑,更申《穀梁》",可见《穀梁》只是作为理解《公羊》的辅助。当然,我们不可否认,王闿运虽然认为三传有经史、高低区别,但在王闿运心中,传仍旧与经有差距,故王闿运也会在诠释中批评传文之不足。因此,可知王闿运在尊崇《公羊》时,并未盲目地崇信《公羊》。

---

① 王闿运:《春秋公羊传笺》,第 176 页。
② 王闿运:《春秋公羊传笺》,第 526 页。
③ 王闿运:《春秋公羊传笺》,第 166 页。
④ 王代功:《湘绮府君年谱》同治八年条,《北京图书馆藏珍本年谱丛刊》,北京图书馆出版社,第 178 册,1999 年,第 155 页。

三、汉代公羊学的继承与批判

王闿运在《春秋例表》序中提出了他治公羊学的核心观念,即"礼者,例也"。其实提出这种观念,并非王闿运首创。他在序中明确引用了司马迁的话:"《春秋》,礼义之宗也。"而汉代公羊学的奠基者董仲舒也十分重视《春秋》之礼义。可见《春秋》虽然蕴含微言大义,但需要借助礼义的阐释,如此才可较好地理解其中的微言大义。到了东汉,何休则把以例释经发挥到了极致,这可以说是西汉胡毋生遗留下来的解释公羊学的传统方法。但何休并未忽略礼的重要性,而且何休对礼的解释与古文经学家有很大不同,诸如礼制年限的区分,具体礼制的解读都会与郑玄、贾逵等人相背。① 因此,例、礼与《春秋》的密切关系在汉代学者眼中已经存在。而清代的公羊学者在治经时对例、礼的重视亦是其一大特点。其中刘逢禄《春秋公羊经何氏释例》就尤为注重对公羊例的重视,当然刘氏也并未忽略礼的存在。继之有凌曙对公羊礼的阐释。可见王闿运此观念的提出,渊源自汉,在晚清时代又被学者们所重视。

王闿运此观念明确他治经的焦点在于例:"一予一夺,不出一字,一美一恶,不嫌同词,非夫聪明睿智,从心而不逾矩者,其孰能当之不乱乎?"②王闿运强调从字词间体会《春秋》的微言大义,而"例"的运用则正好可以解决这个问题。我们从王闿运的《春秋公羊传笺》可以看出王闿运用例的细致。而其子所作的《春秋例表》,也反映出了这一点。③

王闿运在长沙本《春秋例表·凡例》中详细谈到了例在解读《春

① 参见郜积意:《刘歆与两汉今古文学之争》,复旦大学博士学位论文,2005 年。
② 王闿运:《湘绮楼诗文集》,第 94 页。
③ 参见刘少虎:《王闿运春秋学思想研究》第五章。

秋》经义中的关键性。他说：

> 传《春秋》者，莫能去例。《左氏》详于事，乃亦有书法，前后
> 违反，虽注疏皆知其不可通，故《公羊》《穀梁》赖以不废。……二
> 传虽存，《穀梁》又自不可通，唯《公羊传》无抵牾，而自来说者又
> 乱之……三传兼取经师，无此家法，就令兼取，仍复不通，则自为
> 之说，又无可支吾，其势不疑经不止。故群经义疏，皆可自圆其
> 说，归于画一。独至《春秋》，臆说亦不得申。微哉，圣人之旨也！
> 今唯立一正例，其异者，皆必有说，其说皆取之于经，不征于事，
> 其例皆依《公羊传》，不歧其说。[①]

王闿运在此解释其例来自《公羊传》，而其所以信《公羊》而不信《左
传》《穀梁》，则因为《左传》书法前后不通，而《穀梁》例多不可通。所
以他在例的总结上是以《公羊传》为主。虽然王闿运治经主观性很
强，但研究《公羊传》却离不开何休的《解诂》，这点王闿运在讲学中曾
谈到：

> 夫学贵有本，古尚专经，初事寻撦，徒惊浩博，是以务研一经
> 以穷其奥……今宜就己所好以求师说，师说存者如郑君《诗》
> 《礼》，何公《春秋》，皆具有本末，成为家学。[②]

可见在王闿运眼中，何休公羊学继承师说，而据此以解《春秋》，庶几
可得圣人微言大义。

　　王闿运既然专主何休公羊学，因此他也效仿何休，把解读的重点

---

① 转引自刘少虎：《王闿运春秋学思想研究》，第164页。
② 王代功：《湘绮府君年谱》，第64—65页。

放在例上,以体现他所认为的"礼者,例也"。然而我们知道,何休在解读公羊学时提出了所谓的三科九旨,以统领众例。王闿运却并不依附何休的三科九旨,对此他有自己的体会:

> 何君说新周故宋王鲁为一科三旨,宋均说张三世等为三科,时、月、日、王、天王、天子、讥、贬、绝义为九旨,既有不赅,而《春秋》时月日总全例,科莫大焉。三科九旨、七等、六辅、二类、五始、七缺之名虽传自先师,初不知其所来。要之经义,三科有异例则求之九旨。何、宋说三科异九旨,三科异而同也。故宋之三科即何之九旨,今则以时月日为三科,用统群例,别为九旨表。①

王闿运虽然意识到三科九旨的重要,但他并未看到三科九旨在何休公羊学中的关键性。而且他也不认为三科九旨多么重要,因此他另起炉灶,把时月日定为三科,然后再别为九旨,这样王闿运的三科九旨既不是何休也不是宋均的,是王闿运自己的理解。他把时月日确立为三科,也就认定时月日在例法中有着不可替代的地位。

王闿运既然肯定时月日的关键性作用,也就肯定了时月日例在解读《春秋》经义的权威性作用,对此他信心满满:

> 《春秋》以时月日为三科,学者习闻之,或又疑其破碎隐晦,不似圣人所定,及欲舍之别求,仍不出时月日之说。于是信者无可信,疑者无可疑,诚可哀也。未作表之初,亦未敢遽作此三科之例,以其散文泛说,易可掩覆;切指粲列,无可文饰,或是或非,一览可定。故传习二千余年,作表者不过十家,而一望榛梗,及

---

① 转引自刘少虎:《王闿运春秋学思想研究》,第185页。

得其例,随条编录,无不有圣者之义。①

当然王闿运也意识到了《春秋》无达例的内涵,因此他虽然意识到例的重要,但并不认为诸例可足以理解《春秋》的微言大义:

> 《春秋》文成数万,其旨数千,学者疑焉,岂一旨不满十文乎?
> 由今观之,可止数千旨而已。其文有尽,其旨无尽。故曰:如有
> 所立卓尔,虽欲从之,末由也已。颜子闻一知十,尚竭才而欲罢,
> 况在今日,其敢窥寻乎?既已表之,庶几有达人因而推测,使圣
> 人之旨渐昭。②

王闿运通过总结条例奠定解读《公羊传》的基础,进而在此基础上贯通经传。然在具体的操作中,王闿运对何休乃至传文并不盲从,他说:"凡传所云云,特便述其本事,非经必待传而后事明也。"③他坚持自己对例法的理解。我们从《春秋公羊传笺》可见其对何休及传文的驳斥,如:

> 隐公八年经"三月,郑伯使宛来归邴",传云:"邴者何,郑汤沐之邑也。"王氏笺:"假使宣王曾赐郑邑,经所不见,传亦何有知之。何君暗以《左传》说经,而不自知《左传》又为此传文所疑误也。"④
> 桓公二年经"秋七月,纪侯来朝",何休云:"月者,明当尊而不臣,所以广孝敬。"王氏笺:"朝例时。月者,起纪侯欲结援而失所从,与褒邾娄相对见义。"⑤

---

① 转引自刘少虎:《王闿运春秋学思想研究》,第187页。
② 转引自刘少虎:《王闿运春秋学思想研究》,第185页。
③ 王闿运:《春秋公羊传笺》,第157页。
④ 王闿运:《春秋公羊传笺》,第169页。
⑤ 王闿运:《春秋公羊传笺》,第181页。

桓公八年经"天王使家父来聘",何休云:"家,采地。父,字
也。天子中大夫氏采,故称字不称伯仲也。"王氏笺:"此为上大
夫示例。家父以采氏,采同于国也。不见本字而直称父者,王官
不以字行,父若其爵矣。其以字行者,盖入朝为小卿,故不言父
以别之。"①

桓公十五年经"许叔入于许",何休云:"称叔者,《春秋》前失
爵在字例也。"王氏笺:"若《春秋》前失爵,入《春秋》何以得复?"②

王闿运不盲从《公羊传》及何休注释,也说明了他治公羊学的最终目
的并不在守经学章句家法,他关心的是《春秋》经义与现实的关联,即
通经以致用。他在笺释中也强调了这点:

将以礼治人,不可苟从也。凡不亲迎之起,起于亲迎而女不
至,女父母背言也。有背言者,虽有信,人不之信矣。不亲迎则
有卫宣、鲁僖之祸。宜先自治以治人,唯《春秋》谨之焉。③

王闿运在解读《公羊传》时,处处以例释经的方式贯彻其经学观念,然
而我们还必须了解,王闿运治《公羊传》的学术成绩如何,即他对何休
公羊学以及《公羊传》的理解达到了何种程度,有无谬误? 这都是我
们必须要知晓的,如此我们才能较为全面地理解他的公羊学。下面
将具体论述。

前面我们说到,理解何休公羊学,三科九旨是关键,王闿运也知
道三科九旨的重要,但很明显他远远未曾达到何休对三科九旨的把
握。最明显的就是他把时月日上升为三科,统贯群例。这已经偏离

① 王闿运:《春秋公羊传笺》,第192页。
② 王闿运:《春秋公羊传笺》,第203页。
③ 王闿运:《春秋公羊传笺》,第152页。

了何休三科九旨的真谛。而且在涉及三科的解读时,何休会重点阐释其中义理,而王闿运则从例出发,简单带过,于其中义理完全无视,可见王闿运治经不仅未能守公羊家法,也并未对义理有较大的解读。

比如哀公十四年传:"所见异辞,所闻异辞,所传闻异辞。"何休解释了三世例法的不同以及恩情之不同。而王闿运则并未措意,他说:"必张三世者,见为政以渐,亦以三世异词,明美恶同词。"①这里王闿运所关心的在于三世的政治意味,即三世作为一种历史阶段的分期,他提醒我们了解现实政治的发展也必须循序渐进。此可见王闿运治经的功利性,至于何休所理解的恩情之杀,他并不关心。

又如隐公元年传:"何言乎王正月?大一统也。"何休说:"夫王者始受命,改制,布政,施教于天下,自公侯至于庶人,自山川至于草木昆虫,莫不一一系于正月,故云政教之始。"王闿运云:"书春三月皆有王,存三统也。不先自正,则不足治人,故以王正月见一统之义,而三统乃存矣。"②何休意在说王正月背后的政教意义,而王闿运却并未着意于三统,也并未解释其中内涵。但他说"不先自正,则不足治人",却仍是其经学观念之体现。

另外,我们通过《春秋例表》也可发现,王闿运父子由于对公羊学的理解集中在例上,因此例的划分上既细致又显得烦琐。甚至诸如虚词"之""乃"等都有专门的条例。如果与刘逢禄概括的何休释例比较一番,会发现较之何休的以三科统领例法的整体性而言,王闿运的例法较为散乱。因此从清人所讲的家法来看,王闿运算不上一个恪守经学家法的人物,他虽然推崇公羊学,但他治经很明显不囿于某一时代,也不困于家法章句,可谓特立独行。

因此,我们在理解王闿运公羊学时,虽然可见何休公羊学对他的

---

① 王闿运:《春秋公羊传笺》,第 526 页。
② 王闿运:《春秋公羊传笺》,第 142 页。

影响,诸如条例的运用、礼义的强调,乃至三科九旨的变通,无不揭示何休公羊学在晚清潜移默化的影响。当然,这种影响只是作为王闿运宣扬自己观念的一种工具,他借此阐释自己的经学观念,目的是为挽救人心风俗,希望从根本上解决朝廷、社会危机,并不是纯粹为了学术追求。

四、王闿运与晚清今文经学谱系

前面我们论述了王闿运公羊学的具体内容,知道了他在经学上的成绩。但我们有必要对其经学成绩作一客观评价,进一步了解王闿运在学术上的局限与不足。首先我们看一下前人对王闿运的评价。章太炎在其《訄书》中说:"王本词章之士,以说经为表面,语无实证,惟模毛传、仿郑笺,以为研雅,始终不离文人说经之习。其他朴实可据者未言焉,是又近世尚华之病也。"[①]

据章氏之论,知王闿运作为一代湖湘文士,其文人说经之习,实则影响了治经的思维与方式。章氏从朴学者的角度出发,自然不满王闿运文人说经之貌,斥其治经尚华自是与汉学考据相比较而得出的论断。其实,章氏在论常州学派时便已经指出文人与经生治经的区别,当然经生指的是崇尚汉学考据的学者。我们不必讨论孰优孰劣,但由章氏的观点,可知王闿运治经仍旧不离文人说经之面貌。由此判断,即可理解王闿运治经崇尚经义的自我解读,而非实事求是的考据,与其文人身份有很大的关系。所以,王闿运治《春秋公羊传》,一方面不拘泥于何休等人的公羊学体系,另一方面在治经中新见迭出。

其次,我们还必须看到,清代公羊学诠释的一个重要特色即重义

① 徐复:《訄书详注》,上海古籍出版社,2000年,第160页。

而不重事的理解范式,正好与文人说经相符合。他们不在乎对史实的考据,而注重对经义的发挥,这是庄存与以来的特色,王闿运实际上亦是如此。因此我们在评价王闿运对公羊学的解读时,既要理解王闿运的解读,又要清楚他的身份以及知识体系,不能仅据古文经学家的偏颇之词来评判。

今文经学家皮锡瑞对王闿运则有另一番认识,他说:"王先生说……《春秋》兼用《公羊》《穀梁》新义,间出前人之外……故其说虽新而有据,异于宋明诸人,与予说经之旨不同,惟予不敢过求新异耳。"①皮氏道出了王闿运治经过求新异的弊病,这与章氏文人说经有些相似,但他肯定了王闿运《春秋》学的成就,还算比较客观。

叶德辉又言其在学统上的地位:

> 其时若刘申受之于《公羊》,陈恭甫之于西京《尚书大传》,凌晓楼之于《春秋繁露》,宋于庭之于《论语》,渐为之学。魏默深、龚定盦、戴子高继之,毅然破乾嘉之门面,自成一罩。今日恢刘宋之统者,湘绮楼也。②

此即把王闿运放入清代今文经学的系谱中,认定他为扩大刘宋之学的代表,如此也就肯定了王闿运在经学上的学术造诣。于其公羊学渊源,也作了梳理:"至以专门而论,则湘绮实上接胡、董真传,观其所为传笺,并不拘守任城之例,遗经独抱,自有千秋。此鄙人至公至允之评,后世必有读其书而知其人者。"③此文把王闿运公羊学与董何系连起来,肯定了其公羊学成就。而支伟成同样把晚清的公羊学与王闿运学统联系起来,他认为:"湘绮老人出,杂采古今,徒以声音训诂

---

① 皮名振:《皮鹿门年谱》,商务印书馆,1939 年,第 26—27 页。
② 苏舆:《翼教丛编》,第 173—174 页。
③ 苏舆:《翼教丛编》,第 176 页。

不若惠、戴之精,又不屑依附常州末光,乃独树一帜而后其派遂衍于蜀,湘学反微。鹿门继起,实承其绪云。"①

由上可以看出,古文经学者否定王闿运治经的客观性,同时指出他任意释经的弊病,这点在今文经学者中十分普遍。但更重要的是,王闿运在晚清公羊学系谱中的地位被诸多学者认识到,把他看成是乾嘉以来今文经学的延续,同时又把康有为、廖平的学术渊源归结于王闿运,可见王闿运经学在其中起到了承上启下的作用。所以,不管我们如何评判王闿运的经学,其在学术史中的重要性地位是不容抹杀的。

具体到王闿运的公羊学,我们很明显就可以看到他在治经时的一个最大弊病,便是对公羊例法的运用,其以例释经的方式虽然承袭自何休,但王闿运用例到了无以复加的地步,几乎经义的解读都离不开相关的例,其任意释经的毛病非常明显。由于王闿运解读公羊学时过度依赖用例,使得公羊学的一些理论、思想无法被充分解读。陈其泰在其《清代公羊学》中就已经指出此问题:"公羊学是从义理上来解释《春秋》的,可是王闿运却主张从礼制和义例上来理解《春秋》,认为:《春秋》,礼也;礼者,例也。而且他所讲的例,主要还是指时月日之类的义例,实则不合公羊家法。"②陈氏指出王闿运拘守例法解经的弊病,但同时批评王闿运时月日例不合公羊家法,则有失公允。因为王闿运以例释经,正符合汉代遗留下的公羊学家法。而陈氏批评王闿运忽略义理的解读,则是指出了其诠释公羊学的弊端。虽然王闿运指出了《春秋》经义的重要性,而且希望借助例以明经义,但在具体解经中,他并未能很好地处理礼与义理的平衡,很明显他忽略了义理的阐释。譬如何休三科九旨在理解公羊学中的重要性,公羊学中的

①　支伟成:《清代朴学大师列传》,岳麓书社,1986 年,第 267—269 页。
②　陈其泰:《清代公羊学》,上海人民出版社,2011 年,第 215 页。

变革思想,大一统思想等。由于王闿运"经学以自治"注重对个人人心的规范,因此公羊学中于社会政治相关的义理,王闿运容易忽略,或者对其解读转移到个人方面,从而失去公羊学的一些政治功能。而且更甚者,他对例的运用也往往局限于对时月日的关注,实则在一些公羊学理论的继承与解读上并未能理解汉人公羊学的奥妙。梁启超批评他"拘拘于例,无甚发明"[1],虽然有些偏颇,但也道出其公羊学缺陷之所在。正如前人所理解,王闿运以文士身份治经,无法同乾嘉朴学者那样较为客观地求证,而且他治经亦非汲汲于名物训诂,而是为了践行其通经以致用的观念,平生不愿为一经生,所谓"学不仅占毕,志在于匡谬;通经欲以致用,文章蕲于经国"。[2] 另外,他在以公羊学践行其经世观念的时候,也在无形中扩大了汉代公羊学在晚清的影响。

---

① 梁启超:《中国近三百年学术史》,第 192 页。
② 钱基博:《近百年湖南学风》,中国人民大学出版社,2004 年,第 60 页。

第七章
廖平礼制论与孔学义理的阐发

　　廖平与康有为是清末今文经学的标志性人物。廖平早年治经，受其师王闿运及清代诸多汉学家的影响，重视经传礼制的研究。早年作《今古学考》平分今古，后作《知圣篇》《辟刘篇》，扬今抑古。康有为经学思想即受其影响，昌言古文经皆刘歆之伪造。相较于康有为之后的强烈政治追求，廖平无意参政，但却在经学研究中寄托自己的政治志向。虽然在清末民初，二人都鼓吹孔教，宣扬孔子之崇高地位，但二人对孔教的核心理解却是不同的。康有为借助西汉董仲舒《春秋》学以论证孔子作《春秋》的微言大义，而廖平则借助《王制》，从礼制角度去解读《春秋》。廖平认为孔子作为素王，为后世托古改制，其永恒价值在于为未来世界提供一套规范准则，从而实现大同的理想境界。廖平在经学三变、四变时期，由今古之学转而言大统、小统及天学、人学，在治经的道路上越走越远。后经五变、六变，形成天人小大说，建立其独有的孔经哲学体系。

　　从经学史的角度来看，廖氏可谓清季经学者中的巨擘。正如冯友兰所说：“廖平之学，实为经学最后之壁垒。”[1]廖氏最大贡献是在划分今古文经学的礼制论，此观念是在前人今古文经学观的基础上，从礼制层面系统梳理今古文经学，从而奠定廖氏在清季经学史中的重

---

[1]　冯友兰：《中国哲学史》，第890页。

要地位。廖平在国运变革之际，以此礼制论为根基，重新释读经传，解读孔学义理，成为清季民初孔教论的重要宣扬者。

一、廖 平 礼 制 论

廖平在早年的著作《今古学考》（1886 年）中说到了清人治经的成绩：

> 今古二家各不相蒙，今古先师早有泾渭矣。以今古分别礼说，陈左海、陈卓人已立此宗旨矣；解经各还家法，不可混乱，则段玉裁、陈奂、王劼注《毛诗》已删去郑笺矣；以《礼记》分篇治之，则《隋志》已有《中庸》《丧服》《月令》单行之解矣；今与今合，古与古合，不相通，许君《异义》早以类相从矣。①

据此可知廖氏之今古文经学观乃渊源有自。相较于康有为治经中明确的政治意图，廖平早年治经主要还是沿袭乾嘉以来的汉学。清代乾嘉时期，汉学鼎盛，于汉则重东汉郑、贾之学，且对汉代家法师说能够有所辨别，观惠栋《周易述》即可知大概。乾嘉以降，治经学者基本上能够分别师说家法，以及今、古文之礼，但并未如廖平这般今古界限严明，看似清晰而有条理。后来的陈寿祺、乔枞父子则注重对汉代师说的甄别与辑佚，这种方法在一定程度上促进了今古文观念的演变，也使得学者对汉代的今古文界限有进一步的认识。刘逢禄、宋翔凤都有对礼制的讨论，而且宋翔凤《论语说义》中对今古文经说的异同有着明确的理解。刘逢禄的弟子凌曙曾作《公羊礼疏》，专门诠释公羊礼，但他对今、古礼并没有系统的梳理。凌曙的弟子陈立亦是如

---

① 廖平：《今古学考》，《廖平全集》第 1 册，第 64 页。

此，依旧为琐碎考证，也没有什么突破性进展。然乾嘉以来有关经学礼制的大量研究，逐渐使经传中礼制与今古文经的关系愈加清晰，在此基础上，廖平的礼制论继而诞生。

廖平之前，今、古之分限定在文字、学派上，故廖氏说："仅据文字主张今古门面，而不知今古根源之所在。"然"于今古两派立说异同，其中心所在，实未之知，徒以立学官与否为断，是则知表而仍不知其里"。① 廖氏在总结前人今古观念的基础上，看到了今古区别之根源，那就是据礼以别今古。他在《四益馆经学四变记》中曾言及治经的思路："但以文字论，今与今不同，古与古不同……故虽分今古，仍无归宿。乃据《五经异义》所立之今古二百余条，专载礼制，不载文字。今学博士之礼制出于《王制》，古文专用《周礼》。故定为今学主《王制》、孔子，古学主《周礼》、周公。然后二家所以异同之故，灿若列眉。"② 廖氏由《五经异义》考知区别今古学之根源在礼制，进而以《王制》《周礼》作为今古礼的区别标准。其中《五经异义》对他偏执的礼制论产生了很大影响。由于此书明列今古学说，廖氏通过一番考察，坚持认为"《五经异义》所列异同，皆今学与古学相异，未有古学与今学相同者。划然中分，各为一派。此古今学术之分，治经之大纲也"。③ 然而廖氏今古文礼制的划分明显具有很大的缺陷，即他有意抬高《王制》的地位，认为《王制》可以统辖诸经，且坚信《穀梁》与《王制》在礼制解读上完全吻合，实际上也并不客观。刘师培曾作《王制篇集证自序》，专门反驳廖氏对《王制》的武断认识，他说："盖《王制》一书为汉文帝博士所辑，各处师说汇为一编。故一篇之中有古文说，有今文说，不拘于一经之言也。所记之制，有虞夏制，有殷制，有周制，不拘于一代

---

① 转引自蒙文通：《经学抉原》，《蒙文通全集》第 1 册，第 276 页。
② 李耀仙编：《廖平选集》，巴蜀书社，1998 年，第 547—548 页。
③ 李耀仙编：《廖平选集》，第 171 页。

之礼也。"①此言《王制》记载制度的驳杂，由此反驳廖氏以《王制》为今文说的论断。刘师培进而明确指出廖氏的错误之处："一以《王制》为孔子改制之书，或以为合于《榖梁》，或以为合于《公羊》。不知《王制》所采，不仅今文；所采今文，不仅《公》《榖》。谓之偶取《公》《榖》则可，谓之悉符《公》《榖》则不可。一以群经非古籍，均依《王制》而作，不知此乃《王制》依群经而作也。若谓群经依《王制》作，则执流为源。"②刘师培的说法可谓公允，廖氏完全忽略《王制》古文说的部分，其理论的片面性不言而喻。

那么廖平为何如此肯定《王制》即为判断今礼的标准呢？这其实与廖氏治经的取向有关。我们知道廖氏在很早便关注《春秋》三传之学，尤其是榖梁学与公羊学。始初王闿运来蜀执教尊经书院时，廖氏已对公羊学有所研究，之后他不时向王闿运请业，其今文经学的治学取向也更加明显。③然其考得《王制》与今学之密切关系，乃是因研究《榖梁传》而起。廖氏通过《王制》与《榖梁传》的比对，进而得知《王制》"为素王改制之书，《春秋》之别传也"。④他接着研究《五经异义》，考知今古异同之论，后来悟出孔子作《春秋》定《王制》为晚年说，从而形成独特的今古文经学观。⑤此廖氏自叙经学观之由来。

另外，廖平对《王制》的重视可能与俞樾有一定关联。俞樾曾作《王制说》，论证孔子以素王而言改制。俞樾在与友人信中曾说："《王制》一篇为孔子将作《春秋》，先自定素王之制，门弟子掇其绪论而为此篇。蜀士廖季平见而喜之，采入其书，遂为康氏学之权舆。虽康学

---

① 刘师培：《左盦集》卷一，《仪征刘申叔遗书》，第 3726 页。
② 刘师培：《左盦集》卷一，《仪征刘申叔遗书》，第 3727 页。
③ 据《廖季平年谱》，廖氏于 1879 年王闿运至蜀执教尊经书院时，便已对公羊学产生兴趣。是年尝就王闿运请业（《廖季平年谱》，巴蜀书社，1985 年，第 20 页）。1886 年作《公羊解诂商榷》二卷，"专驳何注，大旨与《三十论》相同，特论详总纲，此本乃条分，随文驳正，较为明晰。……为读《公羊补证》者之先路焉"（《廖季平年谱》，第 33—34 页）。
④ 廖平：《今古学考》，《廖平选集》，巴蜀书社，1998 年，第 92 页。
⑤ 廖平：《今古学考》，《廖平选集》，第 92 页。

非渊源于此,然高谈异论,终自悔失言也。"①

但这只能说是表面的原因,深入来讲,廖平抬升《王制》的地位,乃是为了尊孔②。廖平《孔经哲学发微·尊孔总论》言:"平毕生所学,专以尊经、尊孔为主,兼采泰西科学之理而沟通之。"③而为尊孔,廖氏乃援引纬说,"孔子撰述以《孝经》《春秋》为主……《孝经》修己之事,于制度则不详,此内圣之学也;《春秋》专以治人,故以制度为要,此外王之学也。《王制》专为《春秋》而作,故全与《春秋》名物、制度相合也。"④廖氏以"《王制》专为《春秋》而作",一则说明《春秋》二传(《公羊传》《穀梁传》)与《王制》在礼制上的共同点,一则显示《春秋》二传、《王制》与圣人的密切关系。如此,廖氏礼制的划分就非单纯的今古文之辨,实为辨别圣人学说之实质,从而尊扬圣人之学。

廖氏在明确今学以《王制》为断的标准后,进而对《春秋》二传有了新的认知。其引纬书"《春秋》属商",以认定子夏传《春秋》,并为《春秋》作传,而其后《穀梁》《公羊》之学,乃因口音传讹,师说继有所作,但其中子夏所传之传尚有可考。⑤ 廖氏认为二传中保存圣人之学说,故二传之礼可与《王制》相通。然于二传,廖氏仍有轩轾之别。由于《穀梁》礼制尽同《王制》,知其先传今学,笃守师说。但《公羊》则兼杂古礼,与《王制》礼有所区别,为解释此缘由,廖氏又以地域来解决兼杂今古礼的经学现象,廖氏把《穀梁传》归入鲁学,《公羊传》归入齐学,而《左传》作为古学则属三晋。从而界定《公羊》乃居于《穀梁》《左

---

① 俞樾:《致瞿鸿禨六》,《俞樾函札辑证》,凤凰出版社,2014年,第294页。按章太炎《驳皮锡瑞三书》云:"《王制》者,汉文帝使博士刺六经为之,见于《史记》。……先师俞君以为素王制法,盖率尔不考之言,皮锡瑞信是说,为《王制笺》。"(《章太炎全集》第4册,1985年,第26页)

② 廖氏尊孔,章太炎在其文《今古文辨义》中已经说到,蒙文通在《井研廖季平师与近代文学》中亦云廖氏"过重视孔子"(《章太炎学术史论集》,云南人民出版社,2008年,第456页;《经学抉原》,《蒙文通全集》第1册,第280页)。

③ 杨世文、舒大刚主编:《廖平全集》第3册,第1066页。

④ 廖平:《王制学凡例》,《廖平全集》第2册,第481页。

⑤ 廖平:《公羊解诂三十论》,《廖平选集》,巴蜀书社,1998年,第168—169页。

氏》之间,故兼杂今古礼,但今礼居多,故仍为今学,至于同古礼者,廖氏则以"此《公羊》改今从古之证"来作为解答。①

廖氏认定《王制》与今礼之关键,乃明确《王制》为《春秋》旧传,"孔子既作《春秋》,复作此篇,以明礼制,故所言莫不合于《春秋》"。②由《春秋》二传与《王制》之密切关系,进而说明《王制》之礼非殷礼,乃为《春秋》制。所谓《春秋》制者,即兼备四代之礼。而《春秋》是孔子改制之作,故礼兼备四代,又中有假托之礼,非事实如此,此乃托礼以明孔子微言大义。③ 廖氏以《王制》之礼符合《春秋》改制说,从而《春秋》神圣地位得以奠定,而今文经学的地位亦进而得以巩固。

据此可知,廖氏之学乃是从礼制着手,以区分今古文经说,对东汉以降的今古文之争给出一个较好的解答。另外,廖氏的这种今古文观,也有助于他区分汉代今古文经学与孔子之学的关系。廖平认为,孔子之学分前后两个时期,前期主要是古学之内容,而后期则是今学之内容。④ 由此可知,今学与古学的对立,乃是孔子之学不同时期的呈现。然而廖平却认为,孔子后期之学才是其学之核心,由此今学的地位要高于古学。而在廖平之前,刘逢禄、宋翔凤等人的公羊学,都是建立在汉代今文经学基础上,并且对公羊学的重视要高于穀梁学,基本上是认定何休、董仲舒、七十子、孔子的学术谱系,并未出现廖平这种以礼制为核心来衡量学术谱系的思路。

廖平在经学二变之后,释经的思路越发开阔而荒诞,但以孔经礼制作为释经的核心却未曾改变。早年他对《公》《穀》的重视要高于《左传》。他认为《左传》为古学,中有汉人刘歆伪造的部分。但他后

---

① 参见廖平:《公羊解诂三十论》,《廖平选集》,第172—173页。
② 廖平:《公羊解诂三十论》,《廖平选集》,第135页。
③ 廖平:《公羊解诂三十论》,《廖平选集》,第138页。
④ 廖平《今古学考》言:"予谓从周为孔子少壮之学,因革为孔子晚年之意者。"《廖平全集》第1册,第56页。又言:"今主改制,孔子晚年之说。古主守旧,孔子初年之说。"《孔经哲学发微·四益馆经学四变记》,《廖平全集》第1册,第1077页。

来改变了看法,坚持认为三传皆今学,其中差异源于后世口说传播发生了变化,但三传核心精神是一致的。他认为《左传》的出现正是由于经传流于空泛,势必以史事的记载去加以规范。因此,三传相辅相成。①

廖平以礼制作为理解经传的核心,剖析先秦学术,从而与孔子之学建立学术关联,可谓是对孔学以及先秦两汉之学的重新建构。而新的建构也就意味着对之前的破坏,可以说廖平在吸收前辈学人的研究中,也在否定之前的公羊学。廖平无意以公羊学遍释群经,而是在晚清今文经学的影响下,转而走向礼制的讨论,重视以穀梁学为今学传记的《春秋》学。他对汉代公羊学的诸多思想、观念等问题重新给予解读。廖平的礼制论,也从整体上弱化了对经传义理的探究,所以他虽然承认《春秋》微言大义的存在,但对礼制的强调容易导致孔学义理阐释中的单一化。

二、制度与微言大义

廖平如此重视《王制》,即在于他对经传制度的阐释。他在《今古学考》中就制度与义理有所区分:"《论语》因革损益,唯在制度。至于伦常义理,百世可知。故古今之分,全在制度,不在义理,以义理古今同也。"②廖平对制度的看重,并非只因伦常义理的永恒不变,更在于清代经学研究中对礼制的重视。而且廖平口中所谓的伦常义理,在后来政治革命的影响下,也变得不再永恒。但是他对制度的关注,本质上即从政治层面思考如何践行这一套圣人理想制度,故而他说:"制度则经营天下,裁成万类,无所不包,如《王制》是也。制度最大最

---

① 廖平:《春秋古经左氏说汉义补证凡例》,第535、543页;《左氏春秋学外编凡例》,《廖平全集》第2册,第557页。
② 廖平:《今古学考》,《廖平全集》第1册,第59页。

要,礼仪特其中一门。欲收通经致用之效,急宜从制度一门用功。"①
在廖平看来,对神圣制度的挖掘,本质上便是解读孔学的义理。他在
《孔经哲学发微·四益馆经学四变记》中说:"俗学专言学圣,不求知
圣,遂以孔子为学究,人人可以为孔子。必知生民未有,贤于尧舜,生
知前知,而后可以言知圣。"②他认为孔子是神圣的,是常人无法企及
的。如此即说明孔子不仅仅是早期儒家的代表人物,而是连周公都
无法匹敌的素王。同时他对素王的推崇,隐含着汉代今文经学的影
子。这点廖平并不讳言,他说:"学人治经,义当尊圣……既用西汉之
学,不得不主圣人,既主圣人,不得不舍羑里。"③在廖平看来,治经与
尊圣是必然的联系。至于尊崇哪位圣人,源自如何看待六经。廖平
明言西汉之学,即是西汉今文经学,而今文经学者最看重孔子,且认
为六经乃孔子所作。因此,周公之地位也就无法与孔子相比。有了
这种认知,廖平才能够发挥他对圣人之学的解读。

　　另一方面,廖平指出孔子作六经垂教后世,并非让人机械照搬六
经之内容,而是要结合具体社会政治环境,谋求实质性变革。他说治
经当师其意,且要一方面理解《春秋》微言,一方面要学习《周易》变化
消长之道,以人事典制通天道,然后相反相成。可见他对制度的理
解,并非使人拘泥于经书,而是从经书中理解治理社会的思路、方法
与准则。所以他认为从制度层面讲,《王制》只是纲领,不能含括一切
具体礼仪。而具体的礼仪,则需要从经传中寻找。廖平认为三统、文
质观念的出现,乃是解决经传中具体制度的差异,继而解决因时空的
转变所带来的矛盾与差别。④

　　廖平又通过解读公羊学的核心概念,以解答微言大义为何。他

---

① 廖平:《知圣篇》,《廖平全集》第 1 册,第 347 页。
② 廖平:《孔经哲学发微·四益馆经学四变记》,《廖平全集》第 1 册,第 1079 页。
③ 廖平:《四益馆文集·与宋芸子论学书》,《廖平全集》第 11 册,第 661 页。
④ 廖平:《知圣篇》,《廖平全集》第 1 册,第 348 页。

在《知圣篇》中说："孔子受命制作，为生知，为素王，此经学微言传授大义。"①孔子的受命制作，即在于他对三代之制的损益，"今异于古，皆孔子损因周制之事。今古相同，此孔子因仍周制不改者也"。② 可见廖平认为孔子对制度的设想既有继承，亦有创新。继承者，即今古文相同处。创新者，即古不如今者。而孔子素王的身份，又进一步证实制度的损益乃是微言大义的体现。孔子所谓的述而不作，成为其托古改制的借口，托古于文王，乃有德无位，不得不如此。而以素王改制，蕴含其微言，乃垂教于后世。③ 六经为孔子述而不作的载体，那么六经即是孔子改制的内容，也就是孔子微言大义的载体。

对廖平来说，刘歆的出现，是古文经兴盛的前提，更是对孔子制度的破坏，阻碍了孔子微言大义的阐发。原因在于刘歆伪造古文经，借以扰乱今文经学的传播。而又牵引周公以敌对孔子，造伪说以攻博士。④ 他对刘歆的痛恨，一方面源于清代经学研究中以庄述祖、刘逢禄等人疑刘歆窜改《左传》而起，另一方面在于他对今古文礼制的偏执理解。所以他批驳刘歆，也就自然批判古文经学，他说："若如马、郑诸家，既不主孔子，更何有微言大义之可言？"⑤这是经学一变、二变时期的观点。

廖平在戊戌以后，改变了礼制的今古区分，改变了对古文经的歧视态度，转而由今古向大统、小统转变，由此对今古文的理解便不再局限于古不如今的观念。认为《王制》为孔经中小统，《周礼》为大

---

① 廖平：《知圣篇》，《廖平全集》第 1 册，第 324 页。《古学考》亦言："微言即今学家所传文王、素王作六艺改制之说也。"（《廖平全集》第 1 册，第 126 页）
② 廖平：《今古学考》，《廖平全集》第 1 册，第 29 页。
③ 廖平：《知圣篇》，《廖平全集》第 1 册，第 325 页。
④ 廖平云："六经传于孔子，实与周公无干。哀平以前，博士全祖孔子，不祖周公。刘歆移书亦全归孔子，后来欲攻博士，故牵引周公以敌孔子……于五经之外臆撰经名，于博士经学之外别出师法，后人遂疑孔子之经不全，博士之本未足，经学杂而不纯，博士缺而不备。"（《古学考》，《廖平全集》第 1 册，第 124—125 页）
⑤ 廖平：《知圣篇》，《廖平全集》第 1 册，第 371 页。

统。他说:

> 戊戌以后,讲皇帝之学,始知《王制》专详中国,《周礼》乃全球治法,即外史所掌三皇五帝之典章。土圭之法,郑注用纬书"大地三万里"说之,大行人藩以内皇九州。九九八十一,即邹衍之所本,故改今、古为大小。所谓《王制》为今学者,王霸小一统也。《周礼》古学者,皇帝大一统也。一内一外,一行一志,一告往,一知来,一大义,一微言,经传记载,无不贯通。①

此言小统指《王制》所言中国五千里疆域之时代,大统则适用于中外交通之时的全球。廖平由经学三变开始,由思考传统政教问题,转而开始思考中国与西方,以及未来世界的文明走向等问题。也就是说他在解读孔子素王改制的同时,所谓的垂教万世已经由局限于天下视野的传统中国,转向中西文化冲撞下的现代世界,其中孔学义理的现代性义涵不言而喻。因此他以传统经传中的一统、大同概念来解读皇帝大统,便已经失去了传统政治背景下的意义,由此树立孔学之新意,宣扬天下大同的理想政治。② 如此一来,孔子"乃得为全球之神圣,六艺乃得为宇宙之公言"。③

廖平后受佛教之影响,由大小统论转而提倡天人之学。一、二、三变所言皆人学范围,而此时则转而以《中庸》为本,讨论天学。而原先所看重的《周礼》《王制》《春秋》《尚书》皆属人学范畴。④ 如论天学:

> 人学六合以内,所谓绝地天通,格于上下,人而非天,故人神

---

① 廖平:《知圣续篇》,《廖平全集》第1册,第383页。
② 廖平:《知圣续篇》,《廖平全集》第1册,第401页。
③ 廖平:《经学六变记·四益馆经学四变记》,《廖平全集》第2册,第889页。
④ 廖平:《经学六变记·四益馆经学四变记》《廖平全集》第2册,第890页。

隔绝。周游六漠，魂梦飞身，以今日时势言之，诚为力所不至。然以今日之人民，视草昧之初，不过数千年。道德风俗，灵魂体魄，已非昔比。若再加数千年，精进改良，各科学继以昌明，所谓长寿服气，不衣不食，其进步固可按程而计也。近人据佛理言人民进化，将来必可至轻身飞举，众生皆佛。①

廖平在四变时，对宇宙的关注，使得孔学不再基于人事，而是转而思考人事与宇宙的关联，这里面有着廖平对早期历史宇宙论的认知。我们知道，汉代公羊学充斥着对天命、灾异等方面的关注，这是汉人固有的宇宙论。而廖平此时受佛教影响，转而寻找孔学与宇宙的关系，实际上从上面引文可以看出，他依旧是在思考人类社会的走向。他始终未变的尊孔观念，导致他必须论证宇宙之事，此内容亦为孔学所含括。由四变开始，廖平对孔学的理解已经跳脱经学今古文范围，进入了他的孔经哲学系统内。后来的五变、六变实际上都由此而延伸，形成他最终的天人大小说。②

三、公羊学的重估：廖平对
何休公羊学的解读

廖平的今古文经学观，在其解读经典时起到了支配性的作用。因此，廖平在理解公羊学时，不再以专守何休、董仲舒的公羊学为目的，而是以《王制》《穀梁传》作为理解公羊学的预设条件。廖氏把《王制》与《穀梁传》看作是今学的代表，而且《穀梁传》与《王制》礼制相吻合，《穀梁传》为鲁学，代表了孔学的正宗。相较来说，《公羊传》为齐

① 廖平：《经学六变记·四益馆经学四变记》，《廖平全集》第 2 册，第 892 页。
② 参见廖平：《经学六变记》，《廖平全集》第 2 册。又参见吴龙灿：《首尾一贯的孔经哲学体系建构：廖平经学早中晚三期分期新说》，巴蜀文化与湖湘文化高层论坛，2013 年。

学,则今古兼有。其以《王制》解读《穀梁》,乃是因悟得《王制》与《穀梁》礼制相同,而其中关键两点便是廖氏认为《穀梁》寰内诸侯称伯,以及《春秋》改周制五等爵为二等爵。前者,寰内诸侯称伯者,即天子大夫、三监称字之例,凡称伯、仲、叔者,是为天子大夫之字,而方伯中凡氏采加字者,即天子之大夫为监于方伯。如单伯,伯称字,即天子大夫为监于鲁。据此说,进而得知伯子男皆非爵称,而周制公侯伯子男五等之爵则变为《春秋》公侯二等爵称。廖氏通过对《春秋》礼制的研究,发现此二点,从礼制层面为孔子素王改制之说找到了合理的证据。① 由于廖氏坚定地认为《穀梁传》与《王制》乃礼制的完美结合,而《公羊传》则兼杂齐学,因而廖氏心目中已经对二传有了高低之分,即《公羊传》无法与《穀梁传》媲美,故在对公羊学的讨论中,廖氏都会时不时地以《王制》《穀梁传》作为区别或衡量公羊学的标准。比如他定《穀梁》为二伯,而《公羊》为五伯,但很明显《公羊》亦云二伯,而廖氏却以《穀梁》作为标准。既然《穀梁》为二伯,很明显《公羊》即属五伯。

廖氏在明确此观念后,便在之后所作的《公羊解诂三十论》中对何休的公羊学进行了一番评判与解读。此三十论是其注解《公羊传》的大纲,从1884年起,经三年时间,分别写成正、续、再续各十论。廖氏当时盖欲据此纲目以诠释《公羊传》,故三十论“多主大例”。

廖氏确立自己的礼制观,此为重估公羊学的前见,因而对何休有关礼制的解读他自然不会认可。廖氏在《十论》中首列“《王制》为《春秋》旧礼传论”,即以其特有的今古文礼制观为《春秋》传的解读定下一个基本认识。这个基本认识就是我们前面说的关键性的两点。廖氏的这个认识,其实便由根本上打破了何休的公羊学体系。因为何

---

① 参见郜积意:《穀梁古义疏》点校前言,中华书局,2012年。又参见廖平:《何氏公羊春秋十论》,《廖平选集》,第135—136页。

休在解读《公羊传》时,并未以《王制》作为解读礼制的标准。他作为一个今文经学者,虽然不满古文经学,但对礼的认识仍旧局限在当时的官学中,因此他解读《公羊传》时,有关的礼制亦与今文经有关,但并没有局限于《王制》,而是继承师说,同时择善而从。而且更重要的一点是,何休对礼制的解读与其公羊例法有着密切的关联。何休以例法释经,而廖氏注重以礼制释经,二人的切入点不同。因此,廖氏这种今古文经学观可以说彻底否定何休以三科九旨为核心的公羊学例法体系。

由以上分析,我们知晓了廖氏解释公羊学的切入点及治学主旨,廖氏在此基础上,通过三十论对何休的整个公羊学体系进行了不断的瓦解。

廖氏以《王制》为《春秋》旧礼传,进而作"诸侯四等论""托礼""假号论""子伯非爵论",此皆从制度层面证明《春秋》与《王制》无异,以明《春秋》改制之事。在廖氏看来,何休不明此意,故对礼制的解读无法符合《春秋》之义。为说明廖氏对何休礼制的批判,我们需要考察何休对礼制的解读,这样才会有较为清晰的理解。

比如祭仲,以《穀梁》之例,为天子大夫,即为监于方伯者。而据《公羊传》,祭仲为郑国之大夫,故何休说:"不言大夫者,欲见持国重。"(桓公十一年)可知何休认为祭仲为大夫。然廖平则依据他的礼制观念,称伯子男者皆为天子之大夫。所以廖平在其《公羊春秋经传验推补证》①(下文简称《公羊补证》)传文"祭仲者何?郑相也。何以不名?"下注释云:"据祭氏与王臣同,又不名,乃上系郑。""相即《王制》所谓为监,传所谓为大夫之命乎天子者也。""后来弟子不知祭为王臣,采为监制,乃疑不名。"此处与《穀梁古义疏》的解释相同。此可知廖平并不认可何休的解释,而是以自己的独特发现作为解读传文

---

① 廖平:《公羊春秋经传验推补证》,《六译馆丛书》,民国元年四川存古书局印。

的依据,因此对传文的解读也是尽量屈从于他的这个礼制观念。

至于《公羊传》所颂扬的祭仲权变之义,廖氏在此处的补证中也反其道而行之。他在传文"贤也。何贤乎祭仲?以为知权也"下注释云:"《春秋》无贤者不名例,当用天子大夫不名。""以比孔夫季子,后师误答。""祭仲废君大恶,无可贤之理。""因前误答,设辞自圆以为贤,故以权许之。"(桓公十一年)廖氏不仅推翻汉代公羊学的礼制解释,甚者对祭仲权变之说亦一概抹杀,此仍是为了与其礼制观保持一致所进行的主观解读,认为传文乃公羊后师误读,可谓主观独断。

又如有关许男之见解,廖平亦完全不理会何休之说,而是以己之礼制观加以衡量。如隐公十一年经:"秋,七月,壬午,公及齐侯、郑伯入许。"廖平《公羊补证》云:"灭许也。许与郑近,庄以下卒正。鲁朝宿邑仅许,故下系许,称许田。朝宿邑,天子闲田,许乃封国,与田有别,故以为托之许。称男,托号也。郑方号伯,许不可称子伯,故以男先称。先曹者,许在郑后,以明属郑,且界郑曹二伯大小之分。"按此解读与《穀梁古义疏》义同。廖氏此论即以郑为方伯,许为郑之卒正,而曹为鲁之卒正,故许附之郑下,而曹附之鲁下。其云先曹者,正因成公五年经云:"十有二月,己丑,公会晋侯、齐侯、宋公、卫侯、郑伯、曹伯、邾娄子、杞伯同盟于虫牢。"此处郑曹虽同称伯,但郑在曹先,廖氏认为郑为方伯,曹为卒正,故有此等顺序。廖氏在桓公十年经注释时进一步解释了曹为卒正的问题。经:"春,王正月,庚申,曹伯终生卒。""夏,五月,葬曹桓公。"廖平注云:"桓无王,其曰王,何也? 正终生之卒也。曹卒何以日? 卒正之首从正卒例,故详世系也。日名则与方伯同,贵贱不相嫌,与以下之降之,见为小国也。"此处书曹为卒即以"卒正之首从正卒例",下不复书日者,则复其卒正之例。[1] 至于名与方伯同者,正是加礼以明"射姑为父病摄政也"(《公羊补证》)。

---

① 廖平:《穀梁古义疏》,中华书局,2012 年,第 99 页。

下云五月葬,廖平认为方伯以上五月而葬,卒正以下三月而葬,此处"正月卒五月葬,中只间三月,卜葬先远日,死与往日,则为四月葬,因为卒正,首加礼之"(《公羊补证》),此正以明加礼之义,而曹为鲁之卒正之义贯穿其中。按何休此处云:"小国始卒,当卒月葬时,而卒日葬月者,曹伯年老,使世子来朝,《春秋》敬老重恩,故为鲁恩录之尤深。"廖氏不从何休小国卒葬例而论,至于鲁恩,廖则以加礼明之。

其次看一下何休对诸侯三等制的理解。据《公羊传》,有公侯伯子男五等,然《春秋》变周之文,从殷之质,合伯、子、男以为一。而何休理解的诸侯三等即为大国百里、小国伯七十里、子男五十里,很显然何休此种解释来自《王制》三等制。然而廖氏却认为何休的解释有误,原因在于他认为《春秋》中的三等以《王制》来衡量,实际上皆为百里之国,而非三等。所以廖氏说:"以《王制》例《春秋》,则二伯皆王臣,非外诸侯。鲁为百里大国,当有三军。曹莒诸国皆千乘,不为小国。……然经不能别作二伯、方伯礼制,而假借百里、七十里之礼制而用之者,以诸侯强大易为祸乱,故定制以百里为限,不能加隆,故借三等平常礼制以明尊卑大小之分。"[1]按何休认为伯子男为一乃是殷制,然廖平则据《王制》认定《春秋》之三等制非实有,乃假托。此种观点否定了何休对礼制年代的界定,从而何氏相关的解读也就随之被否定。

如桓公十一年传:"《春秋》伯子男一也,辞无所贬。"何休说:"《春秋》改周之文,从殷之质,合伯子男为一,一辞无所贬,皆从子,夷狄进爵称子是也。忽称子,则与《诸侯》改伯从子辞同,于成君无所贬损,故名也。名者,缘君薨有降既葬名义也,此非罪贬也。"何休此论与《白虎通》同,可知乃公羊家旧说,然廖平注此传,则与何休不同,其《公羊补证》云:"许男、曹伯、莒子,同为卒正。""伯子男为一等即传称

---

① 李耀仙编:《廖平选集》,第139页。

伯子男之意。《春秋》方伯例称侯,小国称伯子男。郑以方伯称伯者,从寰内诸侯例,《春秋》惟爵号一定之国在丧乃称子,如宋陈卫。凡在疑似,通不称子,齐晋郑曹是也。郑以方伯称伯为变例,在丧称子则与杞纪同为小国之文,故在丧通不称子,为避嫌耳。"此处廖平解释"伯子男一也"为"伯子男为一等",此正是他所认为的《春秋》伯子男非爵称,乃"假赐命之名,以为立说之准"①。此与何休所认为的《春秋》改周之文从殷之质完全不同。

后廖氏在《再续十论·袭用礼说论》中则进一步瓦解了汉代今文经有关礼说与《春秋》的密切关系,他说:"汉人虎观、石渠五经诸儒,合订仪制,是乃礼家三书,殊非《春秋》之教。……孔子以素王作经,与《诗》《书》删定不同。《春秋》自为终始,未可牵合他家。"②此即从根源上断裂《春秋》与他经的关系,因此何休"繁征礼文,广列异制"③也与《春秋》精微之义不符,所以廖氏说:"诸经唯《春秋》《孝经》为孔子自作,与别经体制文字不同,家法尤为远别。"廖氏此论正是为其礼制观作铺垫,其否定汉代礼说,乃至对董仲舒的解释也一起否定④,便是意在表达自我认可的《春秋》学,这样尊孔之义亦得以显现。可见廖氏对何休礼制的否定,表面上是对汉代公羊学的补证商榷,实则是把汉代的公羊学传统加以否定,突出他的《春秋》学观。

另外,廖氏对何休公羊学中的一些核心观念加以反驳,也是因为这些核心观念阻碍了其礼制观的成立,因此必须加以否定,如此廖氏的《春秋》改制之说才可得以确立。首先就王鲁来说,本是汉代公羊学的一个核心观念,这在董仲舒的《春秋繁露》中已经出现,两汉师说沿袭之,何休运用到了公羊学的诠释中,于隐公元年春王正月,何休

① 李耀仙编:《廖平选集》,第143页。
② 李耀仙编:《廖平选集》,第165页。
③ 李耀仙编:《廖平选集》,第164页。
④ 李耀仙编:《廖平选集》,第165页。

说："《春秋》托新王受命于鲁，故因以录即位，明王者当继天奉元，养成万物。"①又说："文王，周始受命之王，天之所命，故上系天端。方陈受命制正月，故假以为王法。"②可知王鲁非真王鲁，乃是假王法于鲁，以明《春秋》受命改制之义。然廖平《春秋》学从《王制》而来，以礼制为治《春秋》学之关键，而王鲁说实则与此观念相悖。因为前面我们说到，廖氏定齐、晋为方伯，鲁、郑、秦、吴等八国为方伯。③而王鲁说则有意抬高鲁国地位，与其二伯、方伯之论不合，故廖氏极力驳之："盖尝以经例推之，则鲁为方伯，讥僭诸公，非作三军，则是《春秋》仍以侯礼责鲁也。讥不朝，非下聘，则是《春秋》仍君天王而臣鲁侯也。"廖氏以鲁为方伯，此正与王鲁说冲突，可见廖氏反驳王鲁之深意。然廖氏又从史学角度考证无王鲁义，此实则不伦不类。因为他说："《春秋》改制作，备四代，褒贬当时诸侯，皆孔子自主，鲁犹在褒贬中，其一切改制进退之事，初不主鲁，则何为王鲁乎？"④此主观独断可见一斑，然又据纬书云素王而无王鲁，以证王鲁不可信，更是站不住脚。至于公羊学奠基者董仲舒所说的王鲁，廖氏则视为董子之误，他说"因王意不见，乃假王鲁以见素王之义"，此主观独断，由此判定汉人王鲁乃"说经者因义难见，附会别义，以见之专门"。⑤其实廖氏自己不也是"附会别义"吗？可见他以自己的主观认识去破除阻碍自己理论的观念，有失学术之公允。廖氏在破除王鲁观念之后，依然不忘鼓吹其素王观念，他定义素王："设此法以待其人，不谓孔子自为王，谓设空王以制法而已。"⑥此亦为尊孔之论。

廖氏对何休的三世说也进行了反驳。我们知道，三世说乃是何

① 刁小龙整理：《春秋公羊传注疏》，第7页。
② 刁小龙整理：《春秋公羊传注疏》，第10页。
③ 参见李耀仙编：《廖平选集》，第135页。
④ 参见李耀仙编：《廖平选集》，第141页。
⑤ 参见李耀仙编：《廖平选集》，第141页。
⑥ 李耀仙编：《廖平选集》，第142页。

休三科九旨中的一旨,亦是何休公羊学的核心观念,支撑着何休公羊学体系,一旦三世说不成立,那么何休的公羊学体系也就随之崩塌。廖氏对三世说的否定从以下方面进行:

1. 三世异辞,非仅指三世间之异辞,三世每一世内亦有异辞。

2. 以孔子四世陪鲁君十二世,虽本纬侯,不足据。

3. 何休以高曾为一世,祖父为一世之说荒谬,乃是误解传文"祖之所逮闻"之义。

廖氏否定三世说,第一条是从辞例角度否定,第二条是否定纬侯的分期说,第三条是否定何休对传文的理解。廖氏否定的是何休的三世说,并非否定三世说本身的存在,他认为三世说应当依据董仲舒以及《穀梁传》的说法。董仲舒说:"《春秋》以隐桓为高曾,以定哀为考妣。"(《公羊补证》哀公十四年)《穀梁传》桓公十四年引孔子曰:"立乎定哀,以指隐桓,则隐桓之日远矣。"廖氏据此,分隐桓为一世,庄至昭为一世,定哀为一世;又把每一世再分为三个部分,即每一世内再细分三个时期,这样三世分九等就组成了新的三科九旨(《公羊补证》哀公十四年),如此廖氏把何休的三科九旨变成礼制论下的新三科九旨。所以廖氏特意强调所闻世为有伯之世,而隐桓定哀则无之,此亦为了迎合其二伯、方伯之论(《公羊补证》隐公元年)。而何休把所传闻、所闻解释成孔子的高、曾、祖、父,廖氏对此反驳说:"隐桓之世,远在二百年以前,何所与于孔子之高曾?"[1]故他认为传文"祖"乃指的是隐桓,而非孔子的高曾。而且把"祖"解释为孔子的高曾,也降低了孔子作《春秋》的地位,这与廖氏的尊孔目的相乖离,因此廖氏说:"须知说《春秋》,当就孔子一人说之,不必牵引其先代高、曾作干证也。"[2]

---

① 李耀仙编:《廖平选集》,第147页。
② 李耀仙编:《廖平选集》,第147页。

廖氏三十论涉及方面众多，但大概情况即如前文所言。其根本便是廖氏以自我特有的礼制观，去理解《春秋》，然后在此基础上评判何休的公羊学。他对何休三科九旨的否定，从根本上颠覆了何休的公羊学体系。廖氏认为何休"《解诂》据文句而不据礼制，循末忘本，知其然而不知其所以然，流弊无穷。今欲学者先据礼制，而后以经例为证。其于正变之故，必使明若观火，灼然如指诸掌"。①

然而廖氏以礼制入手去解释《公羊传》，不可能解决所有的龃龉之处，那么廖氏又是如何解决这些问题呢？他在《何氏公羊春秋续十论》《再续十论》中则通过二十论，给出了答案。可以说这二十论，多是为了诠释《公羊传》而作的条例，也就是说廖氏在摒弃了何休的公羊学体系后，另外创制了以礼制为基础的新公羊学体系。为了弥补体系的不足，廖氏希望借助这二十论以完善其对公羊学的理解，也是为了更好地支撑以礼制区分今古文经学的理论体系。比如重事论，即是注重对经传史实的考论。我们知道汉代公羊学乃是重义不重事，故董仲舒说《春秋》贵义而不贵事。汉人以公羊决狱，亦是以《公羊》义来评判汉代的事件，他们看重的是经义中的道德伦理，而非历史事件。然而，廖氏却扭曲董子此说："《春秋》贵义而不贵事，谓不以二伯之行事捆素王之制义，学者不明斯旨，又以传略行事，欲取左氏，又乖师法，故尽祛故实，专言经例。或以美恶甚著，褒贬无方，遂以为假迹立说，不据美恶。不知本事未明，经义何附？"廖氏此论，乃云《春秋》重义在素王之义，只要不违背素王之义，其事皆可作为善恶褒贬之论据。故廖氏认为"制义多在嫌疑之间，唯其本事详明，而后经义显著"。② 廖氏强调史实在理解《春秋》微言大义中的重要性，乃是否定何休据《公羊传》阐释《春秋》微言大义的可行性。因为何休当时注

---

① 参见李耀仙编：《廖平选集》，第158页。
② 参见李耀仙编：《廖平选集》，第157页。

解《春秋公羊传》，其本就是专守《公羊传》，认为《公羊传》传达的正是"圣人之极致，治世之要务"（《春秋公羊传解诂》序），而廖平转而强调史实的重要性，实质上是对何休拘守《公羊传》以解经的否定，所以他说"今不能以传言则信之，不言则不信，凡此之类，皆宜详考"。① 可知他不满足何休守传而理解《春秋》，因为《公羊传》兼杂今古礼制，已经远离鲁学，也就无法诠释圣人《春秋》之真传。而廖氏获取史实的途径，则由司马迁《史记》、《国语》②。廖氏认为理解《春秋》当重史实，并非是否定经义的重要性，他在《十论》中探讨《春秋》改制与史实制度时，就认为《春秋》中不仅有假托之制度，亦兼杂历史上真实的制度，他对此采取兼顾的办法，"《春秋》时事皆周制，经意参用四代，今古相连，柄凿不入。得此并行，乃能圆通耳"。③ 他希望以圆通的方式看待经义与史实，二者在理解《春秋》经义时都不可偏废。我们既然提到了廖氏的重史之论，那么在具体的诠释中他又如何避免何休的拘守而两者兼顾呢？我们可从其《补证》中举例加以分析。

如文公十八年经"秦伯罃卒"，何休云："秦穆公也。至此卒者，因其贤。"廖氏《补证》云："罃者何？康公也。至此始卒者，进小夷也。秦何以称伯，天子之大夫也。"按何休云秦伯为秦穆公，而《左传》则记载为秦康公。廖氏《穀梁古义疏》则据《史记·秦本纪》云："康公立十二年卒，子共公立。"

闵公元年经"齐仲孙来"，《公羊传》以齐仲孙为公子庆父，何休无异说。而廖平则依据《左传》认为齐仲孙是指齐仲孙湫。廖氏为解释《公羊传》指为公子庆父，乃云："仲孙为庆父之后，此在庆父时言仲孙是指庆父，仲孙本为齐仲孙湫，以《春秋》经意言之则非齐大夫，乃吾贼耳。"（《公羊补证》闵公元年）其《穀梁古义疏》云："仲孙，

---

① 参见李耀仙编：《廖平选集》，第161页。
② 参见李耀仙编：《廖平选集》，第157页。
③ 参见李耀仙编：《廖平选集》，第146页。

《左氏》以为湫,《公羊》以为庆父。以《春秋》之法说《春秋》,则以仲孙托之庆父。"①

廖氏以史实作为补证《春秋》的依据,正是打破了何休专守公羊经义的目的,也失去了公羊学的本来面目。廖氏以史解经,当是源自古文经学的影响,刘师培曾说:"《春秋》一书,所道者名分,而所重者事也。今也舍事而言义、言制,则是孔子托空言而犯名分矣。"②

四、公羊学核心概念的改造

前面我们已经说到廖平对王鲁说的否定,对三世说的改造。他的这种作法,无非是为了实践他的今古文经学观,凡与其理论相违背者,他必然要作出一定的改造或重估,诠释《春秋》微言大义坚持以自己的礼制论为基础。不能否认,廖平在改造公羊学体系时,并未能够脱离汉代的公羊学传统。也就是说,他对《春秋》学的理解仍然受到了汉代公羊学的影响。这点最明显的便是廖氏所坚持的《春秋》改制说。改制之论,正是汉代公羊学的说法,何休在注释《公羊传》时也沿续此种说法。因为改制之论寓示了《春秋》与孔子的密切关系,孔子作《春秋》是为后世垂法,同时改制也就说明了制度的变革。廖氏坚守改制之论,如此尊孔的目的也就得以实现。但是,廖氏在吸收了公羊学的改制说之后,却并未强调《公羊传》与孔子的关系,反而提高了《穀梁传》的地位,他认为《穀梁传》乃鲁学,深得孔学真传。而且《王制》与《穀梁传》礼制貌似完美的结合,也为他的论断提供了证据。廖氏凭借他的经学体系,把汉人改制论与《穀梁传》扯在了一起。而《公羊传》却成了今古兼杂的混合品。在廖氏抬高《穀梁传》降低《公羊

---

① 廖平:《穀梁古义疏》,中华书局,2012年,第210页。
② 刘师培:《左盦集》卷二,《仪征刘申叔遗书》,第3740页。

传》的同时，导致他对《公羊传》的理解无法沿续汉代的公羊学体系，因此相关公羊学的观念必须加以改造，才能与其理论相符合。所以我们就看到他否定了何休公羊学的核心体系——三科九旨。何休三科九旨包括三世、三统、异内外三个部分，可是廖平却把三世说给破坏掉了，他不认可何休的三世，认为是与《春秋》不相符合的，但他并未舍弃三世概念，而是依据《穀梁传》重新划分了一个新的三世（见前文所论）。

又如"故宋"说，本何休三统说——绌夏、新周、故宋，宋为二王之后。按照三统论，新王将兴之际，以前的王朝则以二王之义对待，即使二王不易服色，不改正朔，可行其礼乐。因此故宋，也就意味着《春秋》对待宋的态度必然不同于他国。何休在隐公三年经"宋公和卒"下注云："不言薨者，《春秋》王鲁，死当有王文。圣人之为文辞孙顺，不可言崩，故贬外言卒，所以褒内也。宋称公者，殷后也。王者封二王后，地方百里，爵称公，客待之而不臣也。"此处何休认为宋为二王后，称公不称侯正是存二王之义，所以他说"客待之而不臣"。廖氏解释为"外诸侯始卒，宋王后且大国也"（《公羊补证》隐公三年）。此处他说宋为王后，乃是存二王后之义。但廖平故宋义与何休故宋义并不相同。廖平说："礼，家事不废王事，私讳得讳者。孔子修《春秋》，托王，有继周之意，故得顾其私亲，故宋也。""《春秋》素王，据颜注《梅福传》引《穀梁传》，补其故宋之例。"①据此可知，孔子为素王，但其为宋之后，故而宋为其先祖。所以他说："《穀梁》故宋有二义，在国则主王后，在大夫则祖先祖，不如公羊但祖王后也。"可知廖氏于故宋并不赞同何休故宋之说。而且何休说此处宋公卒以故宋论之，目的在王鲁，即褒内也，在何休看来三统说与王鲁说是一致的，故宋、新周，以《春秋》当新王，是三统说逻辑下的必然结论，而以《春秋》当新王也就

① 参见《穀梁古义疏》桓公二年传"孔子故宋也"注（第77页）。

是王鲁。但廖氏否定王鲁说的存在，也就使得他与何休的解释相异，同样在理解三统上也就注定会反对何休的解读。

公羊"绌夏"说亦与三统存二王义有关，这点何休说得非常明确。如庄公二十七年经"杞伯来朝"，何休注云："杞，夏后，不称公者，《春秋》黜杞，新周而故宋，以《春秋》当新王。黜而不称侯者，方以子贬，起伯为黜。"杞为夏后，故绌夏即绌杞。杞本当称侯，然此处称伯正是绌杞之义。然而称伯不称子，乃是《春秋》伯子男一也，辞无所贬。僖公二十三年已经说贬称杞子，此处称伯以明绌杞义。廖平则从其礼制观出发，认为称杞为伯，乃是指杞为卒正之义，伯表示《春秋》之称乃假托之称号，而非真实的爵号。然而在何休看来，称伯子男皆是爵称，乃是殷之三等制，并非廖氏所谓的假托称号。就这点来说，廖氏也与何休的绌杞说不同。

廖氏否定了何休三统说，进而否定王鲁说的存在，可以说从本质上否定何休公羊学体系的根基。廖氏认可故宋、绌杞，这是因为与其素王说及礼制观念并不冲突。但他不认可王鲁、新周，而且把这两个概念改为了亲鲁、尊周。所谓亲鲁，正是因为孔子修《春秋》因鲁史，且鲁为方伯，故其亲周也。而其尊周，正是依据《穀梁传》尊周外楚之说，并据《穀梁传》"交质子不及二伯"，推论出《春秋》托齐桓、晋文为内臣而授以二伯，即以此二伯之说导出《春秋》改制之义。[1] 可知，廖氏破坏何休三统说，是为了附和《春秋》，改周制为《春秋》制，以明孔子为素王，作《春秋》改制之义。所以廖氏对何休三统三世的否定，实则是为了实现它的新《春秋》学理论，即以礼制而推导出的孔子改制之论。

廖平除了对何休公羊学核心观念的改造之外，还就何休的例法分析进行了重新解读。因为我们知道，何休以例解经是其公羊学的

---

[1]　具体见郜积意：《穀梁古义疏》点校前言。

一大特色，刘逢禄专门作《春秋何氏公羊释例》，以求尽可能地还原何休的例法体系。从中我们可以看出例法在何休公羊学中的地位。可以说理解《公羊传》，离不开例法的运用，这是汉代公羊学者的传统，早在胡毋子都时期便已经有这样的解释传统。然而廖平在解读《公羊传》时，对何休的例法进行了改造，但这种改造并非是全盘否定。一方面廖氏借鉴了何休的部分说法，同时也吸收了《榖梁传》的例法，即他为了形成自己的新《春秋》理论体系，也建构了一套自己所认可的公羊学例法。为更加清晰地说明廖氏对例法的改造，我们需要举出几个比较典型的例子，来考察廖氏对例法的独特理解。

如庄公三十二年经"秋，七月癸巳，公子牙卒"，何休云："庄不卒大夫而卒牙者，本以书国将弑君。书日者，录季子遏恶也。"按据何休三世说，每一世的书日与不书日是不同的。至于所传闻之世，大夫之卒，不问有罪无罪，皆不书日以略之，以示其恩浅。庄公属于所传闻世，故此处按例当不书日，然而违例书日，何休解释为详录季子之止恶，其意在明季子之志。然而廖氏却并不认可何休的解释，即他不同意何休以三世说而归纳的例法，廖氏《公羊补证》云："卒在公，不在夫人。此卒，不卒者也。曰牙卒，所以见杀。"即廖氏据传所载，庄公不卒大夫，认为此公子牙卒，非卒也。曰牙卒，是为了说明公子牙被杀之事。而据《榖梁传》，大夫日卒正也，不日卒恶也（《榖梁传》隐公元年）。那么此日卒，正是正也，故廖氏说："牙饮药而卒，非其杀之，如正卒，故日，为季子讳也。"[1]按为季子讳是《公羊传》说法，而日卒是《榖梁传》例，廖氏不从何休所传闻世之例法，而是据《榖梁传》以明《公羊传》为季子讳之说，也说明了廖平对何休三世说的否定，而其推崇《榖梁传》，也在注释《公羊传》时，常以《榖梁传》来解释《公羊传》，可谓混淆《春秋》三传家法。

---

[1] 廖平：《榖梁古义疏》，第 205 页。

另外,廖平否定时月日例中月例的存在,他专门作《无月例论》,即是从例法的角度改造何休的例法体系。据刘逢禄的《春秋公羊经何氏释例》,何休对时月日例的总结是比较广泛的,比如君大夫盟例日,小信月,大信时。[①] 战例时、偏战日、诈战月,即何休认为公羊中时月日例都是存在的,但何休并没有时月日例的等级观念。后人分析何休例法则认为有正例有变例,所谓正例,即常例,一定之例,而变例则是与多数常例违背者,即对正例而言。廖氏认为时月日例中,大事日,小事时,凡书日、书时皆为一定之例,而月在其中,书月即为变例。故他说:"大事例日,如盟例日,而桓盟皆不日而月,变也。柯之盟,时者,变之至也。此日为正,月为变,时为尤变之例也。"按据《公羊传》,桓之盟不日,信之也(庄公十三年)。同样何休认为柯之盟不日亦是此意。而据公羊例,君大夫盟例日,小信月,大信时,故知桓盟书月,与庄公十二年柯之盟书时,其大信小信有别。何休论例并无正变例之观念,其例之变化皆被赋予了道德伦理的内涵,所以例法的变化,并非是廖氏所谓简单等级的变化。但廖氏注释柯之盟传文时,便忽略了何休的这种理解。传云:"何以不日?易也。其易奈何?桓之盟不日,其会不致,信之也。"廖平《补证》云:"据公与盟例日","日重记之详,时则略之。故云易,易与难对","此独时者,著其始也"。按廖氏认为此处书时乃是因为柯盟容易,故略之而书时。然何休却认为书"易"乃是因为彼此信任,故书时不书日,正是大信之义,廖氏不明何休例法之深意,却以详略论之。然廖氏在《穀梁古义疏》中却依据传文认为不书日乃是明桓公之信,此处《公羊》《穀梁》二传理解相同,但廖氏在《公羊补证》中却忽略何休例法之深意,以详略义论之,可见廖氏对何休公羊例法并未能够给予客观公正的理解与分析。

---

① 刘逢禄:《春秋公羊经何氏释例》,第30页。

五、经学义理的现代性论述

廖平对于微言大义的解读,依靠的是其今古文的礼制论,而这种观点的梳理,源自对条例的重视。前文我们已经提到,乾嘉以来学者非常善于运用条例来释经,除了文本的训诂之外,这便是学者常用的方法。对廖平来说,他不重视训诂,他看重的是义理。所以他对史事的不看重,可能也与他的哲学化思维有关。他对经之义理的解读,是依靠自我总结的条例。总之,廖平解经方法依旧是前辈学人的延续,并没有什么创新。但他通过陈旧的方法所得出的结果却是颠覆传统的。他对孔子六经义理的阐发,已然超越了传统的界限。廖平以《王制》凸显孔子为后世法的良苦用心①,又同时为孔子改制论作辩解,他说:"素王改制,孔子有罪我之言,此义不能明说,谓之微言,故孟、荀皆以《王制》为周礼。盖既不能谓之为孔子礼,又不能谓之夏殷礼,孟荀皆有素王天子之说,而以《王制》为周礼者,心知其意,而口不能言耳。"②此论不仅曲解孔子言论,更提升孔子素王改制的神圣性,而孔子言说的隐晦性,也正从侧面指出了孔子及其之后时代政治的暗淡,由此淹没了孔学的真谛。廖平认为,孔子托古改制,乃意在著述《春秋》,而托其制于文王,实则出于有德无位。托之文王而不托于周公,后世乃不知此中深意,遂以周公之制为周制,却不知周公制礼作乐乃成康之后所作,非文王之制。③ 廖平意在论证孔子之后,孔子所论新制被错认为是周公之制,孔门后学也并未能理解孔子的深意,由此孔子的托古改制思想在历史中被湮没。

廖平自信发现了孔子微言的密钥。他以公羊三统论结合进化论

---

① 廖平:《群经凡例·王制学凡例》,《廖平全集》第 2 册,第 484 页。
② 廖平:《群经凡例·王制学凡例》,《廖平全集》第 2 册,第 485 页。
③ 廖平:《群经凡例·四代古制佚存凡例》,《廖平全集》第 2 册,第 629 页。

来解释传统历史,塑造一种新型的历史观,从而论证孔学的文化价值与政治价值。他认为中国在三千年前已实现革命、民权,时为第一次三统。而后循环变化,至民国正处在共和时代,此为第二次三统之时代。他认为共和时代百年之后,即进入第三次三统时期,那时当更加文明。由此可见在廖平看来,世界进化,不是直线形的,而是螺旋式的。很明显廖平看似荒诞的解读,却体现了解读孔子微言的自信,同时自身所处的时代正是圣人微言的显露,而且孔子还预示了未来世界的理想秩序。所以他颠覆传统对三代的想象,转而言说三代的野蛮真相,而理想的描绘却是孔子为后世制法的隐喻,隐含着未来更高层次文明时代的降临。[①] 这种理解意味着对西方文化制度优越性的否定。廖氏认为当下的西方形态在古代的中国早已出现过,而孔学对未来世界的构想,则会再次超越西方,如此就使得孔学不再是传统中国内部的知识,改制也不再局限本国,而是超越了国界、种族,具有未来理想国度的共同价值,由此未来的世界即是实行孔学大盛的时代。

　　廖平对经学义理的探求集中在制度层面,而不太着意于德性方面[②],至于理学家所谓的形而上内容,他就更不在意。他对孔子之学的阐释,以改制论为核心,以公羊学三世说论述历史的进化,从而指明圣人改制的内涵,重点不在个体内在德性的完善,而是社会整体制度的进步,进而实现太平之治。然而我们不禁疑惑,传统学人对《春秋》学的解读,本质上无法摆脱圣人义理在德性层面的论述,汉代的董仲舒、何休,都是如此,所以司马迁说:"《春秋》者,礼义之大宗也。"都在言说《春秋》微言大义在德性方面的作用。而且传统社会最为关键的纲常伦理,正是与圣人微言大义无法分割的重要内容,所以清代

① 廖平:《群经总义讲义》,《廖平全集》第2册,第781页。
② 当然如前文所言,礼制论本身就包含着内外两个层面,传统士人对制度的理解并非单一,而是涵义丰富,既有政治层面,亦未能脱离道德、伦理意义。

的刘逢禄、宋翔凤等人都非常关注礼的教化功能,这些理解都是传统经学内部十分核心的一个议题。之后龚自珍关注政治改革,乃至后来的王韬昌言效法西方改革,都未曾忽视或摆脱对道德伦理的关注。所以后来张之洞在《劝学篇》中对康有为等人打破传统纲常伦理的驳斥,都在诉说传统认知中圣人之学的核心在德性,在教化。若失去此层面,传统也就发生了质的改变。因此,廖平如此关注礼制的探讨,很明显他已经受到西方思想的影响,正如王韬所说:"孔子而处于今日,亦不得不变。"①龚自珍疾呼改革以降,晚清的经世思潮伴随着社会的变化,尤其是西学的冲击,正逐渐影响传统士人的精神世界。不仅廖平如此,康有为较之更加激进。

正如学者所言,康有为的公羊学背后蕴藏着对西方现代实理公法的接受,康有为改造《春秋》公羊学,正是割裂传统公羊学的观念义涵,转变成为国家政治改革的工具,从而公羊学的解读脱离了传统的释经学范畴,进入了具有现代性意义的政治学路径。对廖平来说亦不例外。所以我们也就不奇怪廖平的礼制论,尤其是后来廖氏思想的不断转变,都是在制度层面探究世界的未来状态。当然,这种制度隐含着对纲常伦理的维护,具有传统政教合一的丰富内涵。② 由此他才认为孔子是中国乃至世界文明的分水岭。他认为西人如同传统中国春秋以前的时代,即在孔子以前,这个时代即是"周末文敝"的时代③,此时期中国制度与西方没有较大差别。孔子出现以后,则"以言立教,世俗尽变",使得中国文明超越了西方文明。所以他说:"合通地球,不能再出孔子,则以海外通中国,沾孔子教化,即如孔子再生。今日西人闻孔子之教,即与春秋时闻孔子之言相同。"④可知他对孔子

---

① 转引自小野川秀美:《晚清政治思想研究》,时报文化出版事业有限公司,1982 年,第26 页。
② 廖平:《穀梁春秋经传古义凡例》,《廖平全集》第 2 册,第 529 页。
③ 廖平:《知圣篇》,《廖平全集》第 1 册,第 356 页。
④ 廖平:《知圣篇》,《廖平全集》第 1 册,第 356 页。

的理解,乃是在与西学碰撞下,试图挽救本国政教的固有价值。孔子教化中,他尤为关注三纲,这是传统伦理的核心。廖平在他的这种文明论逻辑下,自然认定三纲为孔子以后文明世界应具备且不可改变的伦理,而西方之所以不同,乃是由于基督教的影响,改变了他们的伦理。所以应当以孔教再次去改变他们的伦理,使其接受中国的纲常伦理,此即由中国而变夷狄。[1] 这种思路下,廖平十分强调所谓的进化在于伦常,而非物质上的优越。[2]

因此我们就会明白廖平对今古文经学的区分,以及对《春秋》义理的阐释,实际上背后隐含着对现实社会的关注。他在 1907 年的《伦理约编》中说:

> 自海禁开而儒术绌,海外学说输灌中邦,揽新之士立说攻经,即老师宿儒以名教自任者,其推论中外,亦谓希腊罗马制或符经,由野进文。斯崇耶教、更新制,青年英俊,中者过半。心失权衡,手无规矩,既贻卑己尊人之羞,兼伏洪水猛兽之患。土崩鱼溃,岌岌不可终日。议者知穷术尽,推尊至圣,以挽已散之人心,御巨艰之外侮。然微言大义十弗阐一,虽复虚尊大祀,然德配天地之真,卒未窥睹。[3]

此论可知廖平对于经学的认知以及从始至终强烈的尊孔观念,都并非纯粹的经学考证活动,而是依旧呈现出学与术的互动关系。他之所言因西学冲击而导致的卑己尊人,人心涣散,正是中学为体的"体"早已抵挡不住西学的巨大影响。此文所作晚于他的经学一变与二变时期,但这种冲击所带来的对于本国儒学信仰,乃至纲常伦理的瓦

---

① 廖平:《知圣篇》,《廖平全集》第 1 册,第 356—357 页。
② 廖平:《阙里大会大成节讲义》,《廖平全集》第 11 册,第 470 页。
③ 廖平:《伦理约编》,《廖平全集》第 3 册,第 1025 页。

解，都在廖平写出《今古学考》之前便已经发生。廖平早年曾为张之洞的幕僚，张之洞在康有为《新学伪经考》后，作《劝学篇》，主张旧学为体，新学为用，以维护传统的纲常伦理。在张之洞此论更早之前，冯桂芬面对西方侵略，已有此意。冯氏在出版于 19 世纪 80 年代的《校邠庐抗议》中已经提出："以中国之伦常名教为原本，辅以诸国富强之术。"①此可见张之洞等人对本国之体的看重，实际上正折射出西学的威胁力量。俞樾曾言官员们虽然读儒学典籍，但索求的却是西学，因此他认为儒学的衰落正在到来。②康有为 1895 年的《上清帝第二书》便已经道出与廖平相似的观点："今日风俗人心之坏，更宜讲求挽救之方。盖风俗弊坏，由于无教。……而六经为有用之学，孔子为经世之学，鲜有负荷宣扬，于是外夷邪教，得起而煽惑吾民，直省之间，拜堂祺步，而吾每县仅有孔子一庙，岂不可痛哉！"③清末孙宝瑄在 1897 年的日记中说："今人皆悟民主之善，平等之美，遂疑古圣贤帝王所说道义，所立法度，多有未当，于是敢于非圣人。"④此可从侧面证实廖平对孔学价值的重估，以及后来对西学政治、伦理诸多概念的批评，都因清季这种社会现象而激起。

廖平对经学的关注，由早年尊孔而后推崇孔教，都在践行他对孔学的理解，指向"体"的维护。他说："今欲强国，伦常万不可废。"⑤这种理解本质上仍是传统士人通经致用的思路。⑥那么孔学如何强国？在他看来正是孔学引导着未来世界的诞生。然而传统所美化的三代之学，为经而非史，乃是孔子理想的呈现，也是素王义涵在未来世界的实现。因此对孔学价值的挖掘，不仅是通过经学义理去解读，更在

---

① 冯桂芬：《校邠庐抗议》，光绪丁酉(1897)聚丰坊刻本，第 69a、b 页。
② 转引自列文森：《儒教中国及其现代命运》，第 50 页。
③ 康有为：《康有为全集》第 2 集，第 43 页。
④ 孙宝瑄：《忘山庐日记》，上海古籍出版社，1983 年，第 158 页。
⑤ 廖平：《廖平全集》第 2 册，第 1032 页。
⑥ 廖平：《群经总义讲义》，《廖平全集》第 2 册，第 780 页。

于这种圣人为后世改制的论调,是为了应对西学的冲击。由此廖平以进化论去重新理解孔学,把孔学看成是未来世界的缩影。他说:"尧舜三代,愈古愈文明……世界初未有此文明,数千年后改良精进,乃有此等事实。孔子之大,真为生民未有。不惟吾国所当崇拜,凡有血气者,莫不尊亲者也。"①因此他在理解西方自由、平等等概念时,便有意维护传统思想价值的优越性。②

另外,廖平虽意在尊孔,却未能阻挡传统经学的瓦解。正如列文森所说:"西学越是作为生活和权力的实际工具被接受,儒学便越是失去其体的地位。"③因此廖平经学六变,无论是平分今古,还是后来的大小统、天人之论,都在思想变化中,思考六经微言大义如何与尊孔发生关联,如何体现孔教在未来世界中的政治、伦理功能。然而廖平的六经非史的观念所引发的一系列的经学义理的诠释,却随着古文经学家的一句"六经皆史"而显得苍白无力。六经皆史所带来的孔子与六经关系的脱离,自然使得廖平的孔子微言大义的根基崩塌。经成了史料,经不再是传统圣人之道的载体,而转变成研究古代的文献材料,失去了作为评判历史史实的标准,不再具有永恒性的政教价值。④

廖平对礼制的研究,平分今古,实际上也可看作是清代礼教主义的呈现。廖平对礼的关注,源于之前学人对经典礼制的探索,礼制的解读主要依靠汉学考证方式,而由于五经礼制以及秦汉礼说的复杂性,使得学人势必寻求一种统一而有效的判定礼制的方式,从而解决礼制难题。因此礼制的处理,正是理解五经,理解圣人之学的一个关键之处。很显然廖平受到俞樾、凌曙等汉学学者的影响,试图由客观

---

① 廖平:《廖平全集》第3册,第1030页;又参见第1册《知圣续篇》,第437页。
② 廖平:《群经大义·纲纪篇》,《廖平全集》第2册。
③ 列文森:《儒教中国及其现代命运》,第50页。
④ 参见列文森:《儒教中国及其现代命运》第六章。

实证途径去寻求经学义理。然正如方东树所言,经之义理并非一定要由训诂考据而得。所以从这个角度来看,汉学背景下催生的礼教观念,实际上确实狭隘了经典的诠释。虽然他们皆认可经中圣人之道的权威性,但这种狭隘的推崇,本质上反而弱化五经的诠释,削减经之义理的丰富性。由此可知,由礼制层面解读《春秋》的微言大义,无法完整地表达《春秋》义理,也无法解释三传存在的意义,反而导致今文经学的探究进入狭隘的深渊,成为无法摆脱汉学影响的一分子;同时又随着时势的变化,成为今文经学纷争的标靶。可以说清末以廖平、康有为为代表的公羊学研究,实际上既未能坚守传统的经学家法,也未能从传统经学层面丰富公羊学的存在,反而在政治、西学影响下,成为削弱经学传统与信仰的工具。可见廖平以礼制论为根基的经学解读,虽然影响了康有为,并间接导致清季今文经学的政治运动,却终究因西学的进入、自身理论根基的瓦解,随着现代民主国家的建立,逐渐丧失这种短暂的活力,代之而起的是对今文经学的学术思想重估。这种重估,夹杂着民主革命的论调,在学人重新思考社会国家何去何从之际,具有明确现代性的今文经学释义,已然呈现出另一种思想面貌。

第八章
古文经学者刘师培与公羊学的重估

　　刘师培作为古文经学家，重《周礼》《春秋左传》。他诠释《左传》重左氏家法，而不喜公羊，对公羊学核心观念多有驳斥。另外，刘氏区分《左传》与《春秋》经例，注重对汉代左氏学刘、贾、许、服等人之说的理解。他论证孔子无改制之论，以驳斥清末康有为等人有关今文经学的解读。正如学者所说，康有为认为"经书不过是孔子托古改制之书。托古是假托古代，改制是政治变革"，因此孔子作六经，意味着经书中蕴含孔子的变革理念，而孔子便以教主身份为后世制法，使后世人人得以效法。① 这是刘师培所不能接受的。刘师培作为一位古文经学者，他对今文经学的驳斥，主要源于他对今文经学一些观念的反对，毕竟出身朴学的刘师培，注重对五经的训诂考据②。当然这是从经学角度解读他对今文经学的看法。为此他一方面消解今文经学的神秘性，一方面着手对古文经学的研究。古文经研究基本上围绕《周礼》《左传》，其中《周礼古注集疏》(残)则是他的得意之作。另外，我们必须注意到刘氏对清代学术史的研究，充斥着对今文经学的偏见，由此他对清学的理解无法接近于客观。因此我们从经学角度考察刘师培对今文经学的理解，实际上可以从古文经学者的角度反观

---

① 佐藤慎一：《近代中国的知识分子与文明》，江苏人民出版社，2011年，第94页。
② 参见末冈宏：《劉師培の春秋学》，《中国思想史研究》第11号，京都大学，1988年。

晚清的今文经学,以及今古文之争的差异所在,从而对晚清的孔学有更为清晰的认识。

一、作为古文经学家的刘师培

刘师培(1884—1919),字申叔,号左盦。生于清末社会动荡之际,深受革命政治之影响。年二十,即著有《留别扬州人士书》,昌言"广开民智,输入文明"。后与蔡元培、章太炎、邓实等革命志士相交,思想为之改变。辛亥革命之前,曾在《国粹学报》《民报》等报刊上撰稿,引介西方知识,同时重新解读传统,宣传西方革命、民权、平等等思想。而作为一个经学家,刘师培可谓受家学影响极深。其曾祖父刘文淇,受学于舅父凌曙。凌曙即受刘逢禄公羊学影响,进而研究董仲舒,考察公羊学礼制等问题。然而刘文淇并未对公羊学产生兴趣,反而进入《左传》的探索中。沈钦韩曾对刘文淇说:"尊舅为刘逢禄辈所误,溺于《公羊》,独足下余波不染。"①沈氏本就对三传存有偏见,独崇《左传》而不喜《公羊》;至于刘文淇,则以《左传》进行专经研究,并没有强烈的门户之见。②

不可否认,专经研究亦无法消除释经者的偏见。刘文淇研究《左传》,著有《左传旧疏考证》,收入《皇清经解续编》。其《春秋左氏传旧注疏证》未能成书,后由子刘毓崧、孙刘寿曾继续撰写,亦未能卒业。刘毓崧不仅继承家学,继续研究《左传》,亦对《周易》《尚书》《毛诗》《礼记》有所考证;且接受章学诚六经皆史之论,认为六艺未兴之前,

① 沈钦韩:《与刘孟瞻书》,《幼学堂文稿》卷七,《续修四库全书》第 1499 册,第 283 页。
② 汪喜孙曾言刘文淇"足下蔚为经师,需教后生由声音以通训诂,由训诂以通名物,由名物以通大义。辨孔冲远之剿说雷同,不分古今文门径……庶几经名行修,通经致用,处为纯儒,出为良吏"。《与刘孟瞻书》,杨晋龙主编《汪喜孙著作集》,中国文哲研究所,2003 年,第 168 页。

学各有官,惟有史官所立为最古。① 刘师培伯父刘寿曾,继治《左传》,存有《读左札记》《春秋五十凡例表》等《左传》学著述。当时,刘师培父亲刘贵曾亦从旁协助刘寿曾撰写《春秋左氏传旧注疏证》。《春秋左氏传旧注疏证》注例中言治《春秋》当依据《周礼》,可知刘氏对《春秋》礼制的理解建立在古文经学的角度。另外,注例中明言"公羊家言《春秋》变周之文、从殷之质,殊误",②又批评《春秋》改制之论,都可见刘氏对公羊学很多概念的不认同,毕竟他们是站在左氏学阵营中。又《疏证》明言对《左传》学的看法:"贾、服间以《公》《穀》释《左传》,是自开罅隙,与人以可攻。杜氏既尊五十凡为周公所制,而其《释例》又不依传文以为说,自创科条,支离缴绕,是杜氏之例,非左氏之例也。今证经传,专释训诂、名物、典章而不言例。另为五十凡例表,皆以左氏之例释左氏。"③此文中涉及对杜预之学的批评,以及以《左》释《左》的理念,后来都在刘师培身上有所呈现。只是相对于刘师培的先人对《左传》体例的保守见解,刘师培更倾向于从例法层面,贯通《左传》与《春秋》。由此我们大致可以看出,刘师培的经学思想,实际上与家学有着很大关系。家学影响,使他有关《左传》《周礼》的研究及相关论点,都站在今文经学的对立面。而清末康有为的出现,又影响了刘师培对今古文经学的重估。所以他早年所作的《读左札记》便已经充斥着针对刘逢禄公羊学的批评,也就不足为奇。

刘师培受家学之影响,十分偏爱《左传》。如果从《春秋》学的演变历史来看,基本上学者有关《春秋》三传的评判,便在两汉今古文经学者的理解中而展开,譬如对《春秋》的理解是站在公羊学的角度,还是《左传》的角度,或者说有关《春秋》究竟是重义还是重事的讨论。

---

① 陈奇:《刘师培年谱长编》,贵州人民出版社,2007 年,第 4 页。
② 刘文淇等:《春秋左氏传旧注疏证·注例》,科学出版社,1959 年,第 1 页。
③ 刘文淇等:《春秋左氏传旧注疏证》,第 42 页。另参见《刘文淇致沈钦韩书》,《春秋左氏传旧注疏证》附录一。

很显然,在刘师培的家学中,对《左传》的研究,已经表明《春秋》重事而非重义。因此,刘逢禄等公羊学者重义的论调,势必被倾向《左传》的学者所攻击,沈钦韩即是其中之一。① 由此刘师培以古文经学的观念去解读《春秋》,也就说明一个事实,即《春秋》源自鲁史,而这种理解极易与章学诚的六经皆史论发生共鸣。

刘师培认为"孟子言孔子作《春秋》,即言孔子因古史以为《春秋》也"。此即意味着《春秋》乃孔子援据古史,加以编定而已,并非孔子所创作。② 至于孔子讲解《春秋》的微言大义,乃由于口说流传,弟子之理解、记录也是有详有略,由此差异不可避免,进而有《公》《穀》文本的出现。至于《左传》,刘师培接受刘歆说法,认为左丘明与孔子同时代,"歆以左丘明好恶与圣人同,亲见夫子,而《公羊》《穀梁》在七十子后,传闻之与亲见之,其详略不同"(《汉书·刘歆传》),故而认定左丘明以记事为主,"明夫子不以空言说经也"(《汉书·艺文志》)。廖平在溯源今古文经学时,曾言古文乃孔子早年之学,今文则是孔子晚年之学,今文言改制,古文言从周。但刘师培并不同意廖平的这种看法,他认为先秦时代,今古文经学同出一源,至于为何后来发生分别,是由于传播过程中地域因素,使得文字书写不同,意义发生改变,由此望文生义、异说不断。③ 可见,廖平、刘师培对于齐学、鲁学的讨论虽然都重视地域的差异,但刘师培并不赞同廖平有关孔学的理解。这种分歧,根本原因在于廖平认为今古文之分源于孔子,而刘师培认为源于孔子后学。④

当然,刘师培并不否认孔子的创造性,他在《国学发微》中说:"孔子之前,已有六经,然皆未修之本也。自孔子删《书》,定《礼》《乐》,赞

---

① 参见沈钦韩:《春秋左氏传补注》,《皇清经解续编》本。
② 参见刘师培:《孔子作春秋说》,《仪征刘申叔遗书》,第9册,第3740页。
③ 刘师培:《汉代古文学辨诬》,《仪征刘申叔遗书》第10册,第4203、4206页。
④ 刘师培:《汉代古文学辨诬》,《仪征刘申叔遗书》第10册,第4202页。廖平观点见《今古学考》。

《周易》，修《春秋》，而未修之六经易为孔门编订之六经。"①此即明言孔子编订六经，赋予六经以新的义理，而非承袭旧史而已。因此他在一定程度上认同孔子《春秋》中的微言大义，这也是与鲁之旧史间的差异所在。② 而同为偏袒《左传》学的章太炎，则认为《春秋》为史，没什么微言大义，孔子无非承袭鲁史。③ 所以，这种理解差异导致章、刘二人对今文经学的理解也很不同。

正如钱玄同所说，刘师培虽攻击今文经学，但都是有一定的针对性，尤其是后来在四川国学学校任教时，受到廖平今古文礼制观的影响，并未完全排斥今文经学。钱玄同《刘申叔先生遗书序》说他唯反对古文经为刘歆伪造以及孔子改制托古之说。当然，这种概括并不充分，他的家学背景已经影响他对公羊学的理解。实际上我们从刘师培的言论中，能够看出他以《左传》学的视角理解《春秋》，一方面出于自身对《左传》文本价值的考量，同时他并不否认《公》《穀》本身的经学价值。④ 尤其是他从经学师法层面，非常理解经说的差异，这点应该是受了廖平的影响。所以刘师培说："古学二经，互为表里，语其离合，有若斩骖。辟之《公》《穀》二家，必衷《王制》，师法所著，百世莫能易也。"⑤但在文本义理层面，他还是认同汉人之观点："丘明至贤，亲受孔子；《公羊》《穀梁》，传闻于后世。"⑥这是刘师培未曾改变的观点，也是他作为古文经学者所固有的观点。

刘师培或许受六经皆史论的影响，导致他十分坚持"夫六经，均

① 刘师培：《国学发微》，《刘师培史学论著集》，上海古籍出版社，2006年，第123页。
② 刘师培《春秋左氏传例略》："左氏先师，以《春秋》为孔子所作，弗以《春秋》为孔子所述也。"《仪征刘申叔遗书》第3册，第975页。又云："汉儒旧说，凡与不凡，无新旧之别，不以五十为周公礼经，明经为孔子所作，经文书法创自孔子也。"
③ 参见章太炎：《訄书·订儒》《国故论衡·原经》。
④ 参见未冈宏：《劉師培的春秋学》。此文已指出刘师培认为汉初并无今古文经的对立，至武帝时董仲舒则逐渐重视公羊学，而其他学说招致打压，可见刘师培将今古文的对立归结为今文经学的盛行。
⑤ 刘师培：《春秋左氏传古例诠微》，《仪征刘申叔遗书》第3册，第942页。
⑥ 刘师培：《读左札记》，《仪征刘申叔遗书》第2册，第837页。

先王旧典。……然六经之所记者,事也。舍事,则无以为经。然记事之最详者,莫若古文之经,如《周官经》《左氏传》也"。① 他又说"事因史记,而恉主阐经",可见《左传》与经旨的密切关联。在他看来,孔子修《春秋》,乃是秉持《周礼》,借鉴鲁史史法,从而赋予鲁史以微言大义。而他关注《左传》,源自《左传》"大抵出于仲尼之语"②,是左丘明通过史事的梳理,来传达孔子《春秋》的微言大义。他现存的《左传》学著述有《春秋左氏传时月日古例考》《春秋左氏传答问》《春秋左氏传古例诠微》《春秋左氏传例略》《春秋左氏传传例解略》,可见他十分关注《左传》例法。因为他相信左丘明受业于孔子,故而认定《左传》例法的揭示,正有助于理解《春秋》例法,进而理解《春秋》义理。③ 另外,他对《左传》的解读,与他要跟《公》《穀》在义理层面争胜有关。他曾说:"《公》《穀》二家,例各诠传。左氏所诠,尤为近实。""乃传文所著书日例,近日食、大夫卒二端,余则隐含弗发,以俟隅反。""诸儒溺于《公羊》《穀梁》之说,横为左氏造日月褒贬之例。""斯例不明,则别嫌明微之旨乖,惩恶劝善之谊失,而左氏不传《春秋》之说,亦将援是以生矣。"④由此,刘师培需要借助汉代贾逵、服虔等人的左氏学说,重新梳理《左传》的例法,以重估《春秋》的义理。⑤

然而正如蒙文通的弟子李源澄所说,刘师培对古文经学的偏爱,导致他在理解上出现了一些不合逻辑的论证。李源澄指出刘师培刻意把《左传》例法与《春秋》例法相比附,也就自然把《左传》的性质由史变成了经。然而以《左传》比附《春秋》,实际上源自西汉后期的刘

① 刘师培:《汉代古文学辨诬》,《仪征刘申叔遗书》第 10 册,第 4194 页。
② 刘师培:《读左札记》,《仪征刘申叔遗书》第 2 册,第 838 页。
③ 刘师培:《读左札记》云:"《左传》所载凡例,乃左丘明据师说以释经旨者也。既有此例,则知《左传》必辅经而行,决非经外之书。"《仪征刘申叔遗书》第 2 册,第 858 页。
④ 刘师培:《春秋左氏传时月日古例考》,《仪征刘申叔遗书》第 3 册,第 861—863 页。
⑤ 刘师培《春秋左氏传古例诠微·序师法篇》云:"例生于义,义炳于经。经无非例之条,传以揭凡为主。两汉先师,依例为断,是以辞无凌越,而言成文典。"《仪征刘申叔遗书》第 3 册,第 953—954 页。

歆，而刘歆之后《左传》先师都借鉴了《公》《穀》的经说。由此刘师培对《左传》师说例法的推崇，并不能让《左氏》学独立于《公》《穀》之外。依李源澄之见，《左传》本身之史例与孔子《春秋》之经例是不可混同的，汉代经师认为《左传》不传《春秋》，也就否定了《左传》与《春秋》在义理层面的关联。但很显然，刘师培忽视了这个事实。所以李源澄指出刘师培古文经学的最大漏洞在于有意忽视汉代今文经学的存在，专以两汉古文经说去解读古文经，势必陷入逻辑混乱，导致论证缺少说服力。因此他说"刘氏于古文学之渊源流别，可谓能穷源究委也，以困于家学，又见康有为辈之横相诘难，为坚古学壁垒，故眘最汉代古文师旧说，以立异于今文"。①

李源澄不仅指出其古文经学的逻辑漏洞，更指出刘师培驳斥康有为今文经学的政治因素，这是刺激刘氏深入古文经学的一个重要原因。梁启超说："南海谓子游受微言以传诸孟子，子夏受大义以传诸荀子。微言为太平世大同教，大义为升平世小康教。……其言有伦脊，先排古文以追孔子之大义，次排荀学以追孔子之微言。"②从梁启超的描述中，可知刘师培对古文经学的宣扬，以及对今文经学一些观念的否定，都隐含着与康有为经学思想的争胜。同样，对刘师培《左传》学赞赏有加的章太炎早年解读《春秋》亦是如此，不时透露出康有为今文经学的影子。③

另外我们要指出，刘师培早年与章太炎关系密切，二人在经学上有所探讨。章太炎早年受康有为公羊学影响，之后对孔子理解发生巨大变化，转而推崇刘歆，再之后看重杜预左氏学，此经学历程与刘师培有所不同。刘师培一生都在家学影响下，推进《左传》《周礼》等

---

① 李源澄：《古文大师刘师培先生与两汉古文学质疑》，《李源澄著作集》，中国文哲研究所，2008 年，第 976 页。整理本脱"眘最"二字，今据原刊本补足。
② 梁启超：《论中国学术思想变迁之大势》，上海古籍出版社，2006 年，第 106—107 页。
③ 参见黄梓勇：《章太炎早年的〈春秋左传〉学与清代公羊学的关系——以〈春秋左传读〉为讨论中心》，《中国文哲研究集刊》2009 年第 35 期。

古文经学的研究。当然,他在六经皆史以及孔子地位的理解上,是站在章太炎的立场。刘师培《儒家出于司徒之官说》认为儒之概念最初与经并无捆绑,而是汉人以儒传经,故导致清人以汉之传经者为儒。而且他认为儒之核心在化民成俗,而不在传经。孔子为早期儒者代表。可见他以儒家看待孔子,并非以传经而抬升孔子地位。由此可知,他虽然承认《春秋》微言大义的存在,但这种义理,较之清人的圣人信仰,以及对终极之"道"的追寻,不可同日而语。所以他的古文经学,是隐含着孔子地位的跌落,伴随着传统经学的消亡,充斥着无法摆脱的现代性因素。从这个角度来看,他的经学也就自然有着现代史学的影子,但还未彻底史学化。① 而且刘师培对杜预批评甚多,从经学价值来看,反而不如贾、服。他批评杜预不懂《左传》例法与《春秋》例法的统一,反而拘泥于《左传》史例的挖掘,而否认《左传》与《春秋》在义理层面的关联。因此,刘师培理解《春秋》,一直未能脱离两汉经学家法的影响,坚持以汉人经学为基础去解读《春秋》。由此,较之章太炎从史学角度理解《春秋》,解释《左传》偏袒杜预,都有着很大的不同。② 因此从经学角度看,刘师培依旧算是受传统影响较深的古文经学家,而非现代史学家。

二、公羊学概念的诠释与体系的瓦解

刘师培针对今文经学的讨论,主要集中在公羊学及今古文问题

---

① 章太炎《经的大意》:"六经都是古史,所以汉朝刘歆作七略,一切记事的史,都归入《春秋》家。可见经外并没有史,经就是古人的史,史就是古人的经。"(此为章太炎 1910 年演讲)章太炎:《章太炎演讲集》,上海人民出版社,2011 年,第 71 页。另参见章太炎《国故论衡·明解故》。

② 章太炎《春秋左氏疑义答问》中认为《春秋》乃依据鲁史,所谓书法则鲁之史书笔法。孔子《春秋》深意在《左传》之中。章氏认为《左传》传孔子《春秋》之学。因此汉代公羊学所谓的三科九旨等核心观念,他认为与理解《春秋》无关。章氏沿袭章学诚等人的六经皆史的认识,以此来衡量经学之价值。如此即忽视传统经学在每一个时代所体现的经学价值,而是以史学的标准重新衡量经学。

上。相关文献主要以《论孔子无改制之事》《汉代古文学辨诬》为主，另有《孔子作〈春秋〉说》《答章太炎论〈左传〉书》，间有涉及公羊学概念的讨论。

在刘师培看来，《春秋》三传虽然在解经上有差异，但在《春秋》经义的理解上都不可偏废。他指出三传各有其经学上的价值，并认为三传分歧源自汉初。因此他对《左传》《周礼》的提倡，并不能说明他否定今文经学的存在。① 刘师培十分清楚汉人的经学家法，他也无意在今古文的讨论中去刻意混淆经学家法。② 另外他曾作《群经大义相通论》，梳理公羊学的源起，此书讨论《荀子》《孟子》等皆与公羊学有关。而且他还论证《荀子》兼通三传，足证三传同出一源，然此意在论证"汉代以前，《春秋》无今学、古学之分"。③ 由此可知，刘师培有关古文经学与今文经学的讨论是以汉代经学为核心，这是他批判今文经学的预设条件。他在《汉代古文学辨诬》中说，西汉初年，古文经学与今文经学一同流传，只是后来今文经学成为官学，在此情况下古文经学依旧在民间传播。④ 而且他在《国学发微》中总结西汉之学无非齐学、鲁学二派，治齐学者多今文家言，治鲁学者多古文家言。他这种论点的提出，当源自对两汉经学史的考察。刘师培认为今古文之争起于西汉末的刘歆，至东汉则今古纷争不断。西汉基本上是今古文经学并存，并无东汉势同水火的情形。所以今古文经学的划分实际上狭隘了西汉经学的真实历史，故而他以齐、鲁学来衡量，并指出晚清以来对齐学（今文经学）微言大义的提倡，实际上忽视了鲁学（古文经学）微言大义的存在。⑤

刘师培对今文经学的驳斥，一定程度上在以康有为作为辩论的

---

① 刘师培：《汉代古文学辨诬》，《仪征刘申叔遗书》第 10 册，第 4196 页。
② 参见刘师培：《汉代古文学辨诬》《答章太炎论左传书》。
③ 刘师培：《汉代古文学辨诬》，《仪征刘申叔遗书》第 10 册，第 4197 页。另可参《孟子兼通古今文考》，《仪征刘申叔遗书》第 10 册，第 3772 页。
④ 刘师培：《汉代古文学辨诬》，《仪征刘申叔遗书》第 10 册，4219 页。另可参《左氏学行于西汉考》，《仪征刘申叔遗书》第 10 册。
⑤ 刘师培云："鲁学之中，亦多前圣微言大义，而发明古训，亦胜于齐学，岂可废哉！"（《国学发微》，《刘师培史学论著选集》，第 129 页）

对象。可以说，他对今文经学的探讨，都在刻意批判康有为的公羊学。同时，在此基础上，对清代的公羊学问题加以批判，以夯实他的经学论点。首先来说，他对公羊学的批判主要集中在核心概念的否定。其《论孔子无改制之事》便是尤为强烈地批判康有为公羊学的文章。此文在于否定公羊学孔子改制说，也就是否定康有为的孔子改制论，而如果此论不成立，康有为的那套孔教论也就自然坍塌。可见刘师培对今文经学的批判，有着强烈的政治目的，即站在革命者的角度，批评保皇派的康有为。

《论孔子无改制之事》文中，他首先便指出所谓的孔子改制论，源于儒家文献中有关礼制的互歧，这是学说流传中必然出现的问题，并非孔子的有意制作。他进而指出汉人在礼制理解上的偏差："古礼尽亡，所存者惟《周官》经。汉儒以之考订他经，觉制度互歧，遂臆断某书所言为殷礼，某书所言为虞夏礼，及于虞、夏、殷之礼无所徵，遂臆断为孔子所改之制。"接着他又分析汉人所言孔子改制论源于他们对三统论的接受，由此认为"孔子承周之统，以谓孔子既承周统，则必革周之制"。[①] 那么这种三统论又源自什么呢？他说这与战国时期阴阳家的五德终始说有关，此说导致公羊"王鲁新周，故宋黜杞"说的出现。在刘师培理解中，公羊学三统论并非孔子或孔子后学的思想学说，而是阴阳家的学说。

刘师培认为，在秦汉之际，由神仙之术演变而来的谶纬，融合阴阳家学说，进而与儒家结合，由此导致对孔子以及《春秋》的神化。汉代的公羊学以董仲舒为首，吸收儒家之外的神秘主义学说，以抬升公羊学而抑制谷梁学、左氏学，由此乖离孔子编定六经之意。[②]

① 刘师培：《刘师培史学论著选集》，第284页。
② 刘师培：《刘师培史学论著选集》，第286页。刘师培《春秋三传先后考》云："董生所明，惟在《公羊》，由是执《公羊》而抑《左》《谷》。儒生传《左》《谷》者，遂各持一传之义，以相抗衡，远乖孔子作经之心，近违荀氏传经之例。然《公羊》大师，不得不尸其咎矣。"（《仪征刘申叔遗书》第9册，第3746页）

他批评秦汉陋儒以谶纬之说窜入六经,导致经义混乱。又说公羊学所谓的王鲁、素王论,都与此谶纬学说有关。他认为谶纬昌言感生受命论,而汉人又把孔子神圣化,从而使得孔子由一介士人摇身一变成为神圣的素王。刘师培说汉儒"以王鲁为托词,以为王鲁者,乃托新王受命于鲁,实则孔子为继周之王,即为制法之王也",①这种论调在汉人的谶纬文献中尤其明显。而汉人所言说的素王论,亦始于纬书。在刘师培看来,无论是王鲁还是素王,都是扭曲了原有的本义,加入了宗教的内容,在秦汉时期把孔子重新进行了塑造。所以他说素王本指有道之人,非特指孔子,纬书的出现改变原初这种认知,成了特指孔子的观念。他还进一步说明,汉人把孔子看作素王,有着强烈的政治因素,原因在于汉之正统的树立,要抛弃汉承秦制的论调,由此汉人借助五德终始说,遂夺秦之黑统而归之孔子②,以汉承孔子之统。武帝之后儒学的兴盛,又在孔子为汉制法的论调下,促使尊孔之意加强。③ 至于所谓的王鲁,他认为实为主鲁之讹误,意思是说夫子修《春秋》,以鲁为主;新周则为亲周之讹,言周为天子,为鲁之宗国,以明周、鲁亲亲之义。④ 简言之,他通过粗略的学术史梳理,揭示汉代今文经学杂入阴阳家与神仙家的内容,融合成为主导汉代思想的今文经学,孔子素王改制论便由此出现。可见在刘师培的分析中,汉代今文经学已经不是纯粹儒家内部的传播,而是不同知识、思想的杂糅,那么否定公羊学的王鲁、素王等核心观念,目的在于净化汉代经学,抬升古文经学的地位,同时为批驳康有为的公羊学作准备。⑤

接下来,刘师培即剖析康有为的孔子改制论,此论有两个重要的

---

① 刘师培:《刘师培史学论著选集》,第288页。
② 参见董仲舒:《春秋繁露·三代改制》。
③ 刘师培:《刘师培史学论著选集》,第291—292页。
④ 参见刘师培:《王鲁新周辨》,《仪征刘申叔遗书》,第3761页。
⑤ 章太炎《国故论衡·原经》亦批评素王改制之论。

根基,一是六经为孔子所作。前文我们已说,刘师培不认同孔子作六经这个说法,至于《春秋》则为孔子编订,而非创作。[①] 二是儒家非宗教。儒家的形成始于孔子,而"孔子之学,所以称为儒家者,因孔子所教之学,即古代术士所治之学,孔子所说进身之道,即古代术士进身之道","古代术士,以六艺为学……而孔子亦以六艺为教"。由此孔子之为早期儒家人物,在于六艺之学的传播,而非神圣的教主,即否定儒家为宗教。[②] 他曾作《论孔教与中国政治无涉论》,言"孔子者,中国之学术家也,非中国之政治家也",[③]同样隐含着对孔教论的驳斥。

刘师培在批判康有为公羊学的同时,还不忘针对廖平的经学观点评价一番。康有为的公羊学受到廖平的影响,所以刘师培不满康有为,也就自然会反驳廖平。廖平曾在《今古学考》中,提出从周为孔子早年之学,改制为孔子晚年之学。廖平的这种认识源自他对礼制的区分,礼制间的差异,促使他必须由源头解决这个问题。由此他便以孔子之学有早年、晚年之别,以此解答制度互歧的问题。但刘师培已经指出,制度互歧是经学在后世流传中的必然现象,而非孔子所导致,那么汉代经学中的礼制问题,也就基本与孔子无关。可见他在重估汉代公羊学的同时,亦有意从古文经学的角度理解汉代的经学问题,所以才会不满意廖平的这种解读。

而说到礼制,就必然会涉及《王制》的讨论。此书在晚清今文经学中,十分受学者关注。由于《王制》对制度的记载,与《春秋》三传的解读十分有关。无论是凌曙、宋翔凤,还是俞樾,以及后来康有为、廖平、皮锡瑞等人,都无不就《王制》有所讨论。尤其是廖平,他对今古

---

① 刘师培:《刘师培史学论著选集》,第299页。
② 康有为《桂学答问》:"天下之所宗师者,孔子也。义理制度皆出于孔子,故学者学孔子而已。孔子去今三千年,其学何在? 在六经。……故凡为孔子之学者,皆当学经学也。"(《康有为全集》第2集,第18页)
③ 刘师培:《仪征刘申叔遗书》第11册,第4561页。

文礼制的划分，与《王制》有着很大关系。① 刘师培专文讨论《王制》，认为《王制》乃西汉人所编纂，间杂四代礼制，其与"《公》《榖》合者，乃《王制》本于《公》《榖》，而非《公》《榖》本于《王制》"。② 他此言即是要否定《王制》与公羊的直接关联，以批判"今文家言均出于《王制》，《王制》为孔子所作"的论调。③

另外，刘师培曾作《王制篇集证》，亦针对廖氏《王制》论而发，他说："盖《王制》一书，为汉文帝博士所辑，各处师说，汇为一编。故一篇之中，有古文说，有今文说，不拘于一经之言也。所记之制，有虞夏制，有殷制，有周制，不拘于一代之礼也。"④此从《王制》文本入手，反驳廖氏盲目认定《王制》为今文说的论断。刘师培进而明确指出廖氏的错误之处："一以《王制》为孔子改制之书，或以为合于《榖梁》，或以为合于《公羊》。不知《王制》所采，不仅今文；所采今文，不仅《公》《榖》。谓之偶取《公》《榖》则可，谓之悉符《公》《榖》则不可。一以群经非古籍，均依《王制》而作，不知此乃《王制》依群经而作也。若谓群经依《王制》作，则执流为源。"⑤刘师培的说法可谓公允，廖氏完全忽略了《王制》古文说的部分，可见其观点之片面，因此廖平对何休礼制的认识也完全依据其主观的知识偏见，并未曾意识到何休有自己的礼制观念。

刘师培从古文经学家的角度，否定康有为的公羊学及孔教论，指出廖平礼制论的问题，进而又对其源头常州公羊学派，进行了批判。

---

① 钱穆《素书楼余沈·致胡适书之一》："即以廖氏《今古学考》论……彼论今古学源于孔子，初年晚年学说不同。穆详究孔子一生及其门弟子先后辈行，知其说全无根据。又以《王制》《周礼》判分古今，其实西汉经学中心，其先为董氏学，其后争点亦以左氏为烈，廖氏以礼制一端划分今古鸿沟，早已是拔赵帜立汉帜，非古人之真。"(《钱宾四先生全集》第53册，台湾联经出版事业股份有限公司，1998年，第187页)
② 刘师培：《刘师培史学论著选集》，第316页。
③ 刘师培：《刘师培史学论著选集》，第316页。
④ 刘师培：《仪征刘申叔遗书》第10册，第3726页。章太炎《驳皮锡瑞三书》："《王制笺》者，以为素王改制之书，说已荒谬。"(《章太炎全集》，第9页)此文又批评孔子制礼之说，章氏认为"礼五十六篇，皆周公旧制"，考论孔子无制礼之实。此实为反驳孔子改制说而发。
⑤ 刘师培：《仪征刘申叔遗书》第10册，第3727页。

他说:"若凌曙、陈立之书,亦仅由公羊考古礼,以证殷周礼制之殊,未尝有穿凿之说也。自常州庄氏治公羊,始倡大义微言之说。"①此外,他对于庄氏后学,也进行了逐一辩驳。他在《汉代古文学辨诬》中针对宋翔凤《汉学今文古文考》,提出了诸多不满,这种不满在于宋翔凤否定古文经学与典章制度的关联,只是认可古文经学明训诂,无法与今文经学的推经致用相比。②刘师培并不否定西汉今文经学的推经致用,只是他不赞同宋翔凤对古文经学的狭隘化,他进一步证明西汉古文经学与国家典章制度有着密切的联系。③刘师培在《汉代古文学辨诬》中明言康有为伪经之论的巨大问题,在于不仅仅疑古经为伪,更在于这种辨伪导致"三代典章、人物载于古文经者,亦将因此而失传"。④《汉代古文学辨诬》又探讨魏源《两汉经师今古文家法考》,认为西汉博士家法,亡于东汉博士之手,与古文无关。⑤此即在于否定魏源"博士家法之亡,由于古文"的论点。⑥接着又否定何休与博士家法的关系,他说:"自魏氏以降,治今文者均以考博士家法为宗,一若两汉经学,惟博士所传为可信。然今文特崇《公羊》,《公羊》之说又特崇何休。夫何休,亦非博士家法也。"⑦他批评魏源对汉代古文经学的否定,同时论及何休与博士家法无涉,都意在更正晚清学者有关今文经学的偏见。

三、今文经学的学术史梳理

如上文所论,刘师培在阐释今文经学时,不忘针对清代的公羊学

---

① 刘师培:《刘师培史学论著选集》,第 318 页。
② 刘师培:《仪征刘申叔遗书》第 10 册,第 4225 页。
③ 这种对典章制度的推崇,与其清末的排满革命论有着一定关联。章太炎亦如此。所以他们对六经皆史的赞同,即从此层面可理解,已经与章学诚的语境有了巨大差别。
④ 刘师培:《仪征刘申叔遗书》第 10 册,第 4194 页。
⑤ 刘师培:《仪征刘申叔遗书》第 10 册,第 4232—4233 页。
⑥ 刘师培:《书魏默深古微堂集后》,《仪征刘申叔遗书》第 9 册,第 3793 页。
⑦ 刘师培:《书魏默深古微堂集后》,《仪征刘申叔遗书》第 9 册,第 3793 页。

加以批判。这是从学术史角度,击破晚清以来对今文经学的固有认知,彰显其学理上的谬误。而且他在学术史的具体讨论中,是以古文经学者的身份,去理解清代的学术,出于主观性的偏见,一定程度的经义歪曲亦是无法避免的。但是刘师培的清学史叙述,并未因其固有的成见而消亡,反而助推了清末今文经学的瓦解。

如前文所述可知,刘师培有关《左传》以及《周礼》,乃至两汉经学的理解,都已经证明他是一位充斥着偏见的古文经学家,他对经学的诸多研究,实际上如同他所批评的今文经学一样,很难经得起推敲,皆因其研究中存在巨大的论证漏洞。就以他对《左传》作者以及作者时代的观点,本身就缺乏充足的证明,实质上还是刘师培的自以为是。当然这不是刘师培一个人的问题,而是古人的学术研究中本身就充斥着各种主观的独断或者预设下的前见。因此无论是站在今文经学角度还是古文经学角度,都无法真正说服对方。刘师培既然身处古文经学的阵营中,他自然对于那些提倡由训诂考证而通义理的汉学者是充满敬意的,毕竟刘师培的先人们都是汉学阵营的一员,而刘师培也乐意归属于汉学派中。基于此类认识,我们方可深入理解他的清代学术史论述。简言之,这种学术史梳理建立在汉学最优的前提之下。他自己曾说:“言词章、经世、理学者,则往往多污行,惟笃守汉学者,好学慕古,甘以不才自全。”①刘师培眼中,纯汉学者,多质朴无华,而治词章、经世、理学者则“假高名以营利”“借道德以沽名”。②他又受清末排满革命论的影响,对汉学者的学术研究给予了很高的评价,他说:“苏、常之士,以学自隐,耻事干谒。武进臧琳,树汉学以为帜,陈义渊雅……东吴惠氏,三世传经……然饰躬至肃。栋承家学,守一师之言,以授弟子,确宗汉诂……与世无营。弟子江声、

① 刘师培:《清儒得失论》,《刘师培史学论著选集》,第 426 页。
② 刘师培:《清儒得失论》,《刘师培史学论著选集》,第 427 页。

余萧客均师其行,终身未尝应童子试,亦不通姓名于显宦之门,信乎沉潜之士矣。"①刘师培尤其推崇汉学者戴震,一方面出于对汉学章句训诂的嗜好,一方面源自对戴震义理之学的认可。所以他偏袒汉学,也必然厌恶那些昌言词章、经世、理学的人物,在他眼中不仅学问不行,还屈服于清朝政权,以知识作为获取权利的诱饵,可谓名不副实。②

另外,刘师培对今文经学的批判,很重要一点即针对清末康有为公羊学而发。而康有为的公羊学源自清代诸多学人,尤其是刘逢禄、宋翔凤、魏源、廖平等人。③ 因此他上溯两汉剖析公羊学之根本,又分析清代学术,以衡量清代今文经学之得失。从而多角度彻底否定康有为的公羊学,也就自然凸显其左氏学的独特价值。所以刘师培讨论清代学术史,不可回避的即是清代公羊学的源头,常州庄氏。我们明白了他梳理学术史的语境,也就可以更为清楚了解,他眼中的清代学术史,有着强烈的学术偏见与政治情绪。

大致来说,刘师培对常州之学的描述,主要在其《清儒得失论》《南北得失不同论》《近儒学术统系论》中有所呈现。他说:"常州自孙、洪以降,士工绮丽之文,尤精词曲,又虑择术不高,乃杂治西汉今文学,杂采谶纬,以助新奇。"④此可见刘师培对常州地区的学术评价不高,其地区多出孙、洪等工词章之人,治经倾向今文经学,即在于崇尚新奇浮华。在《南北学派不同论》中,亦就常州今文经学的出现有一叙述,他认为是源自汉学训诂考据的不良演变,并批评一些学者:"考于训诂,摘其章句,不能统其大义之所极。虽依傍门户,有搜亡补佚之功,然辗转稗贩,语无归宿。甚至轻易古书,因讹袭谬,而颠倒减省,离析合并,一凭臆断,且累言数百,易蹈辞费之讥,碎细卑狭,文采

---

① 刘师培:《清儒得失论》,《刘师培史学论著选集》,第 421 页。
② 刘师培:《清儒得失论》,《刘师培史学论著选集》,第 427 页。
③ 参见朱维铮:《音调未定的传统》(修订本),中信出版集团,2018 年,第 286 页。
④ 刘师培:《清儒得失论》,《刘师培史学论著选集》,第 423 页。

黯然。承学之士,渐事鄙夷,由是有常州今文之学。"①

刘师培在清代学术史叙述中,往往夹杂对今文经学的反感,比如他说与戴望同时的庄棫,此人治学融合公羊学、《易》学,在刘师培看来即"诞妄愚诬,于说经之书最为优劣,拾常州学派之唾余,以趋时俗之好尚"。② 另外,他在叙述扬州之学时,特意指出其曾祖刘文淇等扬州学者,为江永学之再传,因为在刘师培看来,戴震是江永学之嫡传。③ 在此思路下,他说:"先曾祖孟瞻(刘文淇)先生,受经凌氏(凌曙),与宝应刘宝楠切劘至深,淮东有二刘之目,治《左氏春秋》,而宝应刘氏亦作《论语疏证》。并世治经者又五六家,是为江氏之三传。盖乾、嘉、道、咸之朝,扬州经学之盛,自苏、常外,东南郡邑莫之与京焉,遂集北学之大成。"④此文亦可见刘师培对自身左氏家学的看重,他对《左传》《周礼》等有关古文经学的重视,不仅是家学的延续,更是清代汉学谱系中由江永到戴震之学的继承,所以他才会有扬州学者"集北学之大成"的慨叹。另外,他评论俞樾、孙诒让等浙中之学,则认为他们深于典章训诂之学,"不惑于今文流言"。⑤ 这种叙述中,明显充斥着今文经学不如古文经学的看法,也蕴含着对清代训诂典章之学的推崇。

因此,常州公羊学的出现,刘师培并未给予较高评价。对于早期的庄存与,刘师培认为不执守今文之说,不喜训诂章句,好贯通议论,并没有太多贬低。他在《论孔子无改制之说》中指出常州庄氏公羊学与孔广森、凌曙、陈立之公羊学的不同。此文中他认为凌曙、陈立等

① 刘师培:《刘师培史学论著选集》,第198页。章太炎《訄书·清儒》:"夫经说尚朴质,而文辞贵优衍,其分涂自然也。文士既已熙荡自喜,又耻不习经典,于是有常州今文之学,务为瑰意眇辞,以便文士。"(《章太炎全集》,第156页)
② 刘师培:《南北学派不同论》,《刘师培史学论著选集》,第200页。
③ 刘师培:《南北学派不同论》,《刘师培史学论著选集》,第194页。
④ 刘师培:《南北学派不同论》,《刘师培史学论著选集》,第196页。
⑤ 刘师培:《南北学派不同论》,《刘师培史学论著选集》,第201页。

人治公羊学在于考礼制,未尝有穿凿之论,而"自常州庄氏治公羊,始倡大义微言之说。盖斯时考订之学盛行,儒者欲脱其范围,又欲标汉学之帜以自高,见公羊家之学说,最易于蹈虚。且谶纬诸书,多与公羊相出入;而董、何之说,具有全书,其持论甚高,其著书又甚易,故刘、宋之徒均传庄氏之说,舍古文而治今文,舍训诂而求义例……而魏源、龚自珍袭其绪余,咸以公羊学自矜,强群经以就公羊,择术至淆,凌杂无序。凡群经略与公羊相类者,无不旁通而曲畅之。即绝不相类者,亦必锻炼而傅合之"。① 他对常州庄氏的论述,即指出清代公羊学重微言大义的源头,又道出庄氏并无今古文门户之见。这种叙述,不仅在有意贬低常州公羊学的学术价值,更批判宋翔凤、魏源等后继者有意抬升西汉今文经学的意图。刘师培在《清儒得失论》中亦指出此问题:"(宋翔凤)以下,其说凌杂无绪,学失统纪,遂成支离。惟俪词韵语,则刻意求新,合文章、经训为一途,以虚声相煽。"② 他对常州公羊学的叙述,夹杂着各种轻蔑的词语,以批判常州公羊学在经义诠释中的无力。这种无力即源于学者缺乏乾嘉汉学者的训诂考据,不能实事求是,而导致经义的凌杂支离。刘师培认为常州公羊学发展到刘逢禄、宋翔凤,今古文门户之见形成,且奠定以公羊释群经的风气。这是清代今古文对立观念的源头,在宋翔凤的著述中尤其明显。之后,魏源受学于刘逢禄,延续宋翔凤今古文对立之见,昌言西汉今文经学,抑制古文经学。相较于魏、龚,祖述宋、刘之学的戴望,以公羊学注《论语》,刘师培认为还算有家法。③

刘师培对常州公羊派的梳理,实际上指出了诸多层面的问题。首先揭示清代今文经学的源头,即在常州庄氏的公羊学。其次,较之

---

① 刘师培:《论孔子无改制之说》,《刘师培史学论著选集》,第 318 页。
② 刘师培:《刘师培史学论著选集》,第 423 页。又见《南北学派不同论》,《刘师培史学论著选集》,第 199 页。
③ 刘师培:《南北学派不同论》,《刘师培史学论著选集》,第 200 页。

常州公羊学派,他更赞成以训诂考据的方式治公羊学,所以他才专门指出孔广森、凌曙、陈立三人。当然,这并非刘师培一人之见,清末民初之际的叶德辉、曹元弼都推崇此三人的公羊学,而同时排斥康梁的公羊学。① 另外,也可看出刘师培理解中的公羊学演变脉络,实际上正指出了公羊学的两种演变路线,即后来梁启超所总结,一是以治经为主,一是借经术以文饰政论。而且他批评常州公羊学与谶纬的结合,也是作为衡量常州公羊学价值低劣的证据。刘师培在汉代经学史的讨论中,即以谶纬作为消减今文经学价值的重要因素,而且坚持认为汉代的今文经学充斥着谶纬的言论,由此晚清孔教论必然与今文经学产生关联。所以对孔教论的批评,就必然批评清代的今文经学,而常州公羊学正是此批评的源头。那么我们就不会奇怪,刘师培在《清儒得失论》《国学发微》《南北学派不同论》《论孔子无改制之说》等文中反复指出常州公羊学的问题,都在以其古文经学家的身份,批判康有为的公羊学观点。正如学者所言:"龚自珍以后的清代公羊学,都已经脱出中世纪经学的常轨。"②那么站在古文经学阵营的刘师培,也无法逃离这种历史命运。

结　　语

总之,我们可以看出,刘师培多角度批判今文经学,都意在瓦解晚清以来的今文经学,尤其是康有为的公羊学说。很显然,他的论证有着诸多的逻辑漏洞,但他不以为意。因为正如李源澄所说,他自身对《左传》《周官》的一系列讨论都有着巨大的缺陷,但这并不妨碍对古文经学的推崇,以及坚信《左传》《周官》的时代性。可以说,刘师培

① 参见叶德辉:《经学通诰》,《儒家文化研究》第二辑,生活·读书·新知三联书店,2008年,第420页;曹元弼:《述学》,《复礼堂文集》卷一,第15a页。
② 朱维铮:《近代学术导论》,中西书局,2013年,第251页。

带着古文经学家的偏见,去进行一场学术与政治的辩论,势必无法进行客观的论证。正如他批评晚清今文经学者:"夫近儒之辟古文,必援引今文以为重,以今文为是,故以古文为非。"①刘师培可谓是以古文为是,必援古文以为重。但其对今文经学的驳斥,实际上瓦解了清季康梁为首的今文经学,为后来疑古派的史学研究奠定了基础。

岛田虔次曾分析康有为、章太炎之间理解孔子的不同原因:"两者主张的根本分歧在于如何对宗教进行评价,随之而来的是所谓相对欧洲文明国,中国之所以成为中国之信心的存在。"②章太炎在《訄书》初刻本与修订本中对孔子的理解有了很大差异,前期认为孔子精神对传统的巨大影响,即伦理文化等意义,后期重视孔子的史学意义。章氏所言之史是对传统历史文化的保存,这种认知建立在强烈的种族说基础上,是清季保种、保教的变相。而且章太炎本人最早对于经的认识还并未建立在六经皆史的基础上③,后来他才逐渐转变,接受章学诚的观点,以经为史,弱化孔子的神圣地位,树立孔子的智者形象。而他对战国诸子的讨论,都有意弱化儒家,抬升道、法,皆与其强烈的革命志向有关。所以他推崇儒家中的侠者形象,对清儒颜元的实行学说也有意提倡,都是社会现状促使他重新理解传统,进而从传统解释中找寻社会问题的解决思路。④ 因此,章太炎对《左传》的偏爱,在于他对康氏公羊学的反感,对孔学地位的所谓重估,对经之为史的理解,都无法与公羊学的看法相一致。而且他在《左传》解读中,流露出对传统训诂小学的偏爱,即与刘师培相通,刘氏认为与其高谈阔论,反而不如清儒训诂考据,客观看待传统知识,从而也就是在保存传统历史文化。⑤ 刘师培基本上与章太炎的思路一致,都是以

① 刘师培:《汉代古文学辨诬》,《仪征刘申叔遗书》第 10 册,第 4244 页。
② 岛田虔次:《中国思想史研究》,第 413 页。
③ 章太炎《春秋左传读》受康有为公羊学的影响,文中可见素王改制说。
④ 参见章太炎《訄书·颜学》。
⑤ 参见章太炎《訄书·清儒》。

清季古文经学者的身份,去重新解构传统学术思想。但不同的是,刘师培更注重经学本身的家法师说,即从经学内部分析相关问题,而不是章太炎那种哲学式的贯通。所以章太炎对《左传》的理解,实际上要比刘师培更偏激。毕竟,刘师培并不否认《春秋》的微言大义,也认为三传皆与《春秋》有关,较之章太炎以史论《春秋》,更好地凸显了经学本身的独特性。刘师培在瓦解今文经学的同时,并未完全否定公羊学乃至今文经学,他是有选择地去批判与古文经学相左的问题,尤其是围绕康有为的公羊学,不遗余力地加以抨击,以实现对历史文化的保存。①

① 刘师培:《论孔子无改制之事》,《刘师培史学论著选集》,第 319、322 页。王汎森《章太炎的思想》云:"在与今文家相抗之第二阶段,章太炎便看出今文家托古改制之说将招疑古危机,故极力抗驳六经为孔子托古之作之说。"(《章太炎的思想》,时报文化出版事业有限公司,1985 年,第 51 页)

第九章
晚清今文经学的余声

一、张尔田经史之学的整合与
孔教的弘扬

张尔田生于清末政治革命之际,与孙德谦、沈曾植等皆有密切往来。他深受廖平、康有为今文经学之影响,主张尊孔。但是相较于康有为的政治倾向,张尔田更多是从道德伦理层面谈论孔学及孔教。同时,他又结合清代的史学理论,尤其是章学诚、龚自珍二人的史学思想,从而把清代今文经学与史学加以融合,以重新理解孔学,宣传孔教在社会秩序重整中的重要作用。经史之学的融贯,导致他对孔学的理解与清季今古文经学者都有一定的不同。这种明显的学术差异,表明清季民初时期,政治环境的改变并未影响今文经学的传播,相较于顾颉刚、钱玄同的疑古道路,张尔田则选择今文经学与史学的结合,以希冀重新焕发孔学的光彩。

(一)张尔田史学之源流

张尔田曾自言其与龚自珍、章学诚的学术渊源[①],学者钱仲联评价张尔田学术时,亦谈到此问题,他说:"学诚揭橥六经皆史之说,把他

---

① 王锺翰:《张孟劬先生遁堪书题》,《史学年报》第 2 卷第 5 期,1939 年 12 月。又可参见蔡长林:《从文士到经生:考据学风潮下的常州学派》第九章。

推及一切立言之书,而阐明其义例,比于汉代刘向的流略之学。继之而起的为仁和龚自珍,夏曾佑又张其说。尔田是这派学说的后劲。"①而究其核心,在史学方面,无论张尔田,还是早于他的龚自珍,实则皆与章学诚史学有着学理上的关联。②因此我们在讨论张尔田的学术思想时,首先要了解一下章学诚的重要史学思想,这是张氏思想的重要源头。

章氏的六经皆史论是对后世学者影响较大的思想观念。诸如龚自珍、谭献、张尔田、章太炎,著述中皆可见此思想之痕迹。章氏借助刘向、刘歆父子的目录之学,以考辨学术源流,从而把乾嘉学者注重汉儒经学的视域回溯到先秦官师合一的时代,由此六经皆史论因之而诞生。而六经也即由探讨汉代的经说阐释,回归到对六经文本渊源的考察。很明显章氏这种论调实则试图转移汉学主流时代学者的研究视野,以显示自己对汉学的不满,以及自己对此中学术缺陷的弥补。

章氏作为一位专精乙部的学人,以自己所擅长的领域来挑战自己并不擅长的东西,弱势必然存在,但他有别于经学家的视角,提出了面对圣贤经典的另一种解读方式。章氏认为六经本质上是周公时代政教合一的产物,之所以后来出现六经,完全是因为时代改变,官师分离,进而使得政教分离。如此孔子身处政教分离时代,其作为挽救此种颓势之人,对之前史料加以整理删定,进而导致六经的出现。而孔子对典籍的处理,正是对周公时代政教的弘扬。章氏说:"周公集群圣之成,则周公之外,更无所谓学也。周公集群圣之大成,孔子学而尽周公之道,斯一言也,足以蔽孔子之全体矣。"③章氏认为孔子固然伟大,但他的成就还无法与周公匹敌。他说"周公集治统之成,

①　钱仲联:《张尔田评传》,《梦苕庵论集》,中华书局,1993 年,第 450 页。
②　钱穆:《中国近三百年学术史》,第 589 页。
③　章学诚:《文史通义》,中华书局,1985 年,第 122 页。

而孔子明立教之极"①,可知章氏认为,孔子之于六经,所体现的正是"教"的方面,而非"政"的层面。孔子之重教,实为时会之下不得不然。他之所言皆在指明孔子立教依旧无法达到周公政教合一的完美,其关键在周公"治见实事",而孔子"教则垂空言矣"。② 顺此思路,章氏一方面抨击宋儒"崇性命而薄事功",一方面批评汉学者"以《尔雅》名物、六书训诂,谓足尽经世之大业"③,都在突出他的核心观点:道在器中,道在人伦日用。④ 因此他推崇周公政教合一,秉持"彼舍天下事物、人伦日用,而守六籍以言道,则固不可与言夫道矣"。⑤ 如此一来,不管六经在后世学者眼中多么神圣,在章氏看来皆非完美,所以他说:"然学术之未进于古,正坐儒者流误欲法六经而师孔子耳。孔子不得位而行道,述六经以垂教于万世,孔子之不得已也。"⑥此言孔子删定六经乃出于不得已,但非孔子行道之本意。章氏如此解读便是为了吻合他的道在人伦日用之论。他在《原道》篇中评价六经:"夫道备于六经,意蕴之匿于前者,章句训诂足以发明之。事变之出于后者,六经不能言,固贵约六经之旨而随时撰述以究大道也。"⑦可见六经皆史之论,意不在说"史",核心在强调对时下事功的关切,即是所谓经世之业。⑧ 六经皆史论的出现,不仅仅在突出周公之道,更道出史与当下的关联,所谓"明道必征于事物",从而揭示当下之可贵。

① 章学诚:《文史通义》,第 122 页。
② 章学诚:《文史通义》,第 123 页。
③ 章学诚:《与陈鉴亭论学书》,《章学诚遗书》,文物出版社,1985 年,第 86 页。
④ 章学诚《原道中》说:"儒家者流,守其六籍,以为是特载道之书耳。夫天下空有离器言道,离形存影者哉!彼舍天下事物人伦日用,而守六籍以言道,则固不可与言夫道矣。""盖以学者所习,不出官司典守、国家政教,而其为用,亦不出于人伦日用之常,是以但见其为不得不然之事耳,未尝别见所载之道耳。"《文史通义》,第 132 页。
⑤ 章学诚:《文史通义》,第 132 页。
⑥ 章学诚:《与陈鉴亭论学书》,《章学诚遗书》,第 86 页。
⑦ 章学诚:《文史通义》,第 139 页。
⑧ 王汎森说:"章氏是一位当世心态非常浓厚的学者,他说'学业将以经世也','所贵君子之学术,为能持世而救偏'。"王汎森:《权力的毛细管作用:清代的思想、学术与心态》,台湾联经出版事业股份有限公司,2013 年,第 518 页。

　　然章氏对器之重视，却并非为器而言器，也就是说他并非仅仅专注于当下之人伦日用，实则指出明道过程中掌握"宗旨"的重要性①，其六经皆史论即蕴含此层意思。实际上章氏与传统儒家士大夫一样，并不太关心器的具体性，他之所言意在宣扬或阐释对待知识的核心方式方法②，这是我们在讨论六经皆史时不可忽略的一点。他在《答客问中上》说："嗟乎，道之不明久矣。六经皆史也，形而上者谓之道，形而下者谓之器。孔子之作《春秋》也，盖曰：'我欲托之空言，不如见诸行事之深切著明。'然则典章制度，作者之所不敢忽，盖将即器而明道耳。其书足以明道矣，笾豆之事，则有司存，君子不以是琐琐也。道不明而争于器，实不足以竞于文，其弊与空言制胜，华辩伤理者，相去不能以寸焉。"此即言"争于器"非君子所当关切者，君子所为者在明道。文中他对孔子作《春秋》的推崇，其意图由《文史通义·史注》可以得知，他说："古人专门之学，必有法外传心。笔削之功所不及，则口授其徒，而相与传习其业，以垂永久也。"所谓法外传心，就《春秋》来讲，便是孔子笔削《春秋》时的微言大义，他是以口授方式传承，所以了解孔子作《春秋》的思想，首先必须清楚获取孔子真意的途径，了解孔子作《春秋》的核心宗旨，如此方可理解《春秋》之深意。这即是他的"宗旨"观念在理解孔子作《春秋》时的有力体现。

　　较之章氏对六经皆史的发挥，龚氏对经史的处理则更为注重史的社会功能。之所以如此，一方面由于他对经史之学的学术史的梳理，而更为重要的则源于他对社会问题的深入思考。龚自珍目睹当时人心风俗之败坏，作为朝廷官员，出于士大夫之责任与担当，他首先认为社会问题中"士"为一关键性问题。欲改变人心风俗，非从"士"着手不可。此种认识在其早年文《乙丙之际箸议第二十五》中即

① 参见山口久和：《章学诚的知识论：以考证学批判为中心》，上海古籍出版社，2006年，第59—60页。
② 参见山口久和：《章学诚的知识论：以考证学批判为中心》，第261页。

已有所认识:"载籍,情之府也;宫庙,文之府也;学士大夫,情与文之所钟也。入人国,其士大夫多,则朝廷之文必备矣;其士大夫之家久,则朝廷之情必深矣。豪杰入山泽,责人主之文也,劳人怨士之憔悴,触人主之情也。故士气申则朝廷益尊,士业世则祖宗益高,士诗书则民听益美。"①由此对"士"风的重整是其经史之论中的核心一环。他认为六经皆史,而史不仅是文献,不仅是职官,亦是一切道德制度文化之载体,故说:"周之世官大者史,史之外无有语言焉,史之外无有文字焉,史之外无人伦品目焉。"②而孔子六经则是对周之以史为核心的大道的传承,所以说:"周道不可得而见矣,階孔子之道求周道,得其宪章文武者何事、梦周公者何心、吾从周者何学,逸于后之谭性命以求之者。"③

而龚自珍对周道的理解,即为礼乐道艺④,这些内容的唤醒才是复古之目的,而同样作为周道传承载体的六经文本,则成了宣扬礼乐道艺的依据。其《明良论》明确道出:"治天下之书,莫尚于六经。"⑤可知他对经史关系的理解,并非贬低经的地位,实则指出经的核心价值,而此价值正为其蕴含了久已失传的大道。而此道的发掘,不仅是对当下士风的整治,更是处理社会问题的密钥。龚自珍此论,依旧无法避免传统经学思维的影响,其对六经之道与周道的理解中,依然说明在他头脑中六经之道是较好处理社会问题的途径。因此,较之章氏认为"道"在不同时空下的异样与不一致,龚氏则认为"道"不因时空而变化,故其言:"仲尼未生,先有六经;仲尼既生,自明不作;仲尼曷尝率弟子使笔其言以自制一经哉!乱圣人之例,淆圣人之名实,以

---

① 龚自珍:《龚自珍全集》,第12页。
② 龚自珍:《古史钩沉论二》,《龚自珍全集》,第21页。《古史钩沉论四》亦云:"史也,献也,遗民也。"皆指出史官所承载的社会意义。
③ 龚自珍:《古史钩沉论二》,《龚自珍全集》,第25页。
④ 龚自珍:《古史钩沉论四》,《龚自珍全集》,第28页。
⑤ 龚自珍:《龚自珍全集》,第34页。

为尊圣,怪哉!"①所以他对六经的正名,看似是学术史的梳理,实则是以章氏式的流略之学,来梳理六经的演变,以还原龚氏眼中六经之真实面貌。而此正名的真正意图却是对六经地位的抬升与巩固,使时人清晰认识到经、史并非一而二,实则本为一,皆为周道之载体而已。

可见龚自珍看到了史的重要性,但他很显然与章氏对道的理解不太一致。龚自珍幼习小学,后习西汉今文经学,又发尊史之论,无非是希冀借由典籍追寻治世之良方,所谓"道之本末,毕赅乎经籍"②。他认为史所承载的政教功能,是道的体现,而道则是指导具体行事的规范、准则。龚自珍固然看到了史与当下的密切,但他并不理解所谓的道也并非一成不变的,道在人伦日用中,但道不可见。龚自珍为经世而找寻经典支持,以经典中道来作为政治改革的指导原则。③ 然而章氏由史言道,其意并非在社会政治问题之改革,他要突出当下史(人伦日用)的重要,其中既有对学术风气的反驳,亦不乏对乾隆时期大一统政治的附和。④ 史的重视不仅是对经典道的反映,实为当下有别于经典道的另一种道,此种道器的当下合一,所彰显的即是他之六经皆史论的核心思想。

张尔田受章、龚之影响,亦认可六经与官学之渊源。章氏在《报孙渊如书》中说:"愚之所见,以为盈天地间,凡涉著作之林,皆是史学,六经特圣人取此六种之史以垂训者耳。子集诸家,其源皆出于史。"⑤这也是张尔田所认可的。张氏认为六经不仅来源于史,还经圣人的编撰删削,从而具有了"垂训"的意义,所谓垂训即是张尔田甚为

---

① 龚自珍:《六经正名》,《龚自珍全集》,第38页。
② 参见《阮尚书年谱第一序》,《龚自珍全集》,第227页。又言:"出乎史,入于道,欲知大道,必先乎史。"(《龚自珍全集》,第81页)
③ 按龚自珍主张历史循环论者,言"万物一而立,再而反,三而如初"(《龚自珍全集》,第16页),可知他对道之恒定的理解,亦是与此观念有关。
④ 参见杨念群:《何处是江南:清朝正统观的确立与士林精神世界的变异》第七章,生活·读书·新知三联书店,2010年。
⑤ 章学诚:《章学诚遗书》,第86页。

看重的孔子教化,也就是今文经学者所言的素王之法。只是章氏并未以今文经学来衡量经史,亦无意为孔子素王之论作宣传。他对张尔田之影响,在于对先秦两汉学术源流的把握。至于张尔田思想中今文经学的因素,应当与其喜好龚自珍有关,当然晚清今文经学之影响亦是不可忽略的因素①。其实前文我们说到龚氏与章氏之差异,龚氏尊史,但他尊史意在经世,具有明确的功利性,而非单纯的学术研究,张尔田亦是如此。而龚氏重视西汉今文经学,这点在张尔田《史微》中也是很重要一点。张氏对汉代今古文经学的理解,便是一方面借助六经皆史,一方面借助今文经学,两种思想融汇贯通,从而形成一种对汉代今古文经学的全新调和之论,而非晚清的汉宋调和论。

因此,在章氏、龚氏思想影响下,张氏对六经渊源有了深刻的认识,另外在章氏校雠学的影响下②,对诸子源流加以重新衡量,进而得出孔子为六经诸子融合之代表人物。而孔子则成为周公之后,即在政教分离之后,可为万世效法之素王,可为万世立教的兼具道德与宗教意义的神圣人物。

(二) 今文经学与六经皆史的整合

虽然在许多学者眼中张尔田以史见长,但张氏并非重史而略经,实则他对史的认识是与章氏存在差异的。③ 他自己曾言:"生平为学,从实斋出,不从实斋入,世谓余为章氏学,斯未敢言。"④可见他不赞同

---

① 诸如谭献等人对常州今文经学的鼓吹。钱基博说张尔田:"著为《史微》一书,以公羊家言而宏宣章义,实与谭氏气脉相通。"参见谭献:《复堂日记》,河北教育出版社,2001年,第5页。

② 张尔田与陈柱书信中言与孙德谦"两人本笃信章实斋,习于流略,遂于《汉艺文志》发悟创通。自唐以后,言诸子而能本于《汉志》者,实自吾两人始"。《张尔田书札》,上海人民出版社,2021年,第31页。

③ 蔡长林:《从文士到经生——考据学风潮下的常州学派》,第490页。

④ 王锺翰录:《张孟劬先生遗堪书题》,《史学年报》,第384页。

时人有关其学的平议。民国学者钱基博曾言及二人之差异,他说:"章氏以《周官》为门户,媲于古文;张氏此书,以《公羊春秋》为根极,所主今学。而张氏调停其说,颇多新义。"①钱氏指出张氏试图调停今古文经学的意图,但并未深入探讨。如果我们好奇张氏对经史的态度为何,那么就需要考察张氏对经史关系的理解;同时在经史关系的处理中,由于清代经学本身存在诸多需要探讨和解决的问题,因此在他处理经史关系时,也是必须一一进行化解和重新阐释的。

张氏在《章氏遗书序》中说:"人之一生,曰始、曰壮、曰究,人类之一期亦然。彼其古今成败祸福存亡之迹与夫蕃变之所由,然苟无史焉,虽圣者无所丽其思,而一切道术,且将不立。"张氏此言便是章氏道器之论的另一种表达。史作为明道之器,在于史能够呈现"古今成败祸福存亡之迹与夫蕃变之所由"。因此他赞扬章氏:"先生当举世溺于训诂名物度数之时,已虑恒幹之将亡,独昌言六艺皆史之谊,又推其说施之于一切立言之书,而调其义例,比于子政辩章旧闻,一人而已。"②这种高度的认可,便是张氏与章氏史学思想的一致。

但他明言章氏"惜乎其知史而不知经也"③,也可见其对章氏重史而轻经的不满。然而此种评价对章氏来说并不客观。因为章氏治学兴趣本就在史学,况且章氏对经的看法,实则是不满意当时重训诂考据,以及过度重视专经研究的狭隘治学状态。而且他觉得六经所载之道并非亘古不变,在六经之前,周公之道较之孔子之道更为完善。六经之后,道在人伦日用间。章氏并非有意降低六经的地位,只是他认为孔子述而不作,六经并非为孔子独特思想之载体,实

---

① 钱基博:《近代提要钩玄之作者》,《钱基博学术论著选》,华中师范大学出版社,1997年,第156页。
② 张尔田:《章氏遗书序》,《亚洲学术杂志》1922年第1卷第2期。
③ 张尔田《孱守斋日记》:"阅章实斋《文史通义》《校雠通义》,全从《汉艺文志》《文心雕龙》《史通》发靡,得来宗旨。专一勇于冥获,故能辩章六朝以前学术源流,而不为后儒所惑。惜乎其知史而不知经也。"(《史学年报》第2卷第5期)

则孔子有所继承沿袭。他以六经皆史发论,批评乾嘉时代学者过度专注经籍,意在道出经史之学中所蕴含之道的本质。故章氏言道在人伦日用,六经之后的道不可由六经而求之。都在以史衡经,突出道与现实的密切。

他既然看到章氏在经学上的弱势,便势必要弥补此种不足。很显然,张氏在治学上是怀揣巨大抱负,试图平衡经史之论,追求思想上的贯通。[①] 在张氏看来,今古文经学、汉宋学都是治经无法避免的学术关键词。他意欲会通经史,不得不对经的诸多问题给出解答。首先要对章氏所言孔子与六经进行弥缝。章氏既然认为六经为孔子述而不作,那么很显然今文经学家所认为的孔子改制之论也就并不存在,很显然张氏并不赞同这种看法。

张氏与章学诚理解六经有一个很大的差异,即章氏认为六经之道具有历史性,短暂性,而张氏则认为孔子删定六经,以垂教万世,孔子之道具有永恒性。[②] 可见在对待孔子上,一重制度,一重教化,这也是二人理解上的巨大分歧。这种分歧的产生与时代环境有很大关系。张尔田历经清末民国,传统伦理信仰都在逐渐被打破,尊孔观念被许多保守派士人所接受,张尔田即是其中一员。他认为孔子六经所言即在保存文化精神,以教化后世。而章氏则认为"明道必征于事物",道不可见,可见者为象,因此章氏总认为一时代有一时代之道。章氏出于对戴震等人明道之见的反驳,而张氏则出于对清季以来文化精神传统缺失的回应。这才是他们差异的根源。所以他才批评章氏有宗周祧孔之论,不知"经也者,恒久之至道,不刊之鸿教,言其不

---

① 王锺翰记载其师张尔田之言:"天下学术同中有异,异中有同,六艺诸子虽异途而同归,两汉经师固一源而众流,有志学者,贵能别白古人学术之异同,融会而贯通焉,使后人知所抉择耳。"(《史微》点校本序,上海书店出版社,2006 年)
② 《孱守斋日记》:"六经皆史也,而孔子删定之。史官皆所优为,何必圣?曰:此正孔子所以为圣也。史,往迹也,非经孔子加以意义,则不能以开来。故治经在明其义,知其义,则虽先王未之有,可以义起也。"(《史学年报》第 2 卷第 5 期)

得与民变革也"。①

知晓了此间根源,我们便可理解张氏偏倚今文经学,不喜古文经学,不单纯是出于对训诂考据的不满,实则由于古文经学重典章制度而略微言大义。张氏认为今文经是"孔子说经之书而弟子述之者也"②,核心便在今文经学所言为孔子之义,乃孔子垂教万世之法③,即较之制度层面的作用,张氏看重的在道德层面。所以他在《论中国文化及其宗教道德》一文中即推崇宗教之作用,实则与其重孔子之教化本质上是一致的。他说:"学,进化者也,故屡变而愈精;教,持世者也,天不变道亦不变。故学有新旧,教无新旧。"④

张尔田对六经的理解,由于对政教中"教"之层面的重视,⑤使得他在理解六经的成书过程中,把《春秋》看得尤为重要,《春秋》成为孔子为素王的有力支撑证据。他曾说:"是《春秋》一书与诸经皆出先王之旧典者固不同矣。盖《诗》《书》《易》《礼》者,孔子未得天命之时,缘领旧经以济当时者也;《春秋》者,则孔子端门受命,拨乱反正以教万世者也。"⑥

(三) 公羊学与尊孔

提起清代今文经学,其根本必然在公羊学。尤其在晚清,公羊学成为显学,戴望、谭献、张尔田、王闿运、康有为、廖平等都对公羊学有所解读。他们的理解虽不尽相同,但大都认可公羊学的重要观念或学说。而公羊学在汉代出现之际,就已经表明孔子创微言大义于《春

---

① 张尔田:《史微》,第 8 页。
② 张尔田:《史微》,第 3 页。
③ 张尔田:《史微》,第 208 页。
④ 张尔田:《论中国文化及其宗教道德》,《史学年报》,第 255 页。
⑤ 《史微》卷五:"三代以前学在官,三代以后学在野。学在官,故重在政,而于典章制度为最备;学在野,故重在教,而于微言大义为独详。微言大义者,圣人创造典章制度之所以然也。"
⑥ 张尔田:《史微》,第 113—114 页。

秋》中,至于孔子所言究竟为何,学者们给出了不同的理解。然而这种带有神秘色彩的公羊学,一出现就给孔学披上了神秘的面纱。清代学者在复兴公羊学之际,自然接受了这种神秘性的存在。刘逢禄认为由董、何之学可上溯孔子微言大义,以明圣人之学的真面目。其后魏源、龚自珍在刘逢禄之学的启发下,认识到西汉今文经学的巨大意义,认为欲求圣人之道必由西汉之学,他们得出如此结论,在于经世致用的迫切需求,而西汉之学在前人的记载中是可学以致用的典范,而非汉、宋学的形上玄虚。如此一来,由公羊学引发的解经模式,转而成为宣扬经世之学的工具。据此,则清代今文经学由当初局限于公羊学而扩大到西汉整个今文经学,汉代的今古文经学之争被清人以另一种目的而再现,当然时代变化了,这种争论的实质也就不同了。这种争端背后所蕴含的政治意味不言而喻,所以今文经学成为传统士大夫体现社会担当的知识依据,无论是治经、还是治世,已经无法完整划清界限。清季康有为鼓吹今文经学,诋毁古文经学,正出于经世之目的。然而康有为在其孔教论出现之前,实则对周公之学甚是推崇。其早年著作《教学通义》随处可见此种思想。[①] 只是后来他受廖平之影响,转而以今文经学为手段,大昌伪经、改制之论,如此便不言周公与古文经学之渊源,而是集中在建立孔教之焦点上。张尔田虽然没有康有为治学上的巨大偏见,但他对今文经学、对孔教的推崇却是与康有为不谋而合。[②] 当然他意识到了今古文经学的差异,并未像康有为这般肆意解经或主观篡改。

　　章氏倡官师合一,推崇《周官》。而在今文经学家眼中,《周官》出

---

① 康有为:《教学通义》,《康有为全集》第1集。梁启超亦云:"有为早年酷好《周礼》,尝贯穴之著《政学通议》,后见廖平所著书,乃尽弃其旧说。"(《清代学术概论》,第77页)

② 他曾批评苏舆《春秋繁露义证》:"以改制受命新王诸口说,一切素王权济之微旨,悉举而归诸汉儒笃时之言,不知圣人远见前睹固非为一姓告也。"(《张孟劬先生通堪书题》,《史学年报》,第394页)他对这种驳斥公羊学改制、素王等核心观念的做法不以为然,因为他认为孔子教化之意正由今文经学来体现,而公羊学的核心观念则是理解孔子深意的关键。

战国,与孔学无关。所以龚氏《六经正名》即认为《周官》晚出。皮锡瑞也批评章氏"不解《春秋》,专信官礼"。① 张尔田推崇章氏史学之论,寻求解决今古文之争,便有意消除此种偏见。他一面赞成公羊学的改制理论,另一面又赞同《周官》为周公之学。之所以如此,他曾说这是治学方法不同而导致的。其认为以训诂考据手段治学与以义理治学不同,因此主张用周秦说经家法治汉代经学,则今古文之争可息。② 实则他之周秦家法,便是借用章氏校雠之学,重学术源流,以贯通学术义理,从而"引经演义"③,而非简单训诂考据。可见他对古文经学的治经方法是不赞同的,如此其倾向汉代今文经学也是自然的。毕竟今文经学重义理而不专注训诂。

深入来看,张氏倾向今文经学实则源于其对传统道德的深刻理解。也就是前文《论中国文化及其宗教道德》所言说的孔教。他在此文中还说:"孔子者,中国道术直系也,故言我国中古之文化,即不能不言孔子。"把孔子看成是西周之后,传统中国政教合一的集大成者,"孔子乃以匹夫崛起布艺之中,删述六经,宪章前圣,自是上古治天下之具,遂全集于孔子一人。故自孔子以前言之,代表中国宗教者为天子;而自孔子以后言之,代表中国宗教者则为孔子"。他又认为孔子是中国宗教之代表者,并非崇尚西方所言之宗教,张氏对此解释说:"是故有一特殊之宗教,即有一特殊之文化;有一特殊之文化,即有一特殊之道德。""宗教也,文化也,道德也,是三者如连锁然。无宗教即无文化可言,无文化即无道德可言。"张氏很明显把以孔子为代表的儒家思想文化看成是特殊之道德、文化,故而坚信今日提倡孔教,不仅在于保存文化,更重要在使"宗族不至于先亡"。因为他认为当下社会无一种共同遵守之道德,无共同之道德,则文化、宗教,即无一共

---

① 皮锡瑞:《书章实斋文史通义书后》,《师伏堂骈文》,《续修四库全书》第 1567 册,第 371 页。
② 张尔田:《与王静安论今文家学书》,《学衡》1923 年第 23 期。
③ 张尔田:《与王静安论今文家学书》。

同之标准,如此社会秩序必然混乱,即会表现为一种"分崩离析之状态"。① 所以张氏希望借助孔教来稳定社会秩序,可见张氏所言孔教看重的是在现代国家下道德伦理的重塑。缪钺在 1933 年亦曾指出宗教的重要性:"今吾民族国家消沉衰弱之因,惟在宗教性之缺乏,及内圣外王之道暗而不明。因国人缺乏宗教性也,故于天下事业皆掉以轻心,无可无不可。盱衡宇内,殊鲜见有所必为及有所不为之人,亦殊鲜见忠于人、忠于事及忠于道之志士夫极精诚之宗教精神,自表而视之,似近于愚。然天下有价值之事业,皆此种似愚之人为之。"② 此言宗教性,即与张尔田所谓宗教与道德之论相关。而在张、缪之前,梁启超作有《中国道德大原》(1912)、《孔子教义实际裨益于今日国民者何在欲昌明之其道何由》(1915),都在言说孔学的德育功能。③ 虽然梁启超不主张孔教为宗教,但他看到了孔学在道德伦理重塑层面的重要,这点与张尔田是一致的。

张尔田讨论孔教,并非笼统言之,毕竟受传统经史之学影响,一方面章氏史学观念存其脑中,使其认为周公时代,为政教合一的理想时代。很明显在此基础上说孔教,则有所冲突,故而他分孔子之前为旧教,孔子之后为新教,说:"孔子一方面接受旧教,而一方面又自成一种新教。旧教其演为古文诸经之说,新教其后演为今文诸经之说。"可见他对孔教的理解建立在其对孔学的理解之上,而理解孔学又必须以传、说为途径,故而今古文经学必然涉及。然而在张氏把古文经学归为周公之学,而今文经学归为孔学一类④,那么很明显今文

① 张灏说:"根据墨子刻的观点,近现代的中国知识分子大体上都继承了基本的道德目标和儒学传统的抱负。他们从西学所接受的东西,仅仅是给实现这些道德目标和传统抱负提供了新的技术和体制上的方法而已。"(《危机中的中国知识分子:寻求秩序与意义》,中央编译出版社,2016 年,第 4 页)
② 缪钺:《读史存稿》,北京大学出版社,2017 年,第 543 页。原载《大公报》1933 年 8 月 7 日版。
③ 吴震:《孔教运动的观念想象:中国政教问题再思》,复旦大学出版社,2019 年,第 104 页。
④ 这种观点源自廖平《今古学考》。

经学涉及孔子新教的问题。所以他说:"孔子未尝于旧教之外,别创一新教也。孔子不过因旧教而损益之,加之以意义而已。加之以意义,是即为孔子之新教。"[①]可见他不否认旧教的存在意义,但又突出孔教作为新教的特殊性,在于孔子之学的损益择取。这里他利用了今文经学的理论,认为孔子在礼崩乐坏之际,损益三代之学,作素王,为后世改制。[②] 他说:"其因鲁史而作《春秋》也,文成数万,其旨数千。或褒贬损挹,不拘故常,一视其义以为衡。然则孔子之于旧教也,亦曰'窃取其义'而已矣。"[③]另外,他对今文经学的偏袒,还体现在他认为战国之后,孔教未行,至汉代设立经学博士,孔子教义得以推行。[④]而汉代置官学者为今文经学,之后古文经学的盛行,实则阻碍了孔教的施行,故其斥言:"守文之徒,抱残守缺,仅能寻章摘句,已名为儒林矣。无有一人阐明孔子之微言,兴七十子大义者。"[⑤]张氏同康有为一样,都认为文化的改变需要一个渐进的过程,这是受了公羊学三世说与西方社会进化论的影响。在这种双重影响下,张氏认为:"三世之治虽同,而范围广狭则逐渐不同。至太平世,天下大小远近若一,夷狄且进而称王矣。文化扩充至于此,人事浃、王道备,孔子之教义始为圆满。"[⑥]他深知当下社会并非完美,但却深信孔教于社会秩序之重要,其曾说:"孔演五经,微言所系,志盖有在。恨今尚非其时,然终有达之之一日,要贵驯而致之耳。群化轮轨,必先使之适于现境,而后有以日蜕其旧而不自知,固非卤莽灭裂所易为功也。"[⑦]张氏推崇孔子之学对后世文化之影响,也并非个例,深知西学的辜鸿铭曾在其《春秋大义》中

---

① 张尔田:《论中国文化及其宗教道德》,《汉学》1944 年第 1 辑,第 13 页。
② 《论中国文化及其宗教道德》小注云:"中国宗教与政治不分,故两汉皆称孔子为素王,以其兼代表政与教也。"(第 14 页)
③ 张尔田:《论中国文化及其宗教道德》,第 13 页。
④ 张尔田:《论中国文化及其宗教道德》,第 14 页。
⑤ 张尔田:《论中国文化及其宗教道德》,第 14 页。
⑥ 张尔田:《论中国文化及其宗教道德》,第 7 页。
⑦ 张尔田:《孔教五首》,《甲寅杂志》1914 年第 1 卷第 3 期。

明言:"孔子之不可及者,当其留文化图样于后世,并另立文化之纲领,定国家二字最真确之义。此乃孔子最大之功德。……若吾中国则二千余年以来,群尊奉孔子之训条,实与信仰宗教无异也。"①而且张尔田对孔教的理解明显与西教不同,这点辜鸿铭也有同感,辜氏说:"若吾中国则二千余年以来,群尊奉孔子之训条,实与信仰宗教无异也。予此所谓宗教乃广义,非西文解释此二字之狭义。葛得曰:'真正之信仰,唯群众能知之,亦唯群众能行之。'予所谓宗教之广义,乃谓一种之训条教言为群众所推服信仰之意也。耶教、佛教,以此广义而成宗教,孔道亦以此广义而能与宗教同其功用。"②

张氏重孔教,但他作为一个近代的史学家,仍未失去对史的理性认识。他在此文中说史料固然重要,但史家之目的不在史料的考订上,而在"历纪古今成败祸福存亡之道"。可见他认为史家要借助史料,理解社会历史之演变规律,而非津津于征文考献,而要重视对具体史料的抽象性审视,从中得出理论。他继而说"孔子观此而悟道",即道出历史对孔教形成的重要作用,但又可见历史与宗教的不同。张氏了解经、史的不同,就治学而言,不可以经学褒贬善恶方式治史,但另一方面他又说经义的获取离不开历史的影响。可见章氏所谓的道不离器的思想,被他很好地吸收过来。其实张氏对宗教、道德、文化的阐释中,依旧突出了传统社会士大夫的知识信仰在经学而非史学,所以民国固然史学研究专业化、现代化突显,但受旧学影响深刻的学者,依旧对经、史的功能有所区分。李源澄在其《经学通论》中曾说:"经学虽非宗教,而有宗教之尊严。故吾谓经学非史学,非子学,而为子史合流之学问,为一特殊之学问,自具独立之精神,而非史与子所能包含。"③

---

① 陈曾榘:《春秋大义译本节录续》,《亚洲学术杂志》1922 年第 10 期。
② 陈曾榘:《春秋大义译本节录续》。
③ 李源澄:《经学通论》,华东师范大学出版社,2010 年,第 5 页。

梁启超曾言,当今治史在于求得客观性质的史学,而非掺杂主观目的的史学。他批评孔子作《春秋》这种对待历史的动机就是不可取的,认为这属于:"不肯为历史而治历史,而必侈悬一更高、更美之目的……一切史迹,则以供吾目的之刍狗而已。其结果必强史就我,而史家之信用乃坠地。"①梁氏此言,与张氏有所不同。梁启超不主张主观性质的史学,之所以如此是他意识到圣人的褒贬予夺,彰显的是一人私断而非公言,所以积极提倡具有公言性质的现代性质的国史、民史,而非传统的朝代史、君史。② 张尔田承认客观治史,但是并未局限于纯客观的史学研究。他意识到史学还可为人类精神提供养分,也就是张氏所认为的道德、文化可从史料中获取,为社会发展提供动力。因此,可以说张尔田对史的讨论,最终依旧要统一到今文经学的讨论中,而以公羊学为核心所凝聚的尊孔之论,则是其经史思想的归一。

二、顾颉刚疑古思想与
作为史料的六经

清末廖平以礼制平分今古文经学,康有为等人受其影响,大肆宣扬汉代的今文经学,以推崇孔教。在廖平、康有为的理论建构下,尊孔成为清末思想史中的一个很重要的观念。此时社会政治的转变,导致传统无力面对西方的冲击,由此张之洞的中体西用转而成为以西方为核心的西体西用。体用的转换导致传统地位与价值的衰落,成为阻碍现代国家建构的障碍。在西学的影响下,清末今文经学的孔子神化运动,被视为不符合科学精神的政治歪曲。"五四"运动中有关民主与科学的宣扬,也使得学人注重对传统知识的科学研究,反

---

① 梁启超:《梁启超史学论著四种》,岳麓书社,1985年,第140页。
② 王汎森:《近代中国的史家与史学》,复旦大学出版社,2010年,第22—23页。

对传统中对孔子及六经的崇拜。① 由此孔学也不再具有引导社会秩序的独特地位,而体现孔学核心的五经由伦理、信仰的主体降为学术研究的文献史料。在疑古派人物顾颉刚的引领下,孔子成为退下神坛的儒家人物,同时六经也只是记载早期历史的史料。顾颉刚虽然受到今文经学的影响,但顾颉刚古史观的确立,也正体现民国时期孔教及经学价值的衰落。康、廖在清季所鼓吹的孔教论不但未能产生大的影响,反而被民初学人所抛弃。顾颉刚曾言:"经今文学派的长处,本在破坏伪经和伪古史,其积极的建设部分,能成立之说本少,我们似不必深究他们真正的用意,是否在宣传他们的政治主张,我们只问他们的说法有没有道着古书和古史真相的处所。"②可见对顾颉刚等人来说,清季今文经学的价值在于对早期文献记载的怀疑。③

(一) 疑经的形成

顾颉刚早年受康有为《新学伪经考》的影响,意识到战国秦汉间诸子具有托古改制的手段。康有为尊孔论所引起的疑古,使得顾颉刚对孔子与六经,以及战国秦汉儒家的历史记载有了怀疑。之后顾颉刚逐渐融合诸家意见,形成"层累地造成的中国古史"的独特历史观。他不愿作崔述那种尊经的辨伪,而是要作史家的辨伪。④ 科学观念下的史学研究已经在顾颉刚认知中扎下根基,他对孔子及六经相关问题的考辨都是建立在这种观念之上。

---

① 参见余英时《中国近代思想史上的激进与保守》,《现代儒学的回顾与展望》,生活·读书·新知三联书店,2004 年。
② 顾颉刚:《顾颉刚古史论文集》卷十一,中华书局,2011 年,第 521 页。按由此文可知,顾氏不在意今文经学的义理,而是注重史料的辨伪,此为清末古文经学家重实证的延续,但同时也受到西方理性主义的影响。顾氏所代表的即是清末民国经学研究的一个支脉,另有以康有为、张尔田为主的孔教论者,坚信孔学的宗教功能,以解决群体道德弊病。还有一种即是蒙文通、熊十力主张经学具有其独特价值,可与当下政治变革产生关联。
③ 参见陈壁生:《经学的瓦解》,华东师范大学出版社,2014 年,第 137 页。
④ 参见顾颉刚:《中国上古史研究讲义·自序二》,《顾颉刚古史论文集》卷三。

顾颉刚有关经学认知及其相关考辨，受钱玄同的启发甚多。钱玄同原为章太炎弟子，后读罢康有为之书，经学观念发生巨大转变。钱玄同在 1921 年给顾颉刚的信中说自己原来信奉今文经家的主张，自 1917 年以来，逐渐打破今文经学的束缚，认为这些东西不可信，但仍认可康有为、崔适对古文经的辨伪功绩。同时，他认为欲了解孔学真相，只能从《论语》《孟子》《荀子》《史记》诸书中寻找。至 1923 年，他又认为只有《论语》可求孔学之真相。而《孟子》《荀子》《史记》中孔学只是孟子、荀子、司马迁的理解，并非真正意义上的孔学。[①] 顾颉刚对今古文经学的看法，受到钱玄同的影响是肯定的。他在《秦汉的方士与儒生》中说得很清楚：

> （钱玄同）不止一次地对我说："今文学是孔子学派所传衍，经长期的蜕化而失掉它的真面目。古文经异军突起，古文家得到了一点古代材料，用自己的意思加以整理改造，七拼八凑而成其古文学，目的是用它做工具而和今文家唱对台戏。所以今文家攻击古文经伪造，这话对。古文家攻击今文家不得孔子的真意，这话也对。我们今天……把他们的假面目一齐撕破，方好显露出他们的真相。"这番议论从现在看来也不免偏，偏在都要撕破，容易堕入虚无主义。但在那时，当许多经学家在今古文问题上长期斗争之后，我觉得这是一个极锐利、极彻底的批评，是一个击碎玉连环的解决方法，我的眼前仿佛已经打开了一座门，让我们进去对这个二千余年来学术史上的一件大公案作最后的判断了。[②]

---

① 1923 年钱玄同《答顾颉刚先生书》说："我们要考孔丘底学说和事迹，我以为只有《论语》比较的最可信。""孔丘无删述或制作六经之事。"《顾颉刚古史论文集》卷一，第 189 页。又可参见 1925 年钱玄同《论今古文经学及辨伪丛书书》，《顾颉刚古史论文集》卷七，第 254 页。

② 顾颉刚：《顾颉刚古史论文集》卷二，第 467 页；又卷三，第 89 页。

他受钱玄同的启发，深入思考汉代的今古文以及相关的学术问题。当然相较于钱氏局限于今古文经学问题，顾颉刚此时已经跳出这种纷争，转而思考今古文形成时期即汉代的学术思想问题。他从广阔的思想史角度去分析今古文问题，而非拘泥于经学内部。当然他对经学的探究，一直是服务于他的古史研究。

顾颉刚早年还曾上过胡适的中国哲学史课程，后来又与胡适有过很长时期的学术探讨。在辨伪方面，胡适与他理解一致，都主张科学的实证。他在《古史辨第一册自序》中说："他的议论处处合于我的理性，都是我想说而不知道怎样说才好的。……从此以后，我们对于适之先生非常信服。我的上古史靠不住的观念在读了《改制考》之后，又经过这样地一温。"①

顾颉刚在 1920 年写给钱玄同的信中说："六经皆周公之旧典一句话，已经给今文家推翻。六经皆孔子之作品一个观念，现在也可驳倒了。"②此时，顾颉刚对于孔子与六经的关系有了初步的认识，他已经接受六经皆周代史料的观点。他在 1923 年出版的《现代初中教科书》中亦说到孔子与六经：

> 孔子是当时的大学问家，因为他博学多闻，便由后人造成了许多事迹，附会他的神灵。大家颂扬他的大功在考定六经，其实孔子的删述，至今还是异说纷纭，聚讼不休，很难置信。因为《书》《诗》都是旧文，《乐》又不传于后，《易传》是否全出孔子尚有问题，则较可相信的，只有《春秋》一书或者曾经过他的整理而已。他的著述真相既不容易找到，则考查孔子的学说，应该从他的弟子和后学所记的书本里去寻求了。许多书中，最纯粹而且

---

① 顾颉刚：《顾颉刚古史论文集》卷一，第 32 页。
② 顾颉刚：《论孔子删述六经说及战国著作伪书书》，《古史辨》第 1 册，上海古籍出版社，1982 年，第 42 页。又见《顾颉刚书信集》卷一，第 535 页。

最可靠的,自当首推《论语》,所以《论语》上的孔子,要比其他书中所说的孔子可信的多。[①]

可见他认为唯有《春秋》是孔子整理过的,所谓整理并没有什么深意在里面。这说明顾颉刚在接受六经皆史料后,不再相信六经中蕴含孔子微言大义,那么孔子作《春秋》的论调也就自然瓦解。

他后来在1928年的《孔子研究讲义》中便就六经权威的树立给予了解释,他接受章太炎有关"经"的解释[②],释经为常、为法,并且认为六经出于周公、孔子的观点源于对六经常法的权威化,使得经从三代典章制度,转变成万世不易之法。[③] 这种理解即源自顾氏的古史观,在六经成为史料后,如何从客观历史角度解读孔子形象的演变,分析战国秦汉儒学的实质,成了他考辨古史的一个重要方面。

(二) 六经皆史的解读

顾颉刚是从学术研究角度来看待传统六经及其相关学术流变,譬如他在论述清代今古文问题时,便把清代今文经学有关刘歆篡改《左传》的观点看成是一个辨伪的学术研究。前文我们对于刘逢禄等学人已经有了大致的探讨,便可知清代今文经学的所谓辨伪,并非科学的学术研究,乃是具有极大偏见的释经学活动,意在维护经学的权威。但是到了顾颉刚的时代,传统已经衰落,现代国家已经形成,对经的信仰亦渐趋消解,因此经与史已经没有什么区别,都是学术研究的史料而已。当然我们需要说明,对经典的怀疑古已有之。顾颉刚后来的辨伪丛刊,便可看出他对传统疑古思想的重视。只是传统环

---

① 顾颉刚:《顾颉刚古史论文集》卷十二,第32—33页。
② 章太炎:《国故论衡·原经》,《章太炎全集·国故论衡校订本》,第227页。
③ 顾颉刚:《顾颉刚古史论文集》卷四,第53页。

境下的疑经不是瓦解经的存在,而是更有力地维护经的崇高地位。通过顾颉刚的著述可以看出,他在疑经方面基本上受到几个重要人物的影响,分别是康有为、章太炎、钱玄同以及胡适。康有为对他的影响在于古文经的批判,使他意识到经的不可靠。而章太炎对六经皆史的讨论则促使顾颉刚更加坚定地批判传统经学①,而且越发怀疑五经中有太多虚假的内容,孔子与五经亦无太大关系。之后钱玄同的今古文经学论则坚定了他的这种认知。后来胡适对诸子与王官学的讨论,以及章学诚六经皆史,都更加坚定了他的疑经活动。由此可知,顾颉刚古史研究虽然受到今文经学康有为等人的影响,但更重要的在于顾颉刚对经(无论今文经还是古文经)的怀疑,可谓源自清人的一个重要观念——六经皆史。这个观念的出现,实际上为清季民初经学的瓦解奠定了基础。由此,后来的顾颉刚在梳理经学史时,便提到清代的章学诚与龚自珍。② 他说章学诚《文史通义》、龚自珍《古史钩沉论》都提到了六经皆史的主张。由于顾氏受到章太炎及胡适的影响,所以他认为章学诚所谓的史乃指史料。这点胡适的影响显而易见。胡适曾作《诸子不出于王官论》(1917),此文推翻了章学诚对官学的解读。③ 胡适说诸子出于王官论乃来自《汉书·艺文志》,而《汉书·艺文志》之论源于刘歆七略,可见诸子出于王官论为汉儒附会揣测之辞。④ 他认为"学术之兴皆本于世变之所急",⑤"皆春秋战国之时势世变所产生","吾意以为诸子自老聃、孔丘至于韩

---

① 顾颉刚《古史辨自序》云:"古文家主张六经皆史,把孔子当作哲学家和史学家看待,我深信这是极合理的。我愿意追随太炎先生之风,用了看史书的眼光去认识六经,用了看哲人和学者的眼光去认识孔子。"(《顾颉刚古史论文集》卷一,第21页)

② 顾颉刚:《顾颉刚古史论文集》卷七,中华书局,2011年,第294页。又《孔子研究讲义》专门讨论章学诚六经皆史之论,认为章氏之论引出六经不作于孔子而作于周公:"近日之言六经为不相干的六部书,杂凑在一起者,实从章氏之论又进一步者也。"(《顾颉刚古史论文集》卷四,第53页)钱玄同1923年《答顾颉刚先生书》即言:"《诗》《书》《礼》《易》《春秋》本是各不相干的五部书。"(《顾颉刚古史论文集》卷一,第189页)

③ 《古史辨》第4册。

④ 《古史辨》第4册,第2页。

⑤ 《古史辨》第4册,第3页。

非,皆忧世之乱而思有以拯济之,故其学皆应时而生,与王官无涉"。①
这一观点已说明胡适否定《汉书·艺文志》的观点,那么章学诚的流
略之学在胡适这里也是并不客观的。胡适后来言六经皆史之"史"为
史料,这就完全误解了章学诚的解读。胡适在这篇文章中说儒家出
于司徒之官完全是不靠谱的,他说:"周官司徒掌邦教,儒家以六经设
教,而论者遂谓儒家为出于司徒之官。不知儒家之六籍,多非司徒之
官之所能梦见。"②可见胡适否定儒家与王官学的关联在于六经的归
属。很显然胡适认为六经的出现源于儒家,而非官学,但这种理解
明显与章学诚不同。章学诚说六经皆史,即在说明六经渊源于官
学,在周公时代即是当时的政典,随着政治环境的变化,政典逐渐变
成了六经,成为儒家的经典。③ 胡适又进一步分析古之学在王官与
诸子学是否出于王官并非一事,可见他承认早期之学为官学,但拒绝
诸子学与王官学的关联。王官之学在胡适看来即祀典卜筮之文,礼
乐射御之末。④ 那么胡适眼中古人所称道的官学无非是些与六艺之
学无甚关联的内容,这些内容与之后的儒家之学差距很大。胡适的
这种进化论背景的论调,否定了《汉书·艺文志》以来的学术认知,也
就否定了儒家对早期社会的想象,以周公为核心的理想三代成为了
文化上的草创蒙昧阶段。这些认识实际上都在重新衡量早期中国的
历史与文化,在这种框架下孔子以及之后的儒家学派都只是诸子的
一个支流而已,这是清末以来西学影响下的必然后果。孔子之学不
断除魅的过程,即是传统学术由经到史的转变。1917 年,顾颉刚在阅
读胡适的《诸子不出于王官论》后,从此不信诸子九流之论,更不信九
流出于王官。⑤

---

① 《古史辨》第 4 册,第 7 页。
② 胡适:《诸子不出于王官论》,《胡适文集》第 2 册,北京大学出版社,1991 年,第 181 页。
③ 章学诚《文史通义·易教上》:"古人不著书,古人未尝离事而言理,六经皆先王之政典也。"
④ 《古史辨》第 4 册,第 7 页。
⑤ 《古史辨》第 4 册自序,《顾颉刚古史论文集》卷一,第 120 页。

胡适误解了章学诚六经皆史的观念,已成学界共识。但是通过这种误读,我们可以发现,六经皆史的观念之所以在后来被看作是瓦解六经权威的重要观念,在于此观念表明早期经学的源头为三代之官学,六经并非孔子的独创。这种理解在传统语境中并不会发生多大的震荡,毕竟传统理解中就有这种看法。但是在清季社会政治的巨大转变中,便起到了意想不到的作用。原本作为孔子与三代之学关联的六经,一变而成为与孔子无关的史料。[①] 孔学神秘性消失,所谓的《春秋》微言大义也就不复存在,《春秋》只是鲁国旧史,没有什么深意。因此,顾颉刚的疑古本质上在于从辨伪角度对六经皆史观念的发挥,或者说六经皆史成为此时经学瓦解的一个有力证据,而此证据完全脱离他原有的语境,动机有了很大变化。[②] 从这个角度来看,清末章太炎、刘师培对于今文经学的批判,以及论证孔子与六经的无关,都实际上成了顾颉刚认知中六经皆史观念的延续,到了民国,汇聚成疑古思潮的有力推动因素。所以我们也可以认为清末的古文经学实则成了顾颉刚疑经的帮凶。

(三) 孔子与六经

钱玄同在 1925 年与顾颉刚书信中主张《春秋》是史书,记载的是历史,而非蕴藏微言大义的经书。他知晓如果依《公羊传》《春秋繁露》去解释《春秋》的义理,那么《春秋》就不是史实的记载。他主张从现代史学的角度看待经书,这点与顾颉刚一致。顾颉刚在后来回信中梳理了《春秋》微言大义的附会过程。他说:

> 《春秋》成为儒家专有的经典之后,他们尚不满意,一定要说

---

① 顾颉刚:《顾颉刚古史论文集》卷七,第 32 页。
② 钱玄同曾言自己对经书的辨伪与今文经学家的辨伪动机不同。见《顾颉刚古史论文集》卷七,第 254 页。

为孔子所作。于是又在西狩获麟截住,而说其因伤麟感道穷而
作《春秋》。自有此说,于是孟子等遂在《春秋》内求王道,公羊氏
等遂在《春秋》内求微言大义。经他们的附会和深文周纳,而《春
秋》遂真成了一部素王手笔的经典。①

顾颉刚在康有为、钱玄同、胡适等影响下,坚定认为《春秋》为鲁史,而
非孔子所作。由此三传有关《春秋》的解读,便与孔子微言大义无涉,
只能看作是后世学人的附会。顾颉刚由于受康有为今文经学疑古观
念的影响,把古文经学家所看重的《左传》认定为一部伪书,其材料多
源于《国语》,而现今所见的《国语》则是刘歆的删削之余。② 顾颉刚后
在厦门大学的演讲《春秋时的孔子和汉代的孔子》(1926)中又对孔子
与《春秋》的问题进行类似的讨论。学者周予同阅读此文后,在《与顾
颉刚书》中说自己也想做类似的论述,以"塞梁漱溟氏辈之以孔教代
表东方文化及晚近之孙中山先生孔子化之谬误思想"。③ 周予同如此
说,乃基于顾颉刚文中考察汉人通过谶纬不断神化孔子,从而使其成
为宗教化的教主。④ 而周予同借此批评梁漱溟吹捧孔教,是因为梁漱
溟作《东西文化及其哲学》认为孔子思想有其特有的价值,尤其在影
响人心层面。而当下以孔子为代表的儒家文化的衰落,并不能证实
孔子思想失去了其本有的社会价值。⑤ 这种不同的观点,可以看出当
时的一些学者,他们不同于顾颉刚等人的疑古论调,重新阐释孔学的
社会价值,而非史料的辨伪。

① 顾颉刚:《顾颉刚书信集》卷一,第 554 页。
② 顾颉刚:《秦汉的方士与儒生》,《顾颉刚古史论文集》卷二,第 519 页。
③ 参见《古史辨》第 2 册,第 142 页。傅斯年《谈两件努力周报上的物事》(1928)亦对梁漱溟
　有所嘲讽。
④ 顾颉刚:《春秋时的孔子和汉代的孔子》,《古史辨》第 2 册,第 137—138 页。
⑤ 参见杨贞德:《转向自我:近代中国政治思想上的个人》第八章,生活·读书·新知三联
　书店,2012 年。又梁漱溟《东西文化及其哲学》谈到孔子与诸子不同在于孔子关注"全整
　的人生思想"(《梁漱溟全集》第 1 册,山东人民出版社,2005 年,第 472—473 页)。

《古史辨》第二册还收录冯友兰《孔子在中国历史中之地位》。冯氏的主要观点是认为孔子并非教主素王,而是教授老儒,如同西汉儒者伏生、申公。而且对于《孟子》所记载的"其义则丘窃取之",冯友兰解释为孔子只取其义而非作其义,所谓的义法也只是旧史本就具有,并非孔子新创。① 很显然,通过前文的分析,可知顾颉刚与冯友兰的认知是一致的,都不承认孔子的教主形象,认定《春秋》没有什么微言。冯友兰还重新解释为何后人如此看重孔子与六艺间的关系,他认为是出于孔子以六艺教学生,而六艺本为贵族间的共同知识,只是后来诸子兴起而成为儒家之专有。由此他认定孔子即是一教育家。冯友兰对孔子与六艺的理解并不详尽,实际上六艺与六经在不同时代的内涵有着一定差别。顾颉刚与冯友兰都并未指出。钱穆后有著述《两汉博士家法考》(1944),专门分析了六艺在汉代的特殊意义。按照钱穆的理解,《汉志·六艺略》所言六艺乃王道之体现,"盖当时之尊六艺,乃以其为古之王官书而尊,非以其为晚出之儒书而尊"②,之后王道分裂,官学下移至民间,而诸子学借此而兴。③ 由此可以理解,所谓孔子与六经之关系,不仅仅在于讨论孔子是否作六经,而是孔子作或不作六经,其背后所体现的六经与官学、王道的关系是不同的,如此对孔子地位的评价也就有了区别。古文家称孔子述而不作,在此层面理解便是孔子在整理六经时,是对王道或者王官之学的延续与保存。反之,如果赞成孔子作六经,则意味着在道术为天下裂之际,孔子以素王受天命,以民间私学形式建立自己的思想与学术。因此,按照顾颉刚、冯友兰的理解,孔子无非是一位博学的智者,而在汉代,孔子形象逐渐被神化,素王改制成了孔学的标签。这种历史化解读,过度简化了不同历史时期孔子形象的内涵。正如钱穆所论,汉代

---

① 《古史辨》第 2 册,第 198—197 页。
② 钱穆:《两汉博士家法考》,《两汉经学今古文平议》,第 202 页。
③ 钱穆:《两汉博士家法考》,《两汉经学今古文平议》,第 187、200—202 页。

对六艺乃至孔子的认知,有着深层的政治意义。顾颉刚以其独特历史观在理解孔学时,对相关问题实际上过度简化,而且由于深信刘歆伪造古文经,他的历史研究并不客观。①

吕思勉对孔子与六经的理解不同于疑古学者,他说:

> 六经皆先王旧典,而孔子因以设教,则又别有其义。汉儒之重六经,皆以其为孔子所传,微言大义所在,非以其为古代之典籍也。西京末造,古文之学兴,轻微言大义而重考古,乃谓六经为伏羲、尧、舜、禹、汤、文、武、周公之传,别六艺于儒家之外,而经学一变,而儒家之学亦一变矣。今古文之是非,今亦不欲多论,然欲知孔子之道,则非取今文家言不可。②

此言今文经学与孔学之密切,古文之学破坏了孔学的真实面貌,而古文经学导致六艺与儒家相脱离,恰好说明《汉书·艺文志》对六艺、儒家的分类源于古文经学的观点。吕思勉此观点的来源应与刘歆有关,因为《汉书·艺文志》来源于刘歆《七略》,而刘歆倾向古文经学。吕氏以史学家眼光肯定了今文经学的重要作用,他指出汉儒重经的原因在于孔子六经蕴含微言大义,此与西汉末年古文经学不同。这点与钱穆对六艺解读非常类似。吕思勉对今古文经学的不同认知,以及今文经学与孔子思想的紧密关联,背后可能隐藏着晚清今文经学的影子,但他并非宣扬孔教,乃意在揭示历史当中真实的孔子及孔学。

由此不同观点对比,可知顾颉刚针对孔子、六经的理解,并非绝

---

① 参见张荫麟《评近人对于中国古史之讨论》,《古史辨》第 2 册收录。又可参见钱穆《评顾颉刚五德终始说下的政治和历史》,他批评顾颉刚和晚清今文家一样,主张刘歆、王莽一切的作伪(《顾颉刚古史论文集》卷二,第 449 页)。

② 吕思勉:《先秦学术概论》,《中国文化思想史九种》,上海古籍出版社,2009 年,第 498 页。

对,他的历史观以及具体考辨中都有着一定的逻辑缺陷。虽然他对孔学的历史化考察,确实指出了孔子神化的历程,但也忽视了孔学在不同时期的积极作用。尤其是他对汉代学术的考察中,涉及儒学的部分,实际上充斥着对刘歆伪造古文经的坚信,而这也阻碍了他对汉代孔子、五经以及儒学的深入理解。比如说他对方士化儒生的概括,就忽略儒生在政治层面的积极追求。正如钱穆所论,汉代文臣在奏疏中提出禅让、公天下、三统、天命等观念,看似迂腐,实则正是汉代儒家思想的重要层面。至于汉代儒学的相关内容,是否与孔子、六经乃至七十子儒家有必然的关联,还有待更为深入的考察。因此,疑古下的历史并未能完整呈现孔子以及不同时期孔学的意义。所以梁漱溟、熊十力等学者对孔学的看法,都可见民国时期有关孔学的多样化理解。虽然传统所言说的孔子微言大义,在顾颉刚这里已经无意义,但并不代表孔学完全失去存在的价值。毕竟民国学者对经学的反思,促使他们重估孔学的价值与内涵,由此孔学被一些学者赋予了新的义理。

三、蒙文通的素王革命论与清季今文经学的转化

清代今文经学的影响延续至民国,虽然在疑古派学术研究的冲击下,其有关论点的荒诞性被加以揭露,但与今文经学背后密切相关的孔子与儒学却并未失去其热度。《古史辨》中对儒家及五经问题的讨论,胡适对早期儒家的研究,以及保守派学人对经学的重估,都在显示经学所承载的文化精神并未完全消亡,而是以另一种方式被延续下来,同时出现了以经学为主体的思想转化。其中蒙文通对今文经学的研究,便可看作是这种思想演变中的一个典型。他通过周秦学术思想的研究,梳理出孔孟儒学的内在精神,这种精神演变到秦

汉,即成为今文经学的素王革命论。这种论调,不只是他对周秦两汉儒学的高度概括,更是时势逼迫下对国家政治走向的回应。本节即从思想史角度,分析蒙文通素王革命论的源起与形成,借此体现晚清今文经学在民国时期的影响,以及民国时期今文经学研究的转变。本节首先讨论廖平经学与蒙文通思想的关联,探讨廖平及以廖平为核心的晚清今文经学对蒙文通早期思想的影响。其次,考察在廖平等今文经学影响下,蒙文通逐渐进入周秦学术的史学化研究,这种研究使他认识到周秦两汉思想的多样化与复杂性,并逐渐建立起对战国学术以及儒学思想的独特理解,其中包括对汉代儒学的解读,此解读是以今古文经学为基础的思想重估,由此凸显出汉代儒学革命论的独特价值。最后,则从民国社会政治入手,考察蒙文通儒学革命论与政治革命间的必然联系,同时这种革命论的叙述并非蒙文通一人,而是被诸多学者所关注,具有一定的普遍性。通过三部分内容的论述,可知蒙文通儒学革命论一方面是清季民国之际经学史学化的思想呈现,一方面则是现实政治革命影响了蒙文通对儒家思想的解读,由此呈现清季今文经学转化为民国今文经学研究的思想历程。

(一)廖平经学思路的延伸

廖平的今古文经学观建立在平分今古的礼制论基础上,此理论的目的在于从经学角度去论证孔学的崇高价值,而这种价值在廖平看来即具有永恒性,不是随时可以更改的礼仪制度。廖平对今古文经学的理解是建立在经学信仰还未完全瓦解之际,因此经的地位远高于史,所以民国时期所谓的六经皆史料在他这里是不被承认的。然而廖平在重塑孔学的至高价值时,借鉴公羊学的三世论,以论证三代时期的蒙昧,三代不再是以往士人所认为的理想政治状态。直到孔子出现,才为未来世界谋划了一幅美好蓝图。因此,廖平基于尊孔而叙述的历史观,混合公羊三世说,又夹杂着西方的进化论。

　　随着民国现代史学观的盛行,对于传统知识的科学化研究如火如荼。这种所谓的科学,建立在对传统的反叛基础上。所以经学成为科学研究的史料,而蒙文通也未曾脱离这种观念的影响。蒙文通早年受学于廖平,他一方面肯定廖平的今古文经学观,一方面深入思考周秦时期学术的演变如何造就汉代今古文经学的局面。他在《经学抉原》序中说自己在四川国学院就读时,廖平与刘师培便争论齐学、鲁学、今学、古学之事,"两先生言齐、鲁学虽不同,其舍今古而进谈齐、鲁又一也"。① 又在《井研廖师与汉代今古文学》文中说:"文通受今文之义于廖师,复受古文学于左盦刘师……稍知汉学大端,及两师推本齐鲁上论周秦之意。"②廖平在讨论今古文经学的时候,即说到齐、鲁学的问题,他认为齐、鲁学虽有差异,但二者皆为今学,不过鲁学相对来说更能体现孔子的思想。③刘师培在《群经大义相通论》中认为西汉初年无今古文之争,只有齐、鲁学之分别。④ 不过廖平在溯源今古文经学时,曾言古文乃孔子早年之学,今文则是孔子晚年之学,今文言改制,古文言从周。但刘师培并不同意廖平的这种看法,他认为先秦时代,今古文经学同出一源,至于为何后来发生分别,则是由于传播过程中的地域因素,使得文字书写不同,意义发生改变,由此出现望文生义、异说不断。⑤ 可见,廖平、刘师培对于齐学、鲁学的讨论虽然都重视地域的差异,但刘师培并不赞同廖平有关孔学的理解。因为廖平认为今古文之分源于孔子,而刘师培则认为源于孔子后学。因此,蒙文通后来无论讨论经学还是史学,都十分注重不同学术以及思想的流变,而且在思考今古文经学的源起时,都一直延续廖、刘的

① 蒙文通:《经学抉原》,《蒙文通全集》第 1 册,第 234 页。
② 蒙文通:《经学抉原》,《蒙文通全集》第 1 册,第 298—299 页。
③ 廖平:《知圣篇》,《廖平全集》第 1 册,第 347 页。
④ 刘师培:《群经大义相通论》,《仪征刘申叔遗书》第 3 册,第 993 页。又参见刘师培:《国学发微》,《刘师培史学论著选集》,第 129 页。
⑤ 刘师培:《汉代古文学辨诬》,《仪征刘申叔遗书》第 10 册,第 4203 页。

思路而展开,深入分析周秦时代的学术思想,从而尽量合理解释周秦学术如何演变成汉代的今古文经学。①

　　1922 年蒙文通身居重庆,经过思考,确信"今文为齐、鲁之学,而古文乃梁、赵之学也。古文固与今文不同,齐学亦与鲁学差异。鲁学为孔孟之正宗,而齐、晋则已离失道本。齐学尚邹鲁为近,而三晋史说动与经违,然后知梁、赵古文,固非孔学,邹鲁所述,斯为嫡传"。②他在 1923 年出版的《经学导言》中明确了孔子学术在之后的分化,其中鲁学为嫡派,另外齐学、晋学则为鲁学之外的分支。此即鉴于孔子后学在不同地域的知识传播而导致的学术异化。而在秦汉大一统前,孔学的分支齐学、鲁学、晋学都不同程度地吸收、借鉴诸子学的内容。这三派中,齐、鲁之学的区分主要在礼制,同时齐学受到齐地稷下诸子学以及齐地神秘主义思想的影响;而晋学则具有一定的史学化倾向,也就是孔学的理想与古史的混合。同时,蒙文通认为,三晋之地在与孔学结合前,其史学与孔学相违背。之后到了秦始皇时,博士官之学即是齐、鲁学结合,加之方士化的内学,至汉代则形成今文经学。因此蒙文通认为汉代所谓的今文经学是从秦始皇时开始形成的,而三晋之学则以《左传》《周官》为核心,在西汉河间献王的推广下,于民间广泛流传。此时蒙文通认定鲁学是今文经学的根本,而《孟子》《穀梁传》则是鲁学的根本。那么《荀子》就是三晋之学的呈现,董仲舒则是齐学之代表。而汉代占据势力的是齐学,所以孔学的真谛无法明确体现。③受廖平的影响,蒙文通此时看重鲁学,还未曾明确汉代今文经学的核心价值所在。同时,他对汉代内学的认识也是持否定态度的,与后来看重内学中的孔学核心精神

---

① 蒙文通后来有关《孟子》革命论的讨论,以及《孟子》与汉代齐《诗》、公羊学关系的思考,在刘师培的《群经大义相通论》中都有所提及,而刘师培的这种讨论实则源自廖平齐鲁学观念的启发。

② 蒙文通:《经学抉原》,《蒙文通全集》第 1 册,第 235 页。

③ 蒙文通:《经学导言》,《蒙文通全集》第 1 册,第 220—222 页。

并不相同。

相较于蒙文通此时对汉代今古文经学的溯源，顾颉刚认为汉代今古文经学的出现源自秦汉的政治需求，他不认为今古文有什么思想上的分别。[1] 很显然，顾颉刚并未吸收蒙文通的看法，而且依旧坚持刘歆伪造古文经之论，蒙文通在《经学导言》中并不认同这种看法。[2] 另外，顾颉刚《秦汉的方士与儒生》中有关方士化儒生的讨论，有可能受到蒙文通的影响。毕竟，蒙文通针对方士化内学的解读要早于顾颉刚。本质上二人的理解差异源于对经学性质的定义，蒙文通认为经与史不同，而顾颉刚则已经把六经看作史料。所以对于孔子作《春秋》之论，顾颉刚是不信的，而蒙文通则认为《春秋》中存有孔子的微言大义。因此他虽然以史学方式研究经学，但从后来他对孔子与今文经学间的思想探索，可知蒙文通并未简单纯粹地把经看作史料，他重视孔学中的微言，所以钱玄同所谓的超今文学的观点[3]，在蒙文通看来应是无法赞同的。[4]

另外，蒙文通此时有关孔学的理解，并未能脱离传统尊孔的认知，他对齐、鲁学的划分，亦以孔学为轴心（廖平、刘师培都未曾突破这种情况）。后来他作《古史甄微》，亦是依据此认知以考察三晋之学。之后他在《天问比事序》中方突破这种固有框架，意识到孔学源自鲁学，与三晋之史学无关，"儒家六经所云，究皆鲁人之说耳"。[5] 而且他在《楚辞》研究中，了解到楚地之学的特殊性，从而提出史学三系之论断，同时他通过比较，认为三晋古史多较真实，而以楚、鲁为核心的历史记载则多理想虚构。

---

① 顾颉刚：《秦汉的方士与儒生·序》，《顾颉刚全集》卷二，第 468 页。按，《秦汉的方士与儒生》原为顾颉刚在燕京大学时的秦汉史课讲义，写于 1933 年。
② 蒙文通：《经学导言》，《蒙文通全集》第 1 册，第 198 页。
③ 钱玄同：《左氏春秋考证书后》，《钱玄同文集》，中国人民大学出版社，1999 年，第 305 页。
④ 蒙文通：《儒家政治思想之发展》，《蒙文通全集》第 1 册，第 80 页。
⑤ 蒙文通：《天问比事序》，《蒙文通全集》第 2 册，第 431—432 页。

(二) 周秦学术的重估

至 1928 年,蒙文通通过对《楚辞》的研究,推翻之前关于今古文经学的理解,认为古文经学源起于三晋史学。[1] 后在《古史甄微》中通过古史鲁、晋、楚三系研究,意识到古史的地域性,同时也意识到史与经的截然对立。由此他不再相信六经皆史之论,毕竟在章学诚理解中六经皆史乃是指经本为三代典章制度。而蒙文通通过史学研究,已然发现经多理想虚构,并非三代典章制度的忠实体现。由此,早年他在《经学导言》中认为经史混杂的观点,此时已被自我所抛弃。经史的明确认定,使得蒙文通摆脱史实的纠缠,更加集中思考今古文经学的源起。为深入探寻其中答案,他必然要进入周秦的思想世界,考察孔孟诸子的源流。

《治学杂语》言及 1933 年与章太炎谈话,便涉及今古文经学的问题。鉴于廖平、刘师培今古文理解的不同,蒙文通想要寻求一个确定的思路,以解决二人之歧义。他说"六经之道同源,何以末流复有今古之悬别? 井研初说今为孔氏改制,古为从周,此一义也。一变而谓今为孔学,古始刘歆,此又一义也。再变说一为大统,一为小统,则又一义也"。[2] 可见此时他还并未能完全解答这个疑问。

到了 1934 年,他在北大任教时,由于讲授魏晋南北朝史,而悟出"廖先生说古文是史学,今文是经学,的确是颠扑不破的判断。同时也看出经学家们把经今古文问题推到孔孟时期显然是不对的,孔孟所言周事还基本是历史事实而不是理想虚构"。[3] 其所谓的周事在蒙文通看来主要是制度层面的体现,毕竟此前他便已知晓三晋之学多古史,而不同于齐鲁之学。这期间,他还作有《职官因革考》(刊发于

---

[1] 蒙文通:《天问比事序》,《蒙文通全集》第 2 册,第 431 页。

[2] 蒙文通:《治学杂语》,《蒙文通全集》第 6 册,第 5 页。

[3] 王承军:《蒙文通年谱长编》,中华书局,2012 年,第 123 页。又《蒙文通学记》载其通过研究《孟子》《周官》《国语》中的井田制,论证了《孟子》有关礼制的记载为史实,而非虚构(蒙默编:《蒙文通学记》,生活·读书·新知三联书店,2006 年,第 76 页)。

1935 年），据《诗》《书》《左传》等文献考察周秦官制的变化，从而证实《周官》《王制》的记载与西周官制并非完全吻合。① 除了制度层面的不断探求，他对孔子之后儒家以及战国其他诸子的流派与思想都有进一步的研究。通过深入探索，他发现战国儒家多借鉴道、法思想，从而形成汉代之新儒学。所以他在《儒学五论题辞》中说："六艺之文虽曰邹鲁之故典，而篇章之盈缺，文句之异同，未必即洙泗之旧，将或出于后学者之所定也。故经与传记辅车相依，是入汉而儒者之百家之学、六艺之文，弃驳而集其醇，益推致其说于精渺，持义已超绝于诸子，独为汉之新儒学。"②在蒙文通看来，汉代新儒学最值得称道的便是今文经学。因为此时他通过研究已坚信今文经学为儒家理想之所寄，而古文经学转以经学为史学，进而导致经学微言大义的消亡。③可知他对周秦之学的研究，最终还是回归到其师廖平的今古文经学的认知中，即古文经学为史学，而今文经学为哲学。不过他认为刘歆创立古文经学，而今文经学乃西汉儒学之呈现于官学者。④

既然蒙文通是通过周秦学术之研究，确定了对今古文经学的理解，因此有必要梳理他对周秦之际诸子学的解读。一方面蒙文通梳理儒家学派的性命思想，把握儒家思想之演变以及重要人物的核心思想。1937 年刊发的《儒家哲学思想之发展》即为他在这方面的代表作。他通过孔孟、《荀子》、《管子》、《中庸》、《易传》，以至汉儒，围绕心性之学加以阐释。这种阐释具有明确的思想史脉络。而在蒙文通的论述中，我们可以看到蒙文通对于孟子以心为本体的性善论非常推崇。蒙文通认为之后的荀子夹杂了道、法思想，同时已经远离孟子的性善论。而汉人董仲舒、刘向等人已经乖离了孔孟心性论，且受荀子

---

① 蒙默编：《蒙文通学记》，第 75 页。
② 蒙文通：《儒学五论》，《蒙文通全集》第 1 册，第 27 页。按《儒学五论》刊发于 1944 年。
③ 蒙文通：《儒学五论》，第 28 页。
④ 蒙文通：《儒学五论》，第 28—29 页；《经学抉原》，第 252、258 页。

性恶论之影响。他的这篇《儒家哲学思想之发展》，对于周秦两汉儒学思想的梳理，正有助于蒙文通理解周秦诸子学之演变，以说明儒学演变中的同异，从而把握不同时期儒家的基本宗旨。这种思想史的梳理，自然启发蒙文通有关今古文经学源起问题的思考。所以《汉儒之学源于孟子考》(1937)中即流露自己对于儒家孔孟之学的偏爱，既然认为荀子、董仲舒都已偏离孔孟心性之学的本质，也就继而得出荀、董无法传续孔孟的观点。由此即否定了清人对于荀子、董仲舒与汉代经学间思想谱系的认知，所以他说："汉儒外王之学出孟子，而内圣之学亦本之孟子，非仲舒之徒所可及也。"①他通过周秦儒家心性论的讨论，结合汉人董仲舒、扬雄等的理论，已经看出汉学渊源于孟子，即从内圣之学否定清代刘逢禄等人的今文经学谱系以及思想内核的解读。故而他之后从政治层面提出素王革命论，继续强化周秦两汉孔孟思想内核的延续与演变。

他从政治层面讨论周秦两汉儒家的文章主要有《汉儒之学源于孟子考》、《非常异义之政治学说》(1937)、《非常异义之政治学说解难》(1938)②，三文后综合成《儒家政治思想之发展》一文③。综括文意，他把1934年北大时对今古文之学以及周秦学术的认知，加以深化。所谓深化，即蒙文通首先预设周秦时代经、史性质的区别，经多蕴含理想，而史则趋于史实记载。经、史的明确区分，并非是尊经弱史，而是通过对史的强化来解读经学中的微言大义。所以他说："世之争今古文学者何纷纷也？盖古以史质胜，今以理想高，混不之辨，未解今文之所谓也，而漫曰王鲁、新周，说益诡而益晦，庄、刘、宋、魏之俦殆亦有责焉。"④他的这段话即批评清人治今文经学者，并未分清

---

① 蒙文通：《汉儒之学源于孟子考》，《蒙文通全集》第1册，第416页。
② 蒙文通：《儒家政治思想之发展》，《蒙文通全集》第1册，第80页。
③ 《儒家政治思想之发展》，1940年发表于《志林》第三期，后收入《儒学五论》。
④ 蒙文通：《儒家政治思想之发展》，《蒙文通全集》第1册，第56页。

史实与理想之区别,所以他们研究今文经学往往二者混在一起。最为典型的便是礼制的考证,诸如凌曙、陈立皆未能分清这种现象,往往把礼制看成是史实的一部分。而蒙文通此文已经非常清晰地认定今文经学中的核心内容多是出于儒者的理想建构,但这种建构是基于周秦时代的思想、制度等内容,从而糅合成汉代的今文经学。之后他又陆续写出《儒墨合流与尸子》《儒家法夏法殷义》《法家流变考》等学术文章,逐步加深他对周秦学术的理解,进而认为汉代经学乃是周秦儒家吸收其他学派思想以形成的新儒学。这些探索都与其总结、完善今文经学的素王革命论相一致。[①]

所以《儒家政治思想之发展》中的观点,实际上意味着蒙文通对于周秦学术尤其是儒家的研究,进入了完善阶段,他之前针对今古文经学的疑问,在此文中都有了答案,他自认为解决了汉代今古文经学的源起问题。由此,蒙文通的今古文经学论,已与廖平、刘师培有所不同。廖平经学二变之后的成果已被蒙文通抛弃[②],而刘师培对今文经学的否定[③],在蒙文通的这种思路下却又恢复了今文经学的独特价值。蒙文通这种由两汉溯源周秦,又由周秦论证汉代经学的学术思路,始终围绕儒家这一核心。他梳理出秦汉儒家之学源于战国诸子之学的融合,也就是说秦汉儒家乃是与孔孟不同的新儒家,而汉代新儒家的特色即在于蕴含了不同时期的思想制度,所以他说:"至儒家并言法夏、法殷,兼采法、墨之长,各家相争之迹熄,而恢宏卓绝之新儒学以形成,道术遂定于一尊也。"[④]那么在汉代的经学诠释中,也就必然引起经义的歧义化。之后刘歆古学的出现,亦助长此类歧义的呈现,由此今古文经学纷争也就不可避免。最终,沿此思路,汉代今古

---

① 蒙默编:《蒙文通学记》,第81页。
② 蒙季甫《文通先兄论经学》言其继承廖氏者只是以礼制判今古。参见《蒙文通学记》,第71页。
③ 参见刘师培:《论孔子无改制之事》,《刘师培史学论著选集》,第284页。
④ 蒙文通:《法家流变考》,《蒙文通全集》第2册,第95页。

文经学形成的根本问题便随之得以解决。①

(三) 政治革命中的素王革命论

前文已指出,蒙文通《儒家政治思想之发展》综合论述了他对周秦两汉儒家政治思想的理解。这种论述,聚焦制度层面,以制度来验证儒家的托古改制之理想,彰显素王革命之深意。他说:"晚清之学急于变法,故侈谈《春秋》,张改制之说,而公羊之学显于一时。然改制之义才比于五际之革政,而五际革命之说未有能恢宏之者。"②蒙文通之言,是说康有为之公羊学并不足以含括晚清公羊学之全貌,同时清末的公羊改制论显然不如革命论之恢宏。蒙文通接受清末古文经学家对孔子改制论的批评,转而强调公羊学中的革命论,便已经有意重估晚清以来的今文经学。而且他的这种理解,正与上文我们所讨论的他对秦汉新儒学的梳理有着内在的关联。新儒学的思考,使他不再拘泥于晚清学者的固有认知框架,同时在廖平今、古学的基础上重新思考孔学的精神内核。当然,这种内在理路的转变,实则与民国时期的社会政治息息相关。

蒙文通晚年所作的发言《孔子思想中进步的探讨》(1961)以及文章《孔子和今文学》(1961)、《略谈我近年来的学术研究》(1962)都在沿袭他早年的素王革命论。③ 素王革命论,据蒙文通的理解,素王是指孔子,孔子作《春秋》立一王之大法;革命则是天子所受之天命可以革去,也就是易姓改代。蒙文通认为素王之法的实现需要通过革命去实现,同时革命行动是以素王为目的,二者不可分割孤立。④ 当然

---

① 王承军:《蒙文通年谱长编》,中华书局,2012 年,第 118 页。
② 蒙文通:《儒家政治思想之发展》,第 59 页。
③ 参见蒙文通:《儒学五论》,《蒙文通全集》第 1 册,第 20—21 页;《孔子和今文学》,《蒙文通全集》第 1 册,第 322 页;《略谈我近年来的学术研究》,《蒙文通全集》第 6 册,第 68 页。
④ 蒙文通:《孔子和今文学》,《蒙文通全集》第 1 册,第 328 页;又《儒家政治思想之发展》,第 59、61 页。

蒙文通对革命的理解很明确,他知晓现代语境中的革命与传统革命义涵的差异。[①] 但在他看来,今文经学的革命论实际上并非是一致的,他认为京氏《易》、齐《诗》中的革命论与《孟子》所言革命论一致,都指向弑君的暴力革命。而汉代董仲舒等公羊学则弱化暴力革命,宣扬禅让,如此就把汤武革命解释为是三代改制,凸显今文经学下的制度变革,由此素王改制论代替素王革命论,所以清末学者大谈公羊素王改制论便已经与今文经学的实质有了一定距离,同时孔学的真实面貌也必然被歪曲。[②] 蒙文通通过梳理战国秦汉的学术思想,认为《孟子》、齐《诗》等才是素王革命论思想的真实呈现,[③]虽然汉人有意弱化今文经学中的革命精神,但未曾丢失,只是不断被边缘化。另外,蒙文通在指出孔学的革命精神后,便需要考察与此革命论相一致的典章制度,由此论证今文经学中已然蕴藏着万民平等的现代思想,这种思想在他看来就是素王革命论的精神内核。

他在文章《儒家政治思想之发展》以及晚年的《孔子和今文学》,着重讨论了井田、辟雍、封禅、巡守、明堂制度。每个方面他都通过文献考证,论证史实与理想的差别,从而推导出儒家理想制度的优越性。在井田制度方面,他认为《孟子》《周官》所言井田并非致太平的理想制度,而是部族间极不平等的种族歧视政策的反映而已。他认为今文经学家董仲舒、何休有关井田的描述,才是一种经济平等的理想制度。关于辟雍的考察,则是从教育制度层面,抨击周代教育的不平等,而《王制》《尚书大传》中的教育制度方为今文经学家的理想。关于巡守、明堂的讨论亦在证明现实与理想制度的差异,理想制度指

---

① 蒙文通:《孔子和今文学》,第 337 页。
② 蒙文通《治经杂语》云:"不正视今文学的政治、哲学思想,而只抓住阴阳五行等表面现象。是抓不住今文学的实质的。今文学别有个精神,就是革命。"(《蒙文通全集》第 6 册,第 14 页)此段文字亦可体现他对汉代董、何今文经学受阴阳五行之学影响的批评,而欲寻求公羊学的真谛,便需要借助周秦之学加以梳理、厘清。
③ 蒙文通:《儒家政治思想之发展》,第 57 页。

向万民平等。而他对禅让说的考察,不是论证今文经学中的革命性,而是凸显今文经学的软弱性。他认为禅让本质上是今文经学家迫于君主威权,故而提出权力的禅让而弱化暴力激烈的革命论。这种论述可见蒙文通对先秦两汉经说的理解蕴含着强烈的现代性,已然不是传统语境下的释经活动。论述中隐含着对素王革命论合法性的赞同,实为民国时期政治革命论调的一种回应。故而蒙文通认为禅让无法替代孔学的革命论,认定这才是孔学的内核,只不过在战国秦汉的历史中被人有意弱化与遮蔽。其中古文经学的出现,即是弱化这种论调的一个重要因素。蒙文通明确说,西汉今文经学所存留的这些可贵的制度,之所以未能流传下来以产生改变社会的作用,除了统治者的忌讳之外,即在于古文经学的出现,阻碍了孔学微言大义的传授。① 当然,还有董仲舒这种歪曲孔学的人物②。可以说蒙文通一方面接受晚清对于古文经学的一定认知,凸显古文经学与孔学精神内核的距离,但同时也并不因袭刘逢禄以降的今文经学谱系,反而批评董仲舒等人对于孔学的篡改,由此重估孔学的革命论。

　　他在民国时期有关素王革命论的重估,强调暴力革命、万民平等观念,此观念的生成与强烈的国家民族意识有关,这是其素王革命论诞生的重要政治因素。蒙文通在《儒学五论·自序》曾概括儒学:"儒之学,修己以安人。达以善天下,穷以善一身,内圣而外王,尽之矣。"他又说:"孔孟之道,三古所为训也,中国文明之准也。"③此言可见他对儒学的政教功能依旧具有强大的信心。而他对周秦诸子流派思想的研究,都在指向秦汉之儒学。秦汉儒学的缔造离不开周秦诸子学的影响,无此则亦不可能会有秦汉新儒学,西汉的今文经学也就不可能发生。所以他始终对儒学,尤其孔孟思想的延续,抱有极大的兴

① 蒙文通:《儒家政治思想之发展》,第75页。
② 蒙文通:《孔子和今文学》,第316页。
③ 蒙文通:《儒学五论》,第152页。

致。他认可儒学是社会完善的重要组成部分,所以说:"世谓儒以旧社会之崩溃而衰废,斯固然也。然其复乘新社会之完成而益显,独何与?"①他要通过上溯秦汉,去解答战国到秦汉大一统时期,儒学的顽强生命力之所在。他又借用友人严立三之言,表述对当下政治的关注。严氏说:"际此事变之亟,深宜多集友朋,究明此学,以延坠绝于一缕。宋之儒研几于天人,内圣之学则既明之矣,而外王之道则必于汉世今文家求之。"②蒙文通对于儒家内圣外王之道的推崇,不仅是宣扬孔孟之学,更是在当时中西文化政治的冲撞下,以文化作为凸显本国独特价值的工具。他认为孔孟不仅可拯救欧洲的道德危机,亦可解决当下中国政治的衰败局面,这种革新在于从社会个体的道德层面入手,以此激励社会政治制度层面的革命,从而造就未来的理想世界。③ 可见,蒙文通对于早期儒学的研究,具有强烈的人文关怀,通过深入周秦两汉的历史,以探求儒学演变的内在动力。因此较之疑古派的考证研究,蒙文通与其友人钱穆的历史研究较为类似,重在历史背后思想的揭发,探究思想与社会变革之间的关联,而这些都可说与其师廖平有着一定的共性。当然,较之其师不断的思想狂想与激进,他则较为温和,但他对孔学政教功能的宣扬,却可谓是其师尊孔的一种变相。蒙文通的尊孔,不是打着孔教的旗号,但却与此口号背后的今文经学有着紧密的渊源。所以他在民国时期的周秦两汉学术思想探索中,都未曾脱离孔学,而是绕了一大圈,再次论证了孔学独特而恒常的价值,言"儒者内圣外王之学,匪独可行于今日之中国,以西方学术之趋势衡之,直可推之于全人类而以创造其将来"。④ 这种强烈的文化自信,清末的康、廖都已然具备。然而蒙文通的文化自信,更

---

① 蒙文通:《儒学五论》,第 153 页。
② 蒙文通:《儒学五论》,第 154 页。
③ 蒙文通:《儒学五论》,第 155 页。
④ 蒙文通:《儒学五论》,第 155 页。

源自当时民国时期,各自政治主张的批评,无论是民主政治还是共产政治,他都觉得不如儒家政治合理。① 另外,我们要注意的是,蒙文通作为严谨的历史学家,他对历史的研究,一直都在呈现中国历史的独特性。在这点上,年长于他的章太炎很早就提出了不苟同于西方的历史观。章太炎认为中国的历史文化,决定了中国的发展不同于西方,而要发展就必须正视本国的文化历史,主张"自国""自心"才是解决国家民族思想文化等问题的根本。② 唯有培养具有强烈民族凝聚力的社会群体,才能引导国家向着正确的轨道行进。

清季的康有为、廖平推崇孔子托古改制,宣扬《春秋》微言大义。谭嗣同《仁学》批评传统伦理,直言二千年之学皆荀学,为阻碍社会进步之障碍,而孔学之真义则被解释为改革今制、废君统、倡民主,变不平等为平等。③ 章太炎亦从公羊学中看到黜周王鲁、素王改制背后的革命意义。④ 这些有关孔学的重新解读,都隐含着孔学具有强大的革命意义,只是当时的社会趋向于反传统,政治上要推翻帝制,加之"五四"新文化运动,孔学失去了他存在的空间。之后发生了转机。正如学者所说,二三十年代西方势力在中国的横行,激发了民族意识,之后日本军国主义的侵略导致亡国危机加重,原本个体的解放转变而成为国家民族的存续。⑤ 而胡适所言名教的转变,⑥正是道出 20 世纪 20 年代之后政治状况的改变,以及随后抗日战争的爆发,本质上加速了这种认知,使得对个人自由的激烈讨论趋于边缘化,对民主科

① 蒙文通:《儒学五论》,第 135 页。
② 王汎森:《传统的非传统性》,《执拗的低音》,生活·读书·新知三联书店,2020 年,第 191 页。
③ 余英时:《现代儒学论》,上海人民出版社,1998 年,第 135 页。
④ 章太炎云:"夫经义废兴,与时张弛,睹微知著,即用觇国。故黜周、王鲁之谊申,则替君主民之论起。"(《章太炎全集·书信集上》,第 12 页)又《识康有为复书》云:"余自顾学术尚未若给谏之墨宋,所与工商论辩者,特左氏、公羊门户师法之间耳,至于黜周、王鲁,改制、革命,则亦未尝少异也。"(《章太炎全集·太炎文录补编》,第 105 页)
⑤ 余英时:《现代儒学论》,第 159 页。
⑥ 胡适在《名教》中即指出民国时代以革命为借口的新名教出现(《胡适文存》第三集卷一,《胡适文集》第 4 册,北京大学出版社,1998 年,第 51 页)。

学的关注转向国家民族力量的弘扬。由此今文经学视域下的革命论，亦逐步进入学者们的话语场域中。以此面对社会政治问题，不仅要从西学寻求解决的方法，更希望从内部沿着章太炎的思路，找到内在自足的通道。所以梁漱溟、熊十力、钱穆、蒙文通等学者，都在苦苦追寻传统文化思想中可以为当下所用的资源。梁漱溟在中西文化比较中，看到传统儒家思想在精神塑造层面的优越性。而熊十力则借助阳明心学以及佛教、今文经学等，重新阐释孔学的微言大义，欲由心性之学而挽救国家民族之危亡。

无独有偶，熊十力、陈柱、钱穆都十分看重儒家的革命论。陈柱在其《公羊家哲学》①中有《革命论》一节，专门讨论孔孟的革命论，远早于蒙文通。而且我们发现在论证孔孟革命论时，二人都引用了孟子有关成汤革命的言论："闻诛一夫纣矣，未闻弑君也。"另外，蒙文通认为革命学说，导源于孟子，而非孔子，这与陈柱对孔子革命论的理解不同。陈柱与蒙文通很早便相识，至于蒙文通是否受陈柱此书之影响，不得而知。如熊十力也曾说孔子作《春秋》志在改乱制，此乱制乃天子诸侯统治阶层，即言孔子晚年已具备民主革命之思想。而且孔子早年之学表现为小康礼教，晚年之学则呈现为大同社会太平之道。②

熊十力的革命论，奠基于他对孔子六经的独尊，即他坚信六经承载孔子的思想，而孔子则又远承历代圣帝明王之精神遗产。孔子继承的这份精神遗产，经孔子发扬而凸显中华民族之特性。③而他借助阳明心学以提倡儒家心性之学，实则正是出于传统社会的礼治思路，以心性之学完善每一个体，从而达到国治的目的。熊十力曾与友人谈及此论，"颇冀今日学者，能转变清人考据之风，向义理一路上立

---

① 陈柱：《公羊家哲学》，上海中华书局，1928 年，第 7—22 页。
② 熊十力：《六经是孔子晚年定论》，《中国历史讲话》，上海古籍出版社，2019 年，第 21 页。
③ 熊十力：《读经示要》，第 154 页。

本,使人心风会有好转之几,天下事或将有望。否则族类前途终难想也"。① 其《读经示要》也明确提出"夫六经之言治,德治也"。②

钱穆对革命论并未有长篇大论,但他与蒙文通讨论过龚自珍,对龚自珍未谈革命深致惋惜。③ 钱穆在《中国近三百年学术史》讨论龚自珍学术时,亦有所批评,他一方面认为龚自珍治《春秋》知变法,却避讳谈论夷夏之防;另一方面龚自珍"言尊史,乃知有乾嘉,不知有顺、康,故止于言宾宾而不敢言革命"。④

蒙文通的佛学老师欧阳竟无也曾向其坦言儒家革命论的重要性。欧阳竟无在1943年与蒙文通的书信中言及革命,但此革命意在由孔学培养士人志气,言"孟子曰:士何事曰尚志,无志失士名矣。观唐虞夏商周于《尚书》,得伊尹、周公之志;继以《诗》,则记言、记事之外,採风什雅,感人音律,幽歌雅咏,胥见其志,见盛周之全也;《诗》亡然后《春秋》作,孔子志在《春秋》,《春秋》者,天子之事也。故必有志,然后乃可言学"。⑤ 欧阳竟无所言革命,来自他对孔学的重新发掘。他借助佛学以及阳明心学,从而确定孔学之内核在于人心之改造。他认为孔佛皆是直下明心,一切皆由心起。这种受阳明心学影响的论调,昌言心力的重要,也并非欧阳所首创。⑥ 他从佛教角度进一步论证孔学与佛学的同一,都在指出孔学的真精神,这种精神可引领国家进入未来大同之世界。⑦ 这种孔学之精神,其在《夏声说》中有清晰的论述:"本人之所以为人之心,以发其至大至刚至直于声,称之为夏声。……夏声者,孔子之中庸,孟子浩然之气也。夏声者,以一

① 熊十力:《熊十力论学书札》,上海书店出版社,2009年,第67页。
② 熊十力:《读经示要》,第29页。
③ 蒙文通:《儒学甄微》,《蒙文通全集》第1册,第419页。
④ 钱穆:《中国近三百年学术史》,第608页。
⑤ 欧阳竟无:《欧阳竟无内外学》,商务印书馆,2015年,第656—657页。
⑥ 参见王汎森:《执拗的低音》。
⑦ 欧阳竟无:《欧阳竟无内外学》,第630页。

言之曰诚,以二言之曰中庸,以三言之曰直方大,以四言之曰浩然之气,人之所以为人,其为物不二故也。"[1]他对孔子的尊崇,都在围绕这种至刚之心志而言。他借助清末以来今文经学的思想,认定孔子虽素王,但其改造天下之志,已然显现孔学的巨大政治功能,孔孟之学蕴含着对大同之世的向往,那么当今时代国家社会之改变最为优化的途径,不是去凭借外力的转变,更为根本是在以孔学重塑人心。[2]因此孔学在当时社会动荡之际,不仅振奋士气,更可影响国民,效法圣人舍生取义。[3]欧阳竟无之论,本质上依旧是清末学者以佛学救世的延续。清末的康有为、梁启超、谭嗣同都深受今文经学影响,但又从佛经中寻找变法救国的相关资源,而欧阳竟无对孔学革命论的强调,即是这些志士"革命道德"论的继承与发扬。[4] 不过相对于他们对心性的强调,蒙文通更看重今文经学的经世功能。

深受马列唯物主义思想影响的郭沫若,在初版于 1945 年的《十批判书》中,也对孔子进行了较为积极而正面的讨论。他看到了孔子思想的进步性,这种进步体现在他对尧舜禹文武周公的理想化解读,郭沫若认为这便是孔子的托古改制,孔子是要站在人民的利益方面,企图为将来的社会建立一个新的体系。[5] 而孔子思想的进步性更体现在他的言语中所蕴含的革命精神,在他看来早期儒家中近于任侠的一派正是这种革命精神的体现,他们具有勇猛强烈的反抗权威的精神,这与尚同的墨家是不同的。[6] 郭沫若猜测孔子正是顺应了奴隶制崩溃时代的潮流,其革命精神也就自然为此潮流所影响。郭沫若对于孔子思想中的民本主义色彩十分推崇,他坚信"孔子是由奴隶社

---

① 欧阳竟无:《欧阳竟无内外学》,第 637 页。
② 欧阳竟无:《欧阳竟无内外学》,第 635 页。
③ 欧阳竟无:《欧阳竟无内外学》,第 641 页。
④ 参见章太炎:《革命道德说》,《太炎文录初编》。
⑤ 郭沫若:《十批判书》,《郭沫若全集·历史编》第 2 册,第 87、91 页。
⑥ 郭沫若:《十批判书》,《郭沫若全集·历史编》第 2 册,第 82 页。

会变为封建社会的那个上行阶段中的前驱者"。① 虽然蒙文通与郭沫若对于孔学的理解思路并不相同，但二人涉及孔学革命精神的论述，都有着强烈的民主革命意识，因此都在孔学的解读中渗透着对人民权利的关切，而儒家的民本思想最易与此认知相贴合。

由上论证可知，民国时期的政治革命深刻影响了诸多学者对传统学术思想的解读。同时，政治革命的话语影响了蒙文通对先秦两汉思想的剖析。此学术与政治的双向刺激，促使他在《儒家政治思想之发展》中明确儒家素王革命论的义涵。这种观点也正好符合早年他对今古文经学走向的思考，他希望在廖平经学思想的基础上有所突破，而经过长久的思考，他在此文中给出了答案。蒙文通素王革命论，无论是从学术还是政治角度，都在指明今文经学在价值层面的优越性，由此便会产生对古文经学的排斥。而且蒙文通对孔孟的强调，对荀子、韩非的批评，都可见他不赞同法家的一些主张。可以说他的观念、思想中，存在着固有的偏见，这种偏见可溯源自清末。梁启超《论中国学术思想变迁之大势》曾总结康有为微言大义之学："南海谓子游受微言以传诸孟子，子夏受大义以传诸荀子。微言为太平世大同教，大义为升平世小康教。……其言有伦脊，先排古文以追孔子之大义，次排荀学以追孔子之微言。"②此正是康有为、谭嗣同等人的排荀学、斥古文经学，都是伴随清末今文经学的兴盛而随之出现。对于蒙文通来说，现代史学研究并未磨灭传统经学的存在，他以学术研究方式去呼应清末以来排荀斥古的偏见，尊崇孔孟，显扬今文经学。因此，在他的历史研究中，廖平等晚清今古文经学的影响一直存在，无论他多么明确经史之分别，他的学术思想都是建立在此根基之上。蒙文通在晚年所作的《孔子和今文学》中，再次梳理了民国年间有关

---

① 郭沫若：《后记之后》，《郭沫若全集·历史编》第 2 册，第 478、482 页。
② 梁启超：《论中国学术思想变迁之大势》，第 106—107 页。

今文经学与素王革命论的论述,核心思想也未曾发生改变。

结　语

　　蒙文通作为民国时期的重要史学家,自身的史学研究并未完全脱离传统经学的影响,尤其是廖平的经学观念,促使他不断思考周秦两汉的学术。然而,另一方面,民国的社会政治环境已经与传统清帝国有了很大不同,这种不同伴随着知识、思想、政治等诸多层面的改变,由此作为现代国家的一员,蒙文通看待传统知识思想的语境也就必然有所改变。所以他在不断思考其师廖平所遗留的今古文经学的问题时,已经自然地进入现代史学的领域,而在这种史学化研究中,他却又无法完全摆脱传统的影响。同时,国运的不济,加之战争的出现,都在刺激他如何从传统中找寻民族之精神,找寻国人可以自立于现代世界的勇气。由此他如同其他诸多学人一样,依旧围绕儒家,围绕孔孟之学,去阐释孔学的独特价值。他在不断的制度、思想探索中,终究还是未能脱离廖平的影子,只不过较之廖平的尊孔,以及后来的大统、小统说,蒙文通的素王革命论,乃是通过史学化的方式获得,而非廖平的哲学沉思。这是蒙文通作为史学家的思考方式,也是民国以来经学史学化的必然。现代史学的影响,使得蒙文通明确区分经史之别,他认为经学不同于史学、子学,是具有独特价值的存在,[1]但他对经学价值的重估却是通过现代史学的方式[2],同时借助史学研究去呈现自我对国家政治与民族文化的思考。

---

[1]　蒙文通云:"自清末改制以来,昔学校之经学一科遂分裂而入于数科,以《易》入哲学,《诗》入文学,《尚书》《春秋》《礼》入史学,原本宏伟独特之经学遂至若存若亡,殆妄以西方学术之分类衡量中国学术,而不顾经学在民族文化中之巨大力量、巨大成就之故也。其实,经学即是经学,本自为一整体,自有其对象,非史、非哲、非文,集古代文化之大成,为后来文化之指导者也。"(《论经学遗稿》,《蒙文通全集》第 1 册,第 310 页)

[2]　王汎森:《从经学向史学的过渡:廖平与蒙文通的例子》,《历史研究》2005 年第 2 期。

附录
清代公羊学与汉、宋学的互动

引　言

　　研究清代今文经学,自然会涉及公羊学,而言及公羊学又必然会追溯到庄存与。在清末以来形成的学术史中,常州公羊学的传承谱系都会提及庄存与。虽然朱维铮先生认为公羊学在清代的复活并不始于常州学派[①],但无论是著述清代第一部公羊学著作的孔广森,还是推崇董仲舒、何休之学术传统的刘逢禄,实际上由于家学原因,其有关公羊学的研究应该无法排除庄存与的影响。但另一方面,庄存与研究公羊学的目的,并非有意复兴今文经学。庄氏于五经皆有研究,《春秋正辞》只是其中一隅,而且庄氏的学术思想与之后的刘逢禄等人是有些不同的。其实庄氏之学实质上是无意间响应了"经学即理学"的学术演变。我们知道从经学史的发展大势来看,早在晚明便已经出现由心性之学转向经学实证研究的趋势[②]。黄宗羲及其弟子万斯大等,对早期经学文本或者相关问题皆有精辟的考证,而与之同时代的顾炎武,提出了"经学即理学"的口号,此口号所彰显的不再是对玄虚义理的讲说,而是转向实证主义的道路,既有知识的考证,又

---

① 朱维铮:《中国经学史十讲》,复旦大学出版社,2002年,第59页。
② 余英时:《清代学术思想史重要观念通释》,《文史传统与文化重建》,生活·读书·新知三联书店,2012年,第203页"经学与理学"条目。

有道德践履的宣扬。顾炎武等清初学者奠定了清代学术回归汉代经学文本的研究模式,同时也突显了清代士大夫道问学的趋向。因此从这种思想背景下来讲,庄存与之学正是这种学术大趋势下的产物。虽然说清代帝王政策对学术转向有一定的引导或胁迫作用[①],但是庄氏作为科举以理学为主宰的时代境遇下的士大夫,其研究仍旧未曾脱离宋明学者的讲经习气。他对五经的关注,虽然响应了回归秦汉经学的思潮,但他依旧是在理学窠臼的支配下,希冀由经学文本去探究历来儒家所追求的圣人之道。之后的庄述祖、刘逢禄则处在乾嘉汉学鼎盛之际,此时的学术氛围已经不再是朱、陆争霸的时期,而是以道问学为特色的汉代经学研究,庄存与的后辈们此时受到了汉学训诂考据的强烈熏染。因此我们就不会奇怪庄存与的著述与其后辈诸如庄述祖、刘逢禄的巨大差异[②]。当然,从公羊学的演变历史来看,在这种学术思想的转捩点,庄存与实质上开启了汉代公羊学的研究序幕,而庄述祖、刘逢禄等人则在此基础上进入了经学的乾嘉汉学模式的学术研究中,成了道问学时代下的代表人物。[③] 所以林毓生认为公羊学的兴起本是清代考证学的内部发展[④]有一定的道理,毕竟清代公羊学是伴随着经学训诂考据的兴盛而出现的,由此我们便无法忽视此因素而孤立地看待清代公羊学的出现。清代的学术由清人来说,多以汉学、宋学观念来概括,简言之汉学便是所谓的训诂考证之学,宋学即为义理之学。如果从此两种概念来说,清代公羊学的演变

---

① 参见王汎森:《权力的毛细管作用:清代的思想、学术与心态》第八章,台湾联经出版事业股份有限公司,2013 年。

② 李慈铭评价庄存与:"专于《春秋公羊》,其说经惟知人论世,而不为名物训诂之功,故经学虽无家法,而文辞奥衍,自成一子。"(《越缦堂读书记》,第 799 页)家法概念在之后庄述祖、刘逢禄等人那里愈发清晰,实则是受到乾嘉汉学的巨大影响。

③ 蒋彤《清李申耆先生兆洛年谱》卷三云:"传宗伯之学者,从子珍艺先生述祖、外孙刘申受逢禄。"(台湾商务印书馆影印《嘉业堂丛书》本,1981 年,第 182 页)可知庄存与和庄述祖、刘逢禄的学术联系。桂文灿《经学博采录》也把刘逢禄等公羊学者归入乾嘉汉学阵营中(《经学博采录》,第 134 页)。

④ 朱学勤编:《热烈与冷静》,第 143 页。

与之有着紧密的关联。学者陆宝千曾评价公羊学："是学也,亦为汉学,而无训诂之琐碎;亦言义理,而无理学之空疏。"①这种学术现象在庄存与之后愈加明显,但又纷繁复杂,毕竟学术的发展并非线性的,而是多种支脉衍伸,互动频繁,因此厘清公羊学与汉、宋学的关系,会使我们对清代的公羊学以及今文经学的历史有更深入的理解。

一、阻碍抑或推动：汉学考证与 公羊微言大义

庄存与的后辈们深受汉学的影响是无可否认的。庄述祖以汉学训诂考据的方式研究先秦文献,他所要追求的依旧是所谓的圣人之道。但是他相信圣人之道可以借由一些文献中的微言大义来获取。而为求得微言大义,势必要通过文献的考证与研究,从而揭示其中的真面目。因而庄述祖对小学文献的研究,目的不在考据,而是希望以小学作为一种治学手段,以寻求阐释圣人之道。② 刘逢禄亦在庄述祖的影响下,延续此治学思路。但随着经学研究的深入,当时的学人逐渐认识到汉代经学家法、条例的重要性。因此,经学研究走入了重视家法师说的专经模式,如此也导致经学研究的狭隘化,甚至使得释经趋向偏激与臆测。刘逢禄对于公羊学的偏好就是这种专经研究的体现。刘氏深受汉代经学家法条例的影响③,他由专注公羊学进而深入董仲舒、何休之学,最终通过何休之学以探究圣人微言大义。在这种专经的深入研究下,刘氏意识到左氏之学对

① 陆宝千:《清代思想史》,第 223 页。
② 参见庄述祖:《古文甲乙篇偏旁条例剩稿序》,《珍艺宦文钞》卷五,第 1475 页;又参见蔡长林:《从文士到经生——考据学风潮下的常州学派》,第 43 页。
③ 汪晖认为:刘逢禄发挥东汉何休之三科九旨,开公羊家注重家法之先河,但这一转向恰恰吻合清代经学重视家法的传统。我们看他"爱推舅氏未竟之志"而著的《尚书今古文集解》,其自述凡例为五,第一条就是正文字、审音训、别句读、详同异,在方法上完全师法乾嘉考证学的路数(汪晖:《现代中国思想的兴起》上卷,第 495 页)。

公羊学的阻碍,便百般解释以试图证明《左传》为刘歆之伪作。而他不辞烦琐地总结何休公羊条例,附会何休对《论语》的解释,虽然不免臆想,但在一定程度上促进了清代学者对汉代今文经学的关注。毕竟在他的影响下,出现了一些涉猎或研究公羊学的人物。比如最为学者称道的便是魏源、龚自珍。梁启超曾说"今文学之健者,必推龚、魏"①,即肯定了刘、龚、魏这一公羊学的学术谱系②,但是他这种说法却有些片面和简单,即忽视了学术发展的多样性,而以一种线性的模式来总结公羊学的演变。这对理解清代公羊学的历史是有些偏颇和片面的。

其实,梁氏的梳理只看到了公羊学历史的其中一个面向,即以龚、魏为代表的倡导经济之学的士大夫,他们推重公羊学,并不在专经研究,而是看重公羊学的政论功能。这点梁启超已经谈到,他说:"龚、魏之时,清政既渐陵夷衰微矣。举国方沉酣太平,而彼辈若不胜其忧危,恒相与指画天地,规天下大计。……故虽言经学,而其精神与正统派之为经学而治经学者则既有以异。……故后之治今文学者,喜以经术作政论,则龚、魏之遗风也。"③其实龚、魏利用公羊学正是嘉道以降经世思潮的推动,他们发现公羊学的改制、三世等概念可以拿过来与其政治改革目的相附会,可见龚、魏对公羊学的研究,政治性要大于学术性。④ 但是我们不能忽略在龚、魏遗风之外,还有梁氏所讲的"正统派之为经学而治经学者",这些学人中譬如陈奂、凌曙、陈立、俞樾、苏舆等人。在这里我们不能简单地把他们区分为今文经学家和古文经学家,因为这两个概念是汉代经学语境中存在的,

---

① 梁启超:《清代学术概论》,第 76 页。
② 梁启超:《儒家哲学》,上海人民出版社,2009 年,第 95 页。
③ 梁启超:《清代学术概论》,第 76—77 页。
④ 汤志钧《清代常州经今文学派与戊戌变法》云:"常州经今文学派,到了龚自珍、魏源,既扩大了今文学研究的范围,'由《公羊》而使《诗》《书》复于西汉',复进而论政。"(《戊戌变法史论》,群联出版社,1955 年,第 84 页)

清代经学是无法以此作为准确评判的。① 其实,在清人论述中,多以汉学、宋学来区分治学倾向,若以此观念来区别清代的公羊学者,他们基本上都与汉学有关。尤其是我们前面谈到的庄述祖、刘逢禄都未曾免除汉学之影响。在汉学观念的影响之下,许多研究经学的学者,虽然不太参与政治,却以较为纯粹的学术研究推动了清代公羊学的演变。因此,在公羊学的发展史中,除了留意公羊学的政治性影响外,其学术影响也是不可忽略的。而且在下面的分析中,我们会揭示汉学考据有时反而能够推进公羊学的政论作用。

庄存与在世时,曾对兴起的汉学考据不屑一顾:"自分析文字,繁言碎辞,日以益滋,圣人大训,若存若亡,道不足而强言,似是之非,习以为常,而不知其倍以过言。"又说:"征实事,传故训者,为肤为末,岂足以知之于是乎?"②之后的庄述祖、刘逢禄,汉学观念的影响已经很大。从庄述祖的文集中可见,他与王引之、孙星衍、钱维乔等人相互探讨经义、字词训诂。③ 虽然他们探究问题的目的不太相同,但这种学术交流足以显示当时学术主流的巨大影响力。而刘逢禄也道出了汉学者对其治经的影响。他在《春秋公羊经何氏释例》叙中说:"大清之有天下百年,开献书之路,招文学之士,以表章六经。于是人耻向壁虚造,竞守汉师家法,若元和惠栋氏之于《易》,歙金榜氏之于《礼》,其善学者也。"④可知刘氏十分推崇惠栋、金榜治学之方法,那么此法为何? 刘氏接着给出了答案,他说:"先汉师儒略皆亡

---

① 当然,龚魏等人的出现,实际上坐实了今古文经学派别的存在,他们抬高今古文经学,诋毁古文经学,使得后来学者也紧随其后。而如此一来,公羊学则成了清代今文经学的代表。所以清末张尔田、谭献、章太炎、刘师培,在说到清代经学时,便以今文经学、古文经学来区分。而廖平则更加深入,他甚至对今古文经学的划分作了一定的标准。

② 庄存与:《四书说》,转引自蔡长林《从文士到经生——考据学风潮下的常州学派》,第174页。

③ 庄述祖:《答王伯申问梓材书》,《珍艺宦文钞》卷六,第112页;《答孙季述观察书》,《珍艺宦文钞》卷六,第106页;《复钱竹初大令书》,《珍艺宦文钞》卷六,第108页。

④ 刘逢禄:《春秋公羊经何氏释例》,第4页。

阙,惟《诗》毛氏、《礼》郑氏、《易》虞氏,有义例可说,而后拨乱返正,莫近于《春秋》。"①《公羊申墨守》云:"经之可以条例求者,惟《礼·丧服》及《春秋》而已。"②刘氏说毛《诗》、郑《礼》、虞《易》有义例可说,正是肯定他们治经重条例的研究模式,而其推崇惠栋、金榜,则道出研究公羊学的方法,即从义例下手。我们知道惠栋曾专门研究汉《易》,区分家法,并作《易例》《易汉学》,其《易汉学自序》云:"六经定于孔子,毁于秦,传于汉。汉学之亡久矣,独《诗》《礼》《公羊》,犹存毛、郑、何三家。《春秋》为杜氏所乱,《尚书》为伪孔氏所乱,《易经》为王弼运所乱。杜氏虽有更定,大校同于贾、服,伪孔氏则杂采马、王之说,汉学虽亡而未尽亡也。惟王辅嗣以假象说《易》,根本黄老,而汉经师之义,荡然无复有存者矣。"③而金榜则研究郑玄礼学,宗郑玄而不失汉人家法。可知刘逢禄虽延续家族研习公羊学的传统,但在方法上明显受到了乾嘉学者的较大影响。当然,庄氏家学从庄述祖开始,今古文的家法观念便已经开始增强,所以刘逢禄认可惠、金治学守家法,并不是偶然的。而且据戴望《刘先生行状》,刘逢禄还曾就张惠言问虞氏《易》、郑氏三《礼》④。张氏治《易》亦宗条例,他曾说:"治《易》者如传《春秋》,一条之义,各以其例。"⑤而其以《春秋》之例治《易》,"求其条贯,明其统例,释其疑滞,信其亡阙"。⑥可知张惠言、刘逢禄皆主张治经宗家法而尚条例,而这种观念在刘逢禄的《春秋公羊经何氏释例》中最为突出。

　　与刘逢禄同时代的李兆洛,虽然并未曾有重要的经学著作传世,但他作为常州学派的一员,对公羊学也有自己的认识,他欣赏庄存与

---

① 刘逢禄:《春秋公羊经何氏释例》,第 4 页。
② 刘逢禄:《春秋公羊经何氏释例》,第 291 页。
③ 惠栋:《周易述》,中华书局,2007 年,第 513 页。
④ 戴望:《故礼部仪制司主事刘先生行状》,《谪麐堂遗集》,第 19a 页。
⑤ 张惠言:《柯茗文编》,第 41 页。
⑥ 张惠言:《柯茗文编》,第 38 页。

之学。刘逢禄道光九年卒后，李兆洛曾作《礼部刘君传》，称其据经决事，有董相风。待刘氏去世，则"洞明经术，究极义理者辈中，遂无人矣"。①另外，李、刘二人曾同师汉学大家卢文弨。但李兆洛不喜为考据之学，其所长在文章。②何绍基曾至常州拜访李兆洛，并对去世的刘逢禄表示敬仰之情。他在《龙城书院谒李申耆年丈》诗中说："父执经帅李与刘，二申儒术重常州。公羊大义粗闻后，又见先生括众流。"③何绍基曾于道光年间参与祠祭顾炎武的运动，以宣扬顾的经世之学。可见在何的眼中，刘逢禄的公羊之学与他的经世之学殊途同归。而反对汉学的魏源对公羊学的理解与何绍基是一致的，魏氏曾在《武进李申耆先生传》中斥责乾嘉汉学，失去国初顾黄之学的初衷，褒扬李兆洛之学疏通知远，无汉学之偏。④可见刘逢禄之后的士大夫在经世思潮的影响之下皆把刘的公羊学看成了经世之学的一部分，但显然他们忽略了汉学对刘的影响，他们此时所关注的是公羊学的政论功能，而不是经典文本的学术研究。

苏舆说："国朝嘉道之间，是书大显，缀学之士，亦知钻研公羊，而如龚、刘、宋、戴之徒，阐发要眇，颇复凿之使深，渐乖本旨。承其后者，沿讹袭谬，流为隐怪，几使董生纯儒蒙世诟厉，岂不异哉！"⑤据此可知自刘逢禄后，合董、何之学为一，实则董、何二学有别⑥。苏氏对龚、宋等人公羊学的批评，即是站在学术研究的角度，批评他们的穿凿之处。苏氏其实即是梁启超所说的经学正统派，他们不喜欢作政论性的引申发挥，秉承乾嘉汉学的治学态度。但这种汉学的治学方式其实在无意

① 李兆洛：《礼部刘君行状》，《养一斋文集》卷十六，第 261 页。
② 李兆洛《毛清士说文述谊序》："兆洛少知治小学，即读许氏书，积久，觉其解说颇不应经法，而文字亦不尽出于古。欲少少疏通证明之……既从先师卢抱经游，师教人读书，必先识字。"（《养一斋文集》卷三，第 40 页）
③ 何绍基：《东洲草堂诗抄》卷七，《续修四库全书》第 1528 册，第 638 页。
④ 魏源：《古微堂诗文集》卷四，《魏源全集》第 12 册，岳麓书社，2005 年，第 283 页。
⑤ 苏舆：《春秋繁露义证·自序》，中华书局，1992 年，第 2 页。
⑥ 章太炎与李源澄曾说治公羊学当区分经、传、注，见章氏《与李源澄书》，《光华大学半月刊》1935 年第 3 卷第 8 期。

中却推动了清代公羊学的演变。比如凌曙、陈立虽研究公羊学，但都是汉学者治经的套路。凌曙私淑刘逢禄①，作有《公羊礼疏》；陈奂推崇西汉之学②，曾作《公羊逸礼考》。陈奂所作与凌曙同，皆有考证公羊礼之作，为汉学派风格无疑。陈立作有《公羊义疏》，梁启超评价为"董、何以后本传第一功臣"③，张尔田则认为此书"引证甚繁密，是以考据家法治今文之学者"。④ 文集中他通过文献的梳理论证公羊学"王鲁"观念的真实存在⑤，就是以考据治公羊学的典型案例。

俞樾与宋翔凤问学，并与戴望交往密切，可知他从二人那里接受了公羊学的理念。⑥ 他与凌、陈都非常重视对公羊礼的解读，而俞樾在对经学礼制的考证中，亦论证了公羊学核心观念的正确性。俞樾认为《公羊传》与孔子关系密切，他曾说："《春秋》一经，圣人之微言大义，公羊氏所得独多，尝于孟子言见之矣。"⑦又推崇素王、王鲁等公羊学观念，说"孔子为万世立素王之法，非为鲁记事也"。⑧ 而在宋翔凤、戴望的著述中可以看到这些观念的重要性。戴望《注论语叙》云："深善刘礼部《述何》及宋先生《发微》，以为欲求素王之业、太平之治，非宣究其说不可，顾其书皆约举大都，不列章句，辄复因其义据，推广未

---

① 沈钦韩《幼学堂文稿·与刘孟瞻书》云凌曙为刘逢禄所误，溺于《公羊》。又张尔田云："据洪梧序，晓楼从游阮侍郎之门，诲之曰：'武进刘申受于学无所不窥，尤精公羊，与之讲习，庶几得其提要。'……《繁露》诸篇皆能通究本末，则凌氏固亦常州之传也。"（王锺翰序：《张孟劬先生遗堪书题》，第393页）
② 《南园学案》云："教人为学当从西汉入，谓东汉人名物象数言之非不精确，然此有意说经也。西汉人无意流露一二语，已胜东汉人千百言，此即微言大义也。"（徐世昌等编纂：《清儒学案》，中华书局，2008年，第5765页）
③ 梁启超：《中国近三百年学术史》，岳麓书社，2010年，第206页。
④ 张尔田：《屏守斋日记》，《史学年报》第2卷第5期。
⑤ 陈立：《春秋王鲁说》，《句溪杂著》卷二，光绪十四年(1888)广雅书局刻本。
⑥ 章太炎《俞先生传》："然治《春秋》颇右公羊氏，盖得之翔凤云。"（《章太炎学术史论集》，第462页）章太炎又批评其师："先师俞君以为素王制法，盖率尔不考之言。"（《章太炎学术史论集》，第450页）
⑦ 俞樾：《春秋天子之事论》，《春在堂全书》第2册，第638页。
⑧ 俞樾：《五亦有中三亦有中解》，《经课续编》卷五，《春在堂全书》第7册，第279—280页。俞樾又云："孔子作《春秋》托王于鲁，鲁亦未有天下，而孔子借鲁以立王者之制，是以文王王鲁，不以武王王鲁也。"（《茶香室经说》卷十三，《春在堂全书》第7册，第155页）

备,依篇立注为二十卷,皆橐栝《春秋》及五经义例,庶几先汉齐学所遗,邵公所传,世有明达君子乐道尧舜之道者,尚冀发其旨趣,是正违失。"①当然,俞樾对公羊的推崇并非其臆想,他作为一位推崇高邮王闿运父子的学者,依旧通过文献的梳理来支持自己的观点。最为重要的是,他通过礼制的考察,认识到《王制》与《公羊》的密切关系。所以他说:"愚谓《王制》者,孔氏之遗书,七十子后学所记也。王者孰谓,谓素王也。……《春秋》微言大义,惟公羊得其传,公羊之传,惟何邵公为能发明其义。乃今以公羊师说求之《王制》,往往符合。"②另外,俞樾作《何邵公论语义》,认为刘逢禄之以公羊释《论语》,对于何休《论语注》并没有什么考求。③ 因此俞樾以文献梳理为主,整理出何休对《论语》的一些零散的解读,但并不涉及公羊微言大义的阐释,而且他在与戴望的信中也说到自己解经求平易④。俞樾作为清末复兴乾嘉汉学的重要人物,他对公羊学的理解依旧是局限于训诂考据的解经方式而已。同样,在俞樾之前,刘恭冕曾作《何休注训论语述》,也并未曾发挥公羊理论,只是考据训诂。⑤ 可以说这些可被归为汉学阵营的学人,并非在意公羊的政论,只是治经而已。但是他们在考据中,却梳理和证实了公羊学的诸多观念、理论,甚至确定了公羊学与圣人之道的微妙关系,这些其实都在一定程度上推动了晚清今文经学的发展,也为政治变革提供了知识上的支撑。

我们除了看到汉学家们对公羊学的知识考据外,还会发现汉学自身内部对义理的追求,也其实为理解公羊学微言大义提供了积极

---

① 戴望:《谪麐堂遗集》,第 1b—2a 页。
② 俞樾:《王制说》,《曲园杂纂》卷五,《春在堂全书》第 3 册,第 41 页。
③ 俞樾《何邵公论语义》云:"刘氏逢禄……不过以《春秋》说《论语》,而于何注固无征也。"(《曲园杂纂》卷七,《春在堂全书》第 3 册,第 65 页)
④ 按俞樾《与戴子高》云:"此道衰息已非一日,庸庸者姑勿论矣。其高者亦不过拾宋人之唾余,貌为理学而已。七十子之绪言,两汉经师之家法,其有闻焉者乎? 仆学术浅薄,又不得位,岂足以振起之乎?"其复兴乾嘉汉学之雄心由此可见(《春在堂尺牍》,《春在堂全书》第 5 册,第 519—520 页)。
⑤ 可参见赖温如:《清代〈论语〉述何学考》,花木兰文化出版社,2007 年,第 104 页。

性的推动。汉学过度注重训诂考据，忽视义理，这是诸多学者的共识，比如姚鼐、章学诚看到了汉学的此种弊端，后来宋学对汉学的诋毁同样如此。因此汉学者自身逐渐意识到这些问题，也是理所当然的。陈寿祺在讨论清中期士风时，曾记载段、阮对时下人心风俗的批评，段玉裁说："今日大病在弃洛闽关中之学，谓之庸庸而立身苟简，气节败，政事芜，天下皆君子而无真君子。故专言汉学，不治宋学，乃真人心世道之忧，而况所谓汉学者，如同画饼乎！"阮元说："近之言汉学者，知宋人虚妄之病，而于圣贤修身立行之大节略而不谈，以遂其不矜细行，乃害于其心其事。"①

这种补救汉学弊端的观念，促使在学问上崇尚博通，使得支离烦琐的汉学出现了变化。一是对今古文不同经的关注，即不单单专注贾、郑之学，而是今文经学、古文经学都要研究。比如对《春秋》三传，陈氏便说："《春秋》三传互异，自缘师承不同……不可以其文字异同，专归传写之误。"②此即注重经传师说派系的异同，不当局限于文本异同的考索，可见对汉代经书的研究有了较大的视野。另外便是汉宋兼采，既要关注汉人训诂考据，亦要学习宋人注重阐发经典义理的思路。如此一来，实质上便促进了公羊学的发展。因为一方面公羊学是汉人之学，又是今文经学，所以经学由东汉上溯西汉，治学视野的扩大必然使得公羊学的关注增加，而同时对义理的诉求正好与公羊学微言大义的探讨不谋而合。③ 所以说公羊学的发展也不可忽视汉学家们的功劳，他们虽然骨子里依旧放不下由小学以

① 陈寿祺：《孟氏八录跋》，《左海文集》卷七，《续修四库全书》第 1496 册，上海古籍出版社，2002 年，第 297 页。
② 陈寿祺：《与张繁露论春秋至朔通考凡例书》，《左海文集》卷四下，第 168 页。《答高雨农舍人书》便认为治《春秋》当三传皆要参考，不可偏守一经（《左海文集》卷四下，第 176 页）。《尚书大传笺序》云："汉儒治经莫不明象数阴阳，以穷极性命。"（《左海文集》卷六，第 242 页）此即表彰西汉今文经学。
③ 戴望《故礼部仪制司主事刘先生墓状》说："先汉之学务乎大体，故董生所传，非章句训诂之学也。"（《谪麐堂遗集》，第 22a 页）可知在戴氏眼中，清代所谓的汉学无法与西汉公羊学相比。

通义理的观念,但是他们梳理汉代经学,重视实证,实际上开启了学者研究汉代公羊学的大门,而从文献的梳理中意识到公羊微言大义的存在,意识到孔子、《公羊传》、董仲舒、何休这一公羊学系谱的密切关联性,本质上为士大夫追求圣人之道以解决现实问题,提供了一个或许可行的入口。所以在汉学与公羊学的互动中,汉学的实证倾向会阻碍学者对公羊义理的主观性解释,但是汉学借助考据训诂,梳理了汉代公羊学的真实面貌,又为晚清今文经学的复兴奠定了知识依据,因此汉学反而在公羊微言大义的发挥中起了推动性作用。

二、义理的追寻：公羊学与清代宋学

在清代,科举以理学取士,治理学者亦不乏其人。江藩标榜汉学,所作《宋学渊源记》虽有失偏颇,但亦可见清代宋学之一隅。只是在乾嘉时代,汉学考据为主流,心性义理的程朱之学不是诸多士大夫兴趣之所在。当然正如钱穆所说,清代汉学的兴起无法绕开宋学[1],而且随着汉学的漫延,汉宋学的争论亦未曾停息。顾千里为凌曙所作的《壤室读书图序》文云:"汉学者,正心诚意而读书者也;俗学者,不正心诚意而尚读书者也。是故汉人未尝无俗学,宋人未尝无汉学。"[2]据此可知当时汉、宋学之争。顾氏意在维护汉学的地位,实则贬低宋学存在的价值,从而意图抬升汉学,后来陈澧等人所谓汉宋兼采者亦不乏此见。然而嘉道以降,社会政治问题的出现,导致汉学的批评声音不断,一些士大夫纷纷转变治学方向。龚魏之学的出现即是如此,而唐鉴等对程朱理学的鼓吹,则实际上顺应了这种变化,甚

---

[1] 钱穆论清代汉学之兴起,认为一以尊宋述朱起脚,一以反宋复古而来,一以争陆王程朱之旧案而来(《中国近三百年学术史》,第346页)。
[2] 桂文灿:《经学博采录》郭则沄序,第2页。

至出现了把社会问题归结于汉学毒害的极端想法①。宋学趁势而起，纷纷提出治世之策，清初学者诸如顾炎武、王夫之等人也成为昌言经世之学的典型。在人人言经世之学的风潮下，相关学术的出现也就不足为奇。比如阮元作为汉学的代表人物，晚年也认识到汉学的诸多问题，因此对公羊之学多加褒奖，对经学义理也有所探讨，他在对顾炎武的评价中，也明显意识到学术经世的重要性②。实际上章学诚在汉学鼎盛的时期，已经明确提出学术可以经世的理念，只不过后来社会政治问题的尖锐化让士大夫清醒地意识到琐碎考据与社会现实的脱离，而鼓吹宋学者则认为所谓的宋学可以接续这种断裂，可以拯救人心风俗之衰败，理由便是程朱理学不但讲求德性，更重视践履。③因此可以说在学人厌恶汉学的无用时，宋学则以挽救社会弊病的姿态加入了经世之学的潮流当中。

对于公羊学与宋学的微妙关系，学者较少探讨。其实我们基本上可从两个角度来分析。一方面，他们皆具经世功能，从此方面来看，二者在当时的出现并不冲突。另一方面，经义解释层面都在追求圣人之道。所以清代宋学者在维护理学时，强调宋学与求道的密切

---

① 姚莹《钱白渠七经概叙》云："末学空疏，为所摇惑，群而趋之，咸以身心性命之说为迂疏，惟日事搜辑古书奇字，以相标榜，博高名，掇科第，莫不由此。是以圣贤立训垂示之苦心，纷然射利争名，风俗人心孰敝于此者哉？夫以经学之驳杂破碎如此，诚非拘拘一先生所能息群言而厌众志也。"（《东溟文集》卷二，《清代诗文集汇编》第 549 册，上海古籍出版社，2011 年，第 328 页）又管同《与陆制军书》："自四库馆启之后，当朝大老，皆以考博为事，无复有潜心理学者，至有称颂元明以来儒者，则相为诽笑，是以风俗人心日坏，不知礼义廉耻为何事。至于外夷交侵，辄皆望风而靡，无耻之徒，争以悦媚夷人为事，而不顾国家之奇耻大辱，岂非毁讪宋儒诸公之过哉！"（《东溟文外集》卷一，第 570 页）
② 阮元《庄方耕宗伯说经序》，《味经斋遗书》，光绪八年（1882）重刊阳湖庄氏藏版。其《顾亭林先生肇域志跋》则讨论经世以史之学为根本，蔑视"守章句而无经世之具者"（《揅经室集》，第 673—674 页）。又可参见其文《京师慈仁寺新立顾亭林先生祠堂碑记》，刘师培《左盦题跋》中收录。阮元亦通过梳理先秦文献来述说孔子之道并非知识的考据，圣贤之道不乏实践，当以行事为教。参见阮元《论语论仁论》《论语解》《大学格物说》，并收录于《揅经室集》。
③ 这点我们从余英时的《朱熹的历史世界》可以看出。朱熹曾说："博学是致知，约礼则非徒知而已，乃是践履之实。"（《朱子语类》卷三三，《朱子全书》第 15 册，上海古籍出版社、安徽教育出版社，2002 年，第 1177 页）

关系,但非议宋学者则反驳宋学的空疏玄虚,无法企及圣人之道。可知在经世思潮的影响下,学术经世成为了士大夫关注的焦点。而他们对圣人之学的追求,最终也是为了学术经世,余英时说:"在经世运动的激荡之下,经学也开始转向,汉代所谓通经致用的观念在一般儒者的心中复活了。今文经学便是在这种情形之下兴起的。"①

只不过学术的庞杂,必然会出现不同的声音。而龚、魏之学对公羊学的弘扬,则响应了学术经世的呼声,但却对汉宋之学持不同的见解。龚合理看待汉宋,而魏源则驳斥汉学无用。由于龚、魏二人的学术根基有所不同,因而他们的汉宋之见也有所差异。龚作有《抱小》篇,其对小学的敬仰可见一斑。而魏则不同,魏有诸多有关理学的著述,其治学取向亦显而易见。龚曾专门讨论汉宋之学,并纠正江藩对汉学认识的偏激,从中可见龚对时人汉宋观念的偏见是不认同的。而魏源则实际上依旧走向了反汉学的偏激之路。魏源本身对宋明理学有一定的研究,他早年作《小学古经》,强调对孩童的教育,朱子小学重视人伦日用,为作正养圣之基,而汉学家们对小学的教育看重字词训诂,在他看来则是"固之甚者也"②。当然,龚、魏推崇今文经学,对后来今文经学的发展起了重要的推动作用。正如钱穆所论,虽然刘氏(刘逢禄)之学分辨家法,但并未拘守今文经家法,至龚自珍则今文经学之壁垒始立,由主微言大义而趋于论政,故于西汉今文经学推崇备至。③此一路在清末则由康有为发扬光大,驳斥古文经学,褒扬今文经学。

同时,桐城学者自姚鼐以来,便对汉学不满,其后世继承者基本皆沿续其看法,诸如方东树、姚莹、管同等。姚莹曾与龚自珍、魏源在京共事过。不过桐城提倡宋学在个体践履,而不在程朱理学所谓形

---

① 余英时:《论戴震与章学诚:清代中期学术思想史研究》自序,第6页。
② 魏源:《古微堂四书》,《魏源全集》第2册,第380页。
③ 钱穆:《中国近三百年学术史》,第582、585页。

上之学的探讨。同样,湖湘学者亦推崇宋学,王闿运即是如此,他对汉、宋学皆不满,因此研究先秦之学以求孔学之真面目,避开汉宋的纠缠。其实他骨子里依旧未能脱离汉、宋学的影响。他云例者,礼也,即是清初礼治主义的延续,亦受汉代公羊学以例解经思路的影响,而清代汉学家注重条例的归纳,在他身上亦体现出来。他提出经学以自治的观念,实则在人心风俗的拯救,这种对自身道德的关注依旧离不开理学的影子,但同时也是清初顾炎武等学人的一贯主张。①可见嘉道以降,社会现实的冲撞,使得士大夫们重新接续了清初大儒的理念。我们从嘉道之后禁书的出现,以及学人对晚明、清初士人著述的推崇,可见当时士人对晚明儒者的推重,其关注的焦点在他们自身的气节风骨,以及改造人心风俗的强烈志向。②

其实说到公羊学与宋学的关系,就不可忽视宋翔凤。宋翔凤治学秉承汉宋兼采,作为庄存与的外孙,庄述祖的外甥,他对公羊学有深入的研究,但他并未有专门的公羊学著述传世,所以很多学者在讨论公羊学时往往重视刘逢禄,而忽略宋翔凤。其实,宋翔凤对公羊学的传承也有很大的贡献,后来的戴望、俞樾都曾经跟他学习过公羊学。而且宋对公羊学的理解,已经由治专经而转为以公羊义理治众经。③ 我们从他的著作《论语说义》《孟子赵注补证》即可看出。宋氏曾说:"训诂之学,兴于汉而成于唐;义理之学,起于唐而盛于宋。训诂、义理若各执一编,或流于附会之说,或牵于虚空之论,则必为后世学者所讥弹。"④可见他的这种说法其实就是汉宋调和论,不过宋氏对宋学义理的赞同,并非随便说说,他其实在著述中通过义理的阐发,

---

① 顾氏说:"目击世趋,方知治乱之关必在人心风俗,而所以转移人心,整顿风俗,则教化纲纪为不可阙矣。"(《顾亭林诗文集》,第97页)
② 参见王汎森:《权力的毛细管作用:清代的思想、学术与心态》第八章。
③ 蔡长林认为宋氏交游广泛,在众文士推波助澜下,公羊学得以不断传播,不必待康、梁之继起(蔡长林:《从文士到经生——考据学风潮下的常州学派》,第365—366页)。
④ 宋翔凤:《朴学斋文钞》,转引自艾尔曼《经学、政治和宗族:中华帝国晚期常州今文学派研究》,第147页。

解释了公羊学的诸多概念或理论。比如在《论语说义》中阐释一个很重要的观念，便是"素王"。他认为《论语》所体现的正是孔子的素王之业，从中可以探索《春秋》的微言。如此一来，《春秋》改制也就并不可怪，因为这种制度上的改变背后所蕴藏的正是《春秋》微言。因此宋氏提出了礼在《春秋》改制中的关键性。礼为孔子损益三代之礼，但同时礼有本末，无论哪个时代不变的是礼之本，而可变的是礼之末。他进而解释礼之本即忠信孝悌等儒家伦理观念，而末则是具体的礼制或礼仪。宋氏提出礼之本末，便道出其阐释《论语》与社会现实的连接点。他说："孔子受命作《春秋》制，去周之文，从商之质，亦以人心风俗，其机可乘也。"①戴望也曾说："知礼之本，则能通文质之变，以救世运。"②由此我们便可看出端倪。宋氏说孔子为素王之业，以《春秋》展现万世之法，对当下现实社会来说，对礼之本末的提倡便是当下不可忽视的，本即是道德层面，而末则是制度层面，很明显他希望以圣人之学来重整社会秩序，改变人心风俗。因此我们会发现虽然宋氏的解读与宋学者们解读《论语》存在差异，但他们关注现实的焦点未曾改变，此焦点就是人心风俗的整治。因此从这点来说，宋氏解经的主观性正是为了寻求现实的解救之道，而并非刘逢禄的专经研究。所以宋氏说："《春秋》继周，而损益之故遂定，虽百世而远，孰能违离孔子之道，变易《春秋》之法乎？"③可见作为体现孔子之道的《春秋》之法，是任何时代都不可违背和忽视的，因此他隐晦地说出当下的大清帝国，若要寻求改变，也是要从孔子微言大义中寻求的。宋氏的这种理解也正好说明了龚、魏等人为何汲汲宣扬西汉今文经学，其目的意在现实，而非经典文本的训诂考据。当然这也表明宋氏针对公羊学的解释并非汉学家的解读套路，而是经学义理的论述，这或

---

① 宋翔凤：《论语说义》卷五，第2b页。
② 戴望：《论语注》卷三，第1b页。
③ 宋翔凤：《论语说义》卷一，第13b页。

许与他推崇宋学有关。当然公羊学本身诸多观念的不确定性也为他们主观自由的发挥奠定了知识基础。

我们不能否认公羊学自身的理论体系与宋学的体系是不同的，所以无论是认识论还是方法论上都有具体而明显的差异，那么他们之间冲突的出现也是必然的。戴望即是如此。他曾经深研理学，可后来却探究颜元之学，又受教公羊学于宋翔凤①，因为他认识到宋学所讲的天理性命之学，并非圣人之学的真实面貌，而由公羊学则可明圣人微言大义，如此进而正人心，维世教，才能从根本上解决社会政治的诸多问题。因此他作《论语注》，即因袭刘逢禄、宋翔凤以公羊学释《论语》的解经理念，意在以《论语》补充《春秋》中圣人之深意。②

另有邵懿辰，他宗程朱理学，但又治今文经学。其著作有《仪宋堂记》，贬斥东汉贾、马之学，而推崇程朱理学，其《半岩庐日记》则鼓吹程朱理学。然而邵懿辰并不排斥西汉今文经学，他所作的《礼经通论》《尚书通论》便是对西汉之学的发扬。正如汤志钧所言："自从庄存与、刘逢禄复兴今文经学以来，中经龚自珍、魏源的揭橥，不仅援引今文以言更法、变易，并进而转入对今文经典的研究，魏源正马、郑《尚书》之失，阐齐、鲁、韩三家《诗》之大谊，使《书》《诗》复于西汉。邵懿辰更在社会动荡、礼教破坏之时，写了《礼经通论》，欲使《礼》复于西汉。"③这正说明龚、魏不断地鼓吹公羊学，实则推动了今文经学的复兴，他们艳羡西汉今文经学的经世功能，希望由研究西汉今文经学，获得解救今世社会弊病的答案。而在邵懿辰身上，正彰显了今文经学、宋学在经世目的上的一致性。

---

① 戴望：《故礼部仪制司主事刘先生行状》，《谪麐堂遗集》，第22a页。
② 庄棫《戴子高墓志铭》："子高所治之经在于微言大义，与专言训诂者又不相同……尝谓人曰：'人第知《春秋》为圣人之书，与《论语》与《春秋》实相表里，正人心，维世教，文虽异，义则同。《公羊》一书近常州刘申受治之，申受以此传于宋于庭先生，于庭先生以此授之小子。'然则子高固学氏之学者也。作《论语注》以辅翼《春秋》也。"（庄棫：《蒿庵文集》卷八，《清代诗文集汇编》第711册，上海古籍出版社，2011年，第232页）
③ 汤志钧：《近代经学与政治》，中华书局，2000年，第137页。

可见在士大夫汲汲于改造社会之际,寻求最大可能性去解决现实问题才是他们的焦点所在。他们对宋学的鼓吹,对公羊学改制的利用,都吻合了时代的迫切需求,同样二者阐释经典的开放性,阐释义理的主观性,都易于被士大夫利用。① 不过由于理论体系的不同,程朱理学与公羊学最终是无法融合的。相反由于汉学重视训诂考据,强调家法师说,加之公羊学本身便是汉代学术中的一部分,乾嘉汉学对公羊学的影响或许显得尤为清晰,故而有些学者会认为公羊学是汉学内部发展出来的抑或认为是汉学的反动。② 当然从参与现实政治的角度来说,宋学与公羊学更为一致,这是汉学所无法相比的。

三、学随术变: 公羊学与政治的纠缠

王国维曾评价清代学术:"道咸以降,学者尚承乾嘉之风,然其时政治风俗已渐变于昔,国势亦稍稍不振,士大夫有忧之而不知所出,乃或托于先秦西汉之学,以图变革一切,然颇不循国初及乾嘉诸老为学之成法。其所陈夫古者,不必尽如古人之真,而其所以切今者,亦未必适中当世之弊。其言可以情感,而不能尽以理究。"③此论道出了嘉道之后士大夫迫切整治社会问题的心理。他们或托西汉之学以论当下之事,或借宋明理学的名头,讨论当下人心之败坏,实则正如王闿运所论:"其所陈夫古者,不必尽如古人之真,而其所以切今者,亦未必适中当世之弊。其言可以情感,而不能尽以理究。"正所谓学术

---

① 张尔田在《与王静安论今文家学书》中提到古文学不如今文学之处,便在于圣人微言大义无法以考据训诂的手段获得,可见今文学阐释经典的方式实际上保留了圣人之意,认为有些经典的东西是无法以考证的手段获得,必须求其所谓的义理(《学衡》1923 年第23 期)。

② 陆宝千:《清代公羊学之演变》,《清代思想史》第六章。岛田虔次:《六经皆史说》,苑淑娅编《中国观念史》,中州古籍出版社,2005 年,第 580 页。

③ 王国维:《观堂集林》,河北教育出版社,2003 年,第 575 页。

依旧离不开对现实的关注,而现实也时刻影响着学术的转向。公羊学便在这种转向中成为一些士大夫的政论"工具"。当然,他们不断从经学中寻求解决现实问题的方法时,亦潜移默化地影响了学术,他们必须借用或者重新阐释经学文本,如此才能彰显圣人之学的价值,体现经学在社会政治问题中的功用。所以倡汉学者,必须改变治经与现实的疏离,以经史之研究展现其经世思想,同样提倡宋学的士大夫也突出理学的经世功能,以求从道德层面挽救社会秩序。如此即可理解公羊学作为经史之学,其在汉代士大夫眼中本就有经世的功能,清代被龚、魏鼓吹,也是理所当然的。而宋学对义理的关注,则实际上与公羊学的微言大义相附会,因为对微言大义的理解每个人都是不同的。同时如果认可公羊学与《春秋》的密切关系,那么圣人之道的寻求就必须借由公羊学来获得,而一些宋学者对道德的宣扬,实际上正是对圣人之学的一种肯定,只不过清代宋学少了形而上的探讨,而多了对现实社会秩序的考量,所以经世致用的目的是一致的。

其实清代公羊学的复兴,本身便蕴含着儒家经世的理念。深受儒家思想影响的士大夫,基本皆有治国平天下的思想存在,无论是庄存与,还是后来的刘逢禄,都未曾忽视时代问题。庄存与在清之盛世,宣扬为君之德,刘逢禄则貌似迂腐地践行汉代《春秋》决狱的理想,也正因为如此,龚、魏对庄、刘之学的赞誉①,实则出于他们在阐释经典中所透露的儒家经世志向,只不过龚、魏在时代的转变中把此内蕴的东西清晰地表露出来。顾炎武所呼吁的"君子之为学,以明道也,以救世也,徒以诗文而已,所谓雕虫篆刻,亦何益哉!"②成了嘉道

---

① 魏源:《武进庄少宗伯遗书序》,《魏源集》,第237—238页。龚自珍《己亥杂诗》云:"端门受命有云礽,一脉微言我敬承。宿草敢挑刘礼部,东南绝学在毗陵。"(《龚自珍全集》,第514页)

② 顾炎武:《与人书二十五》,《顾亭林诗文集》卷四,第103页。按此可见嘉道以后学者所推崇顾炎武即在此,与汉学者所重在博通考证完全不同。

以来士大夫的共同志向。由此汉代今文经学以一种异化的方式再次进入了历史的舞台,清末的康有为、廖平更是把以公羊学为首的今文经学推入了学术的焦点之中。他们借由公羊学以达到自我理想追求的实现,所措意者在现实而非远离尘嚣的故纸堆。

公羊学的演变,并非是紧随褒扬宋学而诋毁汉学的线性发展模式。其实在宋学家们詈言汉学琐碎无用时,本身即在表明宋学的有用,而刻意诋毁汉学的无用,当然有用无用正是经世思潮的作祟。我们仔细想想,宋学者眼中没用的汉学,实际上也并非真的无用。

夏炘在嘲讽阮元治学时[①],未曾意识到引领汉学风潮的阮元,在后来的著述中,也道出了希望扭转汉学弊病的理念。他在《曾子十篇》叙录中说:"近人考证经史小学之书愈精,发明圣贤言行之书甚少,否则专以攻驳程朱为事,于颜、曾纯笃之学未之深究,兹注释五卷,不敢存昔人门户之见,而实以济近时流派之偏也。"[②]晚年又曾说:"世之推亭林者,以为经济胜于经史,然天下政治随时措宜,史志县志,可变通而不可拘泥,观《日知录》所论,已或有矫枉过中之处,若其见于设施,果百利无一弊欤? 四库全书提要论亭林之学,经史为长,此至论,未可为腐儒道。"[③]他在当时学人推崇顾炎武经世之学时,却

---

① 夏炘《书潜研堂文集后》云:"文集裒然数十卷,无一语为世道人心学术风俗起见,吾未见其可传也,而阮伯元乃盛称其学历数九难,夫难莫难于精究理道,体验身心,推而达之家国天下,舍此之外更有何难,而鳃鳃然互相标榜,何哉?"(《夏仲子集》卷三)又卷六《与方植之书》:"迩来训诂之家,咬文嚼字,何益身心,何裨国家,好为无用之辨,徒长虚矫之气而已……至戴东原、钱竹汀等,谬为狂言,谓非训诂则不能通义理,一时学者从而和之。凌次仲之《复礼》,程易田之《论学》,阮芸台之《论语论仁》,遂竟以训诂为义理之所出,而居之不疑,天下聪明特达之士尽为训诂所牢笼而不觉。"(夏炘:《夏仲子集》,民国十四年铅印本)
② 张鉴等:《阮元年谱》,第 19 页。《谭献日记》中说:"阅《学海堂集》。文达督粤日已骎骎宋学矣。"(第 54 页)
③ 阮元:《顾亭林先生肇域志跋》,其讨论经世当以经史之学为根本,鄙视"守章句而无经世之具者"(《揅经室集》,第 673—674 页)。又可参看其《京师慈仁寺新立顾亭林先生祠堂碑记》,刘师培《左盦题跋》中收录。阮元亦通过梳理先秦文献来述说孔子之道并非知识的考据,圣贤之道不乏实践,当以行为为教。参见其《论语论仁论》《论语解》《大学格物说》,并收录于《揅经室集》。

认为顾氏之学在经史,而不在经济。其缘由在于他认为经史乃是根本,经济随时而变。可以说阮氏眼中所谓的经世之学依旧离不开其根本,而非大谈经济所能解决。另外,孙星衍曾说:"坐而言,不能起而行者,无用之典制,不必学也。"[①]可见乾嘉时期汉学者,并非只是考证而已,一些学者仍旧关注社会现实,凌廷堪、阮元等对以礼代理的宣扬,实际上正是对现实的关切,希望从礼着手,以重整社会秩序。[②]相较于宋学者对汉学者的不屑,汉学者也往往看不起宋学的不切实用,孙星衍说:"往于都官中见有谈明心见性之学者,自以为有得,试以疑狱,卒不能断。是知虚空之理,无益于政治也。善乎吾师之言,不讲格致,则虽有仁心廉操,何从着手以察吏治狱安民耶?宋明之儒,知之者鲜,此星衍之所以日夜切心者也。"[③]孙氏所言正是桂馥之意:"士不通经,不足致用,而训诂不明,不足以通经。"[④]汉学者的经世言论,虽有意气之争,但却表明他们并非如宋学者所诋毁的那样无用,汉学家们也不乏对政治的关切。所以许多学者在批评汉学导致人心风俗的丧失时,却未曾看清他们训诂考据中,正彰显了对时代道德伦理的关切,只是表达方式不同而已。所以王闿运在批评龚、魏经济之学时,所显露的对自我德性的关注,正是阮元所要传达的意识,他们不认为外在的制度建设可以从根本上解决社会问题,唯有从圣人之言中寻求答案,方为上策。故而由公羊学去探寻圣人的微言大义,成为了他们治学的共识。而公羊学本身阐释的开放性,则为这种寻求提供了便捷的通道。如此无论是汉学还是宋学的出现,都在清代公羊学的演变中留下了痕迹,而士大夫对现实社会政治的诉求,则

---

① 孙星衍:《复王少寇昶书》,《平津馆文稿》卷上,《孙渊如先生全集》,商务印书馆,1935年,第285页。
② 凌廷堪《答牛次原孝廉书》云:"六经诸史,圣人之道法存焉,先王之治术存焉。儒者训故之,章句之,抱残守缺,存什一于千百。"(《凌廷堪文集》卷二十二,《凌廷堪全集》第3册,第187页)
③ 孙星衍:《呈覆座主朱石君尚书》,《岱南阁集》卷二,《孙渊如先生全集》,第195页。
④ 桂文灿:《经学博采录》卷三引桂馥语,第59页。

与公羊学的阐释不断融合。那么无论是礼制的考索，还是义理的附会，都未能摆脱政治方面的纠缠。传统的士大夫所延续的儒家经世情怀，使得公羊学的演变无法用纯粹的学术研究来衡量，其中的政治意义是一以贯之而未曾消失的。因此在清代公羊学的诠释中，无论诠释者的态度是斥汉扬宋，还是汉宋兼采，抑或不汉不宋，都无法脱离当下的时代。在时势下士大夫各自选择自己所认可的思想，参与到这场社会变革中。

参考文献

基本文献

包世臣：《艺舟双楫》，同治十一年(1872)安吴四种刻本。

陈奂：《诗毛氏传疏》，中国书店，1984年。

陈乔枞：《今文尚书经说考》，《续修四库全书》第49册。

陈立：《句溪杂著》，光绪十四年(1888)广雅书局刻本。

陈寿祺：《左海文集》，《续修四库全书》第1496册。

程廷祚：《青溪集》，黄山书社，2004年。

曹元弼：《复礼堂文集》，民国六年(1917)刻本。

章学诚著、仓修良编注：《文史通义新编新注》，浙江古籍出版社，2005年。

戴震：《东原文集》，黄山书社，2008年。

戴望：《谪麐堂遗集》，《风雨楼丛书》本。

戴望：《颜氏学记》，中华书局，1958年。

戴望：《论语注》，清同治十年(1871)刻本。

段玉裁：《古文尚书撰异》，《续修四库全书》第46册。

段玉裁：《经韵楼集》，上海古籍出版社，2008年。

范希曾补正：《书目答问补正》，上海古籍出版社，1983年。

冯桂芬：《校邠庐抗议》，光绪丁酉(1897)聚丰坊刻本。

桂文灿：《经学博采录》，广西师范大学出版社，2011年。

顾炎武：《顾亭林诗文集》，中华书局，1983年。

龚自珍：《龚自珍全集》，上海人民出版社，1975 年。

何休注、徐彦疏：《春秋公羊传注疏》，艺文印书馆影印嘉庆二十年(1815)南昌府学刻本，2001 年。

何绍基：《东洲草堂诗抄》，《续修四库全书》第 1528 册。

惠栋：《周易述》，中华书局，2007 年。

惠栋：《九经古义》，《中华再造善本》影印清乾隆潮阳县署刻本。

焦循：《焦循诗文集》，广陵书社，2009 年。

江藩：《汉学师承记》，中西书局，2012 年。

蒋彤：《清李申耆先生兆洛年谱》，台湾商务印书馆影印《嘉业堂丛书》本，1981 年。

姜义华等编校：《康有为全集》，中国人民大学出版社，2007 年。

李塨：《李塨文集》，河北人民出版社，2011 年。

卢见曾：《雅雨堂文集》，《续修四库全书》第 1423 册。

李兆洛：《养一斋文集》，《续修四库全书》第 1495 册。

焦循：《孟子正义》，凤凰出版社，2015 年。

焦循：《论语通释》，《续修四库全书》第 155 册。

刘逢禄：《春秋公羊经何氏释例》，上海古籍出版社，2013 年。

刘逢禄：《刘礼部集》，《续修四库全书》第 1501 册。

刘文淇等：《春秋左氏传旧注疏证》，科学出版社，1959 年。

凌廷堪：《凌廷堪全集》，黄山书社，2009 年。

凌曙：《春秋公羊礼疏》，上海古籍出版社，2015 年。

李慈铭：《越缦堂读书记》，上海书店出版社，2000 年。

顾炎武著、黄汝成集释：《日知录集释》，浙江古籍出版社，2013 年。

皮锡瑞：《皮锡瑞全集》，中华书局，2015 年。

皮锡瑞：《师伏堂骈文》，《续修四库全书》第 1567 册。

皮锡瑞：《经学历史》，中华书局，1981 年。

皮名振：《皮鹿门年谱》，商务印书馆，1939 年。

钱大昕：《潜研堂集》，上海古籍出版社，1989年。

钱林辑、王藻编：《文献征存录》，明文书局，1985年。

钱基博编：《复堂师友手札菁华》，人民文学出版社，2015年。

清史馆编修：《清实录》，中华书局，1986年。

阮元：《揅经室集》，中华书局，1993年。

孙星衍：《建立伏博士始末》，《平津馆丛书》本。

孙星衍：《问字堂集》，《续修四库全书》第1477册。

沈钦韩：《幼学堂文稿》，《续修四库全书》第1499册。

宋翔凤：《大学古义说》，《皇清经解续编》本。

宋翔凤：《过庭录》，中华书局，1986年。

宋翔凤：《朴学斋文录》，《清代诗文集汇编》第513册，上海古籍出版社，2010年。

宋翔凤：《论语说义》，《皇清经解续编》本。

沈垚：《落帆楼文集》，《续修四库全书》第1525册。

苏舆编：《翼教丛编》，上海书店出版社，2002年。

苏舆：《春秋繁露义证》，中华书局，1992年。

孙星衍：《孙渊如先生全集》，商务印书馆，1935年。

孙诒让：《周礼正义》，中华书局，1987年。

孙延钊：《孙衣言孙诒让父子年谱》，上海社会科学院出版社，2003年。

孙宝瑄：《忘山庐日记》，上海古籍出版社，1983年。

谭献：《谭献日记》，中华书局，2013年。

翁方纲：《复初斋文集》，《续修四库全书》第1455册。

王鸣盛：《十七史商榷》，上海书店出版社，2005年。

王鸣盛：《蛾术编》，《嘉定王鸣盛全集》，中华书局，2010年。

汪中：《汪中集》，中国文哲研究所筹备处，2000年。

王闿运：《湘绮楼诗文集》，岳麓书社，1996年。

王闿运：《论语训·春秋公羊传笺》，岳麓书社，2009年。

王代功：《湘绮府君年谱》，《北京图书馆藏珍本年谱丛刊》第178册，北京图书馆出版社，1999年。

魏源：《魏源集》，中华书局，1976年。

魏源：《魏源全集》，岳麓书社，2005年。

文廷式：《文廷式集》，中华书局，1993年。

颜元：《颜元集》，中华书局，1987年。

杨晋龙主编：《汪喜孙著作集》，中国文哲研究所，2003年。

夏炯：《夏仲子集》，民国十四年(1925)铅印本。

许宗彦：《鉴止水斋集》，《续修四库全书》第1492册。

徐世昌等编纂：《清儒学案》，中华书局，2008年。

姚莹：《东溟文集》，《清代诗文集汇编》第549册，上海古籍出版社，2011年。

夏炘：《述朱质疑》，《续修四库全书》第952册。

俞樾：《春在堂全书》，凤凰出版社，2010年。

叶瑛：《文史通义校注》，中华书局，1985年。

虞万里主编：《高邮二王合集》，上海古籍出版社，2019年。

叶德辉：《叶德辉文集》，华东师范大学出版社，2010年。

叶德辉：《经学通诰》，《儒家文化研究》第二辑，生活·读书·新知三联书店，2008年。

廖平：《廖平全集》，上海古籍出版社，2015年。

廖平：《穀梁古义疏》，中华书局，2012年。

臧庸：《拜经堂文集》，《续修四库全书》第1491册。

章学诚：《章学诚遗书》，文物出版社，1985年。

张惠言：《茗柯文编》，上海古籍出版社，2015年。

张惠言：《易纬略义》，《皇清经解》本。

庄述祖：《珍艺宦文钞》，《续修四库全书》第1475册。

张金吾:《两汉五经博士考》,《丛书集成初编》本。

张金吾:《爱日精庐文稿》,凤凰出版社,2015 年。

张鉴:《阮元年谱》,中华书局,1995 年。

赵之谦:《赵之谦集》,浙江古籍出版社,2015 年。

赵尔巽等:《清史稿》,中华书局,1977 年。

朱一新:《朱一新全集》,上海人民出版社,2018 年。

朱一新:《无邪堂答问》,中华书局,2000 年。

朱杰人等主编:《朱子全书》,上海古籍出版社、安徽教育出版社,2002 年。

庄棫:《蒿庵文集》,《清代诗文集汇编》第 711 册,上海古籍出版社,2011 年。

研究论著

艾尔曼著、赵刚译:《经学、政治和宗族:中华帝国晚期常州今文学派研究》,江苏人民出版社,1998 年。

蔡长林:《常州庄氏学术新论》,台湾大学博士学位论文,2000 年。

蔡长林:《论常州学派研究之新方向》,《中国文哲研究集刊》第 21 期。

蔡长林:《从文士到经生:考据学风潮下的常州学派》,中国文哲研究所,2011 年。

蔡长林:《训诂与微言:宋翔凤二重性经说考论》,《中国文哲研究集刊》第 29 期。

陈曾毅:《春秋大义译本节录续》,《亚洲学术杂志》1922 年第 10 期。

陈柱:《公羊家哲学》,上海中华书局,1928 年。

陈其泰:《清代公羊学》,上海人民出版社,2011 年。

陈奇:《刘师培年谱长编》,贵州人民出版社,2007 年。

陈壁生：《经学的瓦解》,华东师范大学出版社,2014 年。

岛田虔次：《中国思想史研究》,上海古籍出版社,2009 年。

段志强：《顾祠:顾炎武与晚清士人政治人格的重塑》,复旦大学出版社,2015 年。

冯友兰：《中国哲学史》,中华书局,2014 年。

邰积意：《刘歆与两汉今古文学之争》,复旦大学博士学位论文,2005 年。

顾颉刚：《顾颉刚古史论文集》,中华书局,2011 年。

顾颉刚：《顾颉刚书信集》,中华书局,2011 年。

顾颉刚等：《古史辨》,上海古籍出版社,1982 年。

郭沫若：《十批判书》,《郭沫若全集》历史编第 2 册,人民出版社,1982 年。

沟口雄三等：《中国的思维世界》,生活·读书·新知三联书店,2014 年。

胡楚生：《刘逢禄论语述何析评》,《清代学术论丛》第三辑,文津出版社,2002 年。

侯外庐主编：《中国近代哲学史》,人民出版社,1978 年。

黄梓勇：《章太炎早年的〈春秋左传〉学与清代公羊学的关系——以〈春秋左传读〉为讨论中心》,《中国文哲研究集刊》2009 年第 35 期。

胡适：《胡适文集》,北京大学出版社,1991 年。

江琼：《经学讲义》,华东师范大学出版社,2014 年。

赖温如：《清代论语述何学考》,台湾花木兰出版社,2007 年。

李源澄：《经学通论》,华东师范大学出版社,2010 年。

梁启超：《论中国学术思想变迁之大势》,上海古籍出版社,2006 年。

梁启超：《中国近三百年学术史》,中华书局,2020 年。

梁启超：《清代学术概论》,上海古籍出版社,1998 年。

梁启超：《饮冰室合集》，中华书局，1989 年。

梁启超：《梁启超史学论著四种》，岳麓书社，1985 年。

梁漱溟：《梁漱溟全集》，山东人民出版社，2005 年。

廖幼平：《廖季平年谱》，巴蜀书社，1985 年。

林庆彰、蒋秋华主编：《李源澄著作集》，中国文哲研究所，2008 年。

林庆彰、张寿安主编：《乾嘉学者的义理学》，中国文哲研究所，2003 年。

刘少虎：《王闿运春秋学思想研究》，中山大学博士学位论文，2006 年。

陆宝千：《清代思想史》，华东师范大学出版社，2009 年。

陆宝千、刘广京等编：《近世中国经世思想研讨会论文集》，近代史研究所编，1984 年。

罗志田：《清季民初经学的边缘化与史学的走向中心》，《汉学研究》，1997 年。

张寿安：《龚自珍学术思想研究》，文史哲出版社，1997 年。

列文森：《儒教中国及其现代命运》，中国社会科学出版社，2000 年。

刘小枫：《儒家革命精神源流考》，上海三联书店，2000 年。

柳向春：《笺边漫语：近代学人手札研究》，故宫出版社，2016 年。

吕思勉：《中国文化思想史九种》，上海古籍出版社，2009 年。

路新生：《经学的蜕变与史学的转轨》，上海古籍出版社，2006 年。

罗志田：《权势转移：近代中国的思想与社会》（修订本），北京师范大学出版社，2014 年。

蒙文通：《经学抉原》，上海人民出版社，2006 年。

蒙文通：《蒙文通全集》，巴蜀书社，2015 年。

牟润孙：《注史斋丛稿》（增订本），中华书局，2009 年。

马勇整理：《章太炎全集·书信集》，上海人民出版社，2017 年。

缪钺：《读史存稿》，北京大学出版社，2017 年。

蒙默编：《蒙文通学记》（增补本），生活·读书·新知三联书店，2006 年。

末冈宏：《劉師培の春秋学》，《中国思想史研究》1988 年第 11 号。

欧阳竟无：《欧阳竟无内外学》，商务印书馆，2015 年。

钱穆：《中国近三百年学术史》，九州出版社，2011 年。

钱穆：《两汉经学今古文平议》，商务印书馆，2005 年。

钱穆：《中国学术思想史论丛》，《钱宾四先生全集》第 22 册，台湾联经出版事业股份有限公司，1998 年。

钱穆：《素书楼余沈》，《钱宾四先生全集》第 53 册，台湾联经出版事业股份有限公司，1998 年。

钱仲联：《梦苕庵论集》，中华书局，1993 年。

钱基博：《钱基博学术论著选》，华中师范大学出版社，1997 年。

钱基博：《近百年湖南学风》，中国人民大学出版社，2004 年。

钱玄同：《钱玄同文集》，中国人民大学出版社，1999 年。

齐思和：《魏源与晚清学风》，《燕京学报》1950 年第 39 期。

孙春在：《清末的公羊思想》，台湾商务印书馆，1985 年。

山口久和：《章学诚的知识论：以考证学批判为中心》，上海古籍出版，2006 年。

石井刚：《齐物的哲学》，华东师范大学出版社，2016 年。

汤志钧：《戊戌变法史》，群联出版社，1955 年。

汤志钧：《近代经学与政治》，中华书局，2000 年。

万仕国整理：《仪征刘申叔遗书》，广陵书社，2014 年。

王国维：《观堂集林》，河北教育出版社，2003 年。

王欣夫：《蛾术轩箧存善本书录》，上海古籍出版社，2002年。

王锺翰：《张孟劬先生遁堪书题》，《史学年报》第2卷第5期。

王中江主编：《中国观念史》，中州古籍出版社，2005年。

王汎森：《章太炎的思想》，台湾时报文化出版事业有限公司，1985年。

王汎森：《权力的毛细管作用：清代的思想、学术与心态》，台湾联经出版事业股份有限公司，2013年。

王汎森：《近代中国的史家与史学》，复旦大学出版社，2010年。

王汎森：《执拗的低音》，生活·读书·新知三联书店，2020年。

王承军：《蒙文通年谱长编》，中华书局，2012年。

汪晖：《现代中国思想的兴起》，生活·读书·新知三联书店，2015年。

邬国义、吴修艺编校：《刘师培史学论著选集》，上海古籍出版社，2006年。

吴龙灿：《首尾一贯的孔经哲学体系建构：廖平经学早中晚三期分期新说》，巴蜀文化与湖湘文化高层论坛，2013年。

吴震：《孔教运动的观念想象：中国政教问题再思》，复旦大学出版社，2019年。

小野川秀美：《晚清政治思想研究》，台湾时报文化出版事业有限公司，1982年。

徐复：《訄书详注》，上海古籍出版社，2000年。

许嘉璐主编：《章太炎全集》，上海人民出版社，2014年。

熊十力：《原儒》，上海古籍出版社，2019年。

熊十力：《读经示要》，上海书店出版社，2009年。

熊十力：《中国历史讲话》，上海古籍出版社，2019年。

熊十力：《熊十力论学书札》，上海书店出版社，2009年。

熊月之编：《中国近代思想家文库·郭嵩焘卷》，中国人民大学出版社,2015 年。

伊东贵之:《中国近世思想的典范》,台湾大学出版中心,2015 年。

杨向奎:《清儒学案新编》,齐鲁书社,1994 年。

杨国强:《晚清的士人与世相》,生活·读书·新知三联书店,2017 年。

杨念群:《儒学地域化的近代形态》(修订本),生活·读书·新知三联书店,2011 年。

杨念群:《何处是江南:清朝正统观的确立与士林精神世界的变异》,生活·读书·新知三联书店,2010 年。

杨贞德:《转向自我:近代中国政治思想上的个人》,生活·读书·新知三联书店,2012 年。

余英时:《现代儒学论》,上海人民出版社,1998 年。

余英时:《论戴震与章学诚:清代中期学术思想史研究》,生活·读书·新知三联书店,2000 年。

余英时:《现代儒学的回顾与展望》,生活·读书·新知三联书店,2004 年。

余英时:《文史传统与文化重建》,生活·读书·新知三联书店,2012 年。

章太炎:《章太炎演讲集》,上海人民出版社,2011 年。

张尔田:《章氏遗书序》,《亚洲学术杂志》1922 年第 1 卷第 2 期。

张尔田:《孱守斋日记》,《史学年报》第 2 卷第 5 期。

张尔田:《史微》,上海书店出版社,2006 年。

张尔田:《论中国文化及其宗教道德》,《史学年报》第 2 卷第 5 期。

张尔田:《与王静安论今文家学书》,《学衡》1923 年第 23 期。

张灏:《危机中的中国知识分子:寻求秩序与意义》,中央编译出版社,2016 年。

张尔田:《孔教五首》,《甲寅杂志》1914 年第 1 卷第 3 期。

张尔田：《与人论学术书》，《亚洲学术杂志》1922 年第 1 卷第 4 期。

张尔田：《张尔田书札》，上海人民出版社，2021 年。

张灏：《幽暗意识与民主传统》，新星出版社，2010 年。

张燕婴整理：《俞樾函札辑证》，凤凰出版社，2014 年。

张寿安：《十八世纪礼学考证的思想活力——礼教论争与礼秩重省》，北京大学出版社，2005 年。

张丽珠：《清代学术中的学思之辨》，《汉学研究》第 14 卷第 1 期。

曾亦、郭向东：《春秋公羊学史》，华东师范大学出版社，2017 年。

支伟成：《清代朴学大师列传》，岳麓书社，1986 年。

朱维铮：《求索真文明：晚清学术史论》，上海古籍出版社，1996 年。

朱维铮：《中国经学史十讲》，复旦大学出版社，2002 年。

朱维铮：《近代学术导论》，中西书局，2013 年。

朱维铮：《朱维铮史学史论集》，复旦大学出版社，2015 年。

朱维铮：《音调未定的传统》（修订本），中信出版集团，2018 年。

朱学勤：《热烈与冷静》，上海文艺出版社，1998 年。

佐藤慎一：《近代中国的知识分子与文明》，江苏人民出版社，2011 年。